큰 그림과 큰 글씨로 눈이 편하게!

★ 저자 김영미 ★

YoungJin.com Y.
영진닷컴

B-1001, Gab-eul Great Valley, 32, Digital-ro 9-gil, Geumcheon-gu, Seoul, Republic of Korea.
All rights reserved. First published by Youngjin.com. in 2025. Printed in Korea

저작권법에 의하여 한국 내에서 보호를 받는 저작물이므로 무단전재 및 복제를 금합니다.

ISBN : 978-89-314-8067-2

독자님의 의견을 받습니다.
이 책을 구입한 독자님은 영진닷컴의 가장 중요한 비평가이자 조언가입니다. 저희 책의 장점과 문제점이 무엇인지, 어떤 책이 출판되기를 바라는지, 책을 더욱 알차게 꾸밀 수 있는 아이디어가 있으면 팩스나 이메일, 또는 우편으로 연락주시기 바랍니다. 의견을 주실 때에는 책 제목 및 독자님의 성함과 연락처(전화번호나 이메일)를 꼭 남겨 주시기 바랍니다. 독자님의 의견에 대해 바로 답변을 드리고, 또 독자님의 의견을 다음 책에 충분히 반영하도록 늘 노력하겠습니다.

이메일 : support@youngjin.com
주   소 : (우)08512 서울특별시 금천구 디지털로9길 32 갑을그레이트밸리 B동 10F
등   록 : 2007. 4. 27. 제16-4189호

파본이나 잘못된 도서는 구입하신 곳에서 교환해 드립니다.

STAFF
저자 김영미 | **총괄** 김태경 | **진행** 김연희 | **디자인·편집** 김소연 | **영업** 박준용, 임용수, 김도현, 이윤철
마케팅 이승희, 김근주, 조민영, 김민지, 김진희, 이현아 | **제작** 황장협 | **인쇄** 제이엠

이 책은요!

쏙 하고 싹 배우는 미리캔버스

미리캔버스의 기본 사용법과 편집 도구, 템플릿 활용법을 단계별로 배우고 유튜브 로고, 섬네일, 카드뉴스, 프레젠테이션 등 실전 디자인 예제를 따라하며 디자인 기능을 익혀보세요!

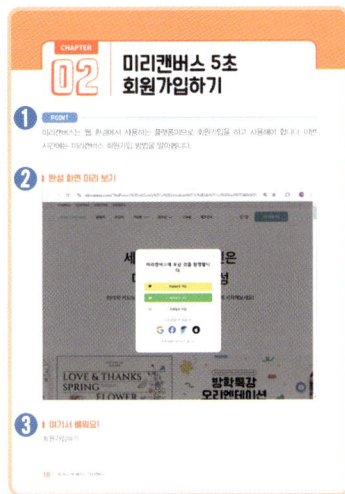

❶ POINT
챕터에서 배우게 될 내용을 간략하게 소개해요.

❷ 완성 화면 미리 보기
챕터에서 배우게 되는 예제의 완성된 모습을 미리 만나요.

❸ 여기서 배워요!
어떤 내용을 배울지 간략하게 살펴봐요. 배울 내용을 미리 알아 두면 훨씬 쉽고 재미있게 배울 수 있어요.

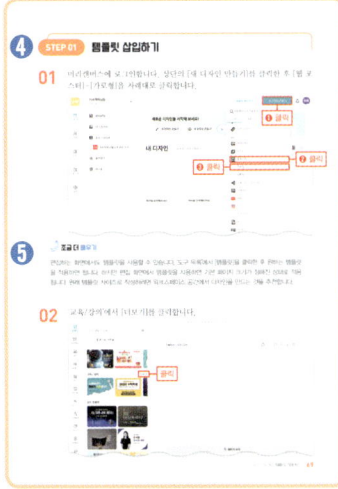

❹ STEP
예제를 하나하나 따라 하면서 본격적으로 기능을 익혀 봐요.

❺ 조금 더 배우기
본문에서 설명하지 않은 내용 중 중요하거나 알아 두면 좋을 내용들을 알 수 있어요.

❻ 혼자서도 만들 수 있어요!
챕터에서 배운 내용을 연습하면서 한 번 더 기능을 숙지해 봐요.

❼ HINT
문제를 풀 때 참고할 내용을 담았어요.

이 책의 목차

I. 미리캔버스 기본

CHAPTER 01
미리캔버스를 소개합니다! ·· **006**

CHAPTER 02
미리캔버스 5초 회원가입하기 ·· **010**

CHAPTER 03
미리캔버스 워크스페이스 ·· **015**

CHAPTER 04
편집 화면 알아보기 ·· **024**

CHAPTER 05
디자인을 풍성하게 만드는 요소 및 사진 알아보기 ················ **027**

CHAPTER 06
한눈에 들어오는 텍스트 쓰는 법 ·· **038**

CHAPTER 07
생동감 불어 넣는 동영상 삽입하기 ·· **049**

CHAPTER 08
디자인 느낌을 좌우하는 배경 ·· **055**

CHAPTER 09
내 컴퓨터 자료 업로드하기 ·· **062**

CHAPTER 10
템플릿 적용하기 ·· **068**

쓱 하고 싹 배우는
미리캔버스

II. 실전 만들기

CHAPTER 11
유튜브 채널 로고 만들기 **075**

CHAPTER 12
만든 디자인 다운로드하기 **085**

CHAPTER 13
유튜브 섬네일 만들기 **093**

CHAPTER 14
카드 뉴스 만들기 **106**

CHAPTER 15
네이버 스마트 스토어 상세페이지 만들기-I **118**

CHAPTER 16
네이버 스마트 스토어 상세페이지 만들기-II **125**

CHAPTER 17
프레젠테이션 만들기 **131**

CHAPTER 18
AI로 프레젠테이션 만들기 **140**

CHAPTER 19
공유하기 **145**

CHAPTER 20
인쇄물 만들기 **148**

I. 미리캔버스 기본
미리캔버스를 소개합니다!

POINT

미리캔버스는 누구나 쉽고 빠르게 멋진 디자인을 만들 수 있는 무료 온라인 도구입니다. 별도의 설치 없이 웹에서 바로 사용할 수 있어서 간편하고, 디자인 경험이 없어도 직관적인 화면 덕분에 누구나 금방 익힐 수 있습니다. 프레젠테이션, 포스터, 유튜브 섬네일, SNS 이미지 등 다양한 용도로 활용할 수 있는 템플릿이 가득하고, 클릭 몇 번으로 전문가 같은 결과물을 만들 수 있답니다. 또, AI 기능을 이용해 이미지 배경을 지우거나 자동으로 디자인을 생성할 수도 있어요. 이번 장에서는 미리캔버스를 간단히 소개합니다.

▌완성 화면 미리 보기

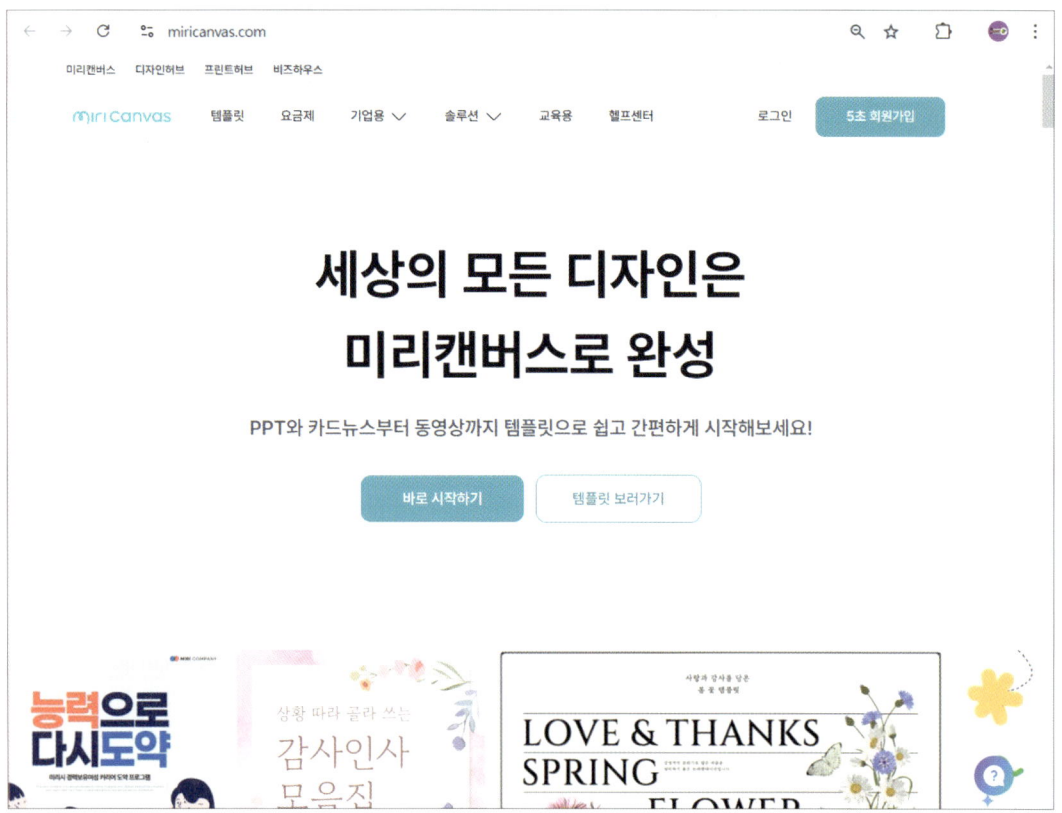

▌여기서 배워요!

미리캔버스 소개

STEP 01 미리캔버스 소개

01 미리캔버스 템플릿

미리캔버스 템플릿은 프레젠테이션, 유튜브 섬네일, SNS 콘텐츠 등 다양한 용도에 맞춘 전문 디자인으로 530,000개 이상의 방대한 리소스를 제공합니다. 카테고리별로 정리된 템플릿은 텍스트, 색상, 이미지를 간편하게 수정할 수 있어 초보자도 빠르게 완성도 높은 결과물을 만들 수 있습니다.

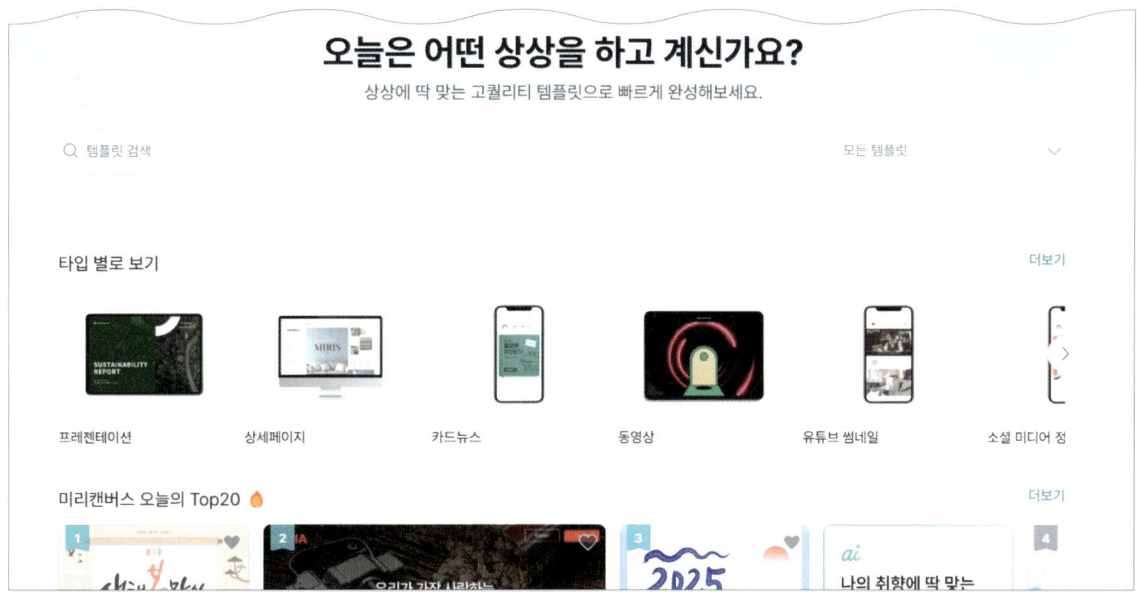

02 미리캔버스의 AI

프레젠테이션 자동 생성, 이미지 배경 제거 등 작업 시간을 단축해주는 스마트 도구를 제공합니다. 직관적이고 간편한 사용법으로 초보자도 전문적인 디자인을 빠르게 완성할 수 있습니다.

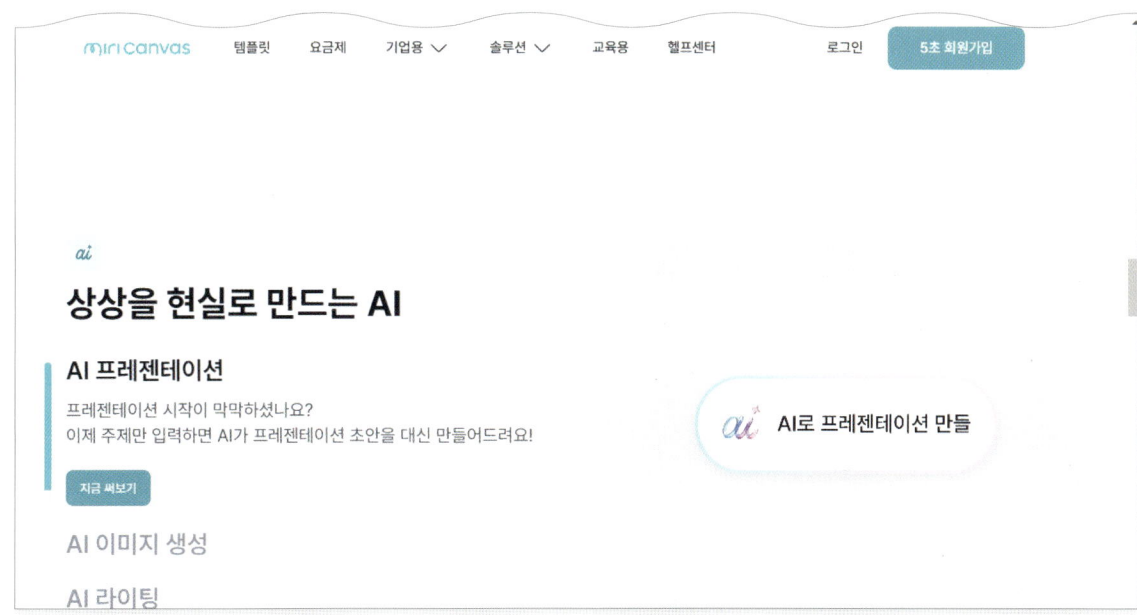

03 디자인 요소 및 애니메이션

미리캔버스는 다양한 그래픽, 아이콘, 일러스트와 고해상도 이미지, 텍스트 스타일 등 풍부한 디자인 요소를 제공해 창의적인 작업을 지원합니다. 또한, 애니메이션 효과를 적용해 프레젠테이션이나 영상 콘텐츠에 역동적인 생동감을 더할 수 있습니다.

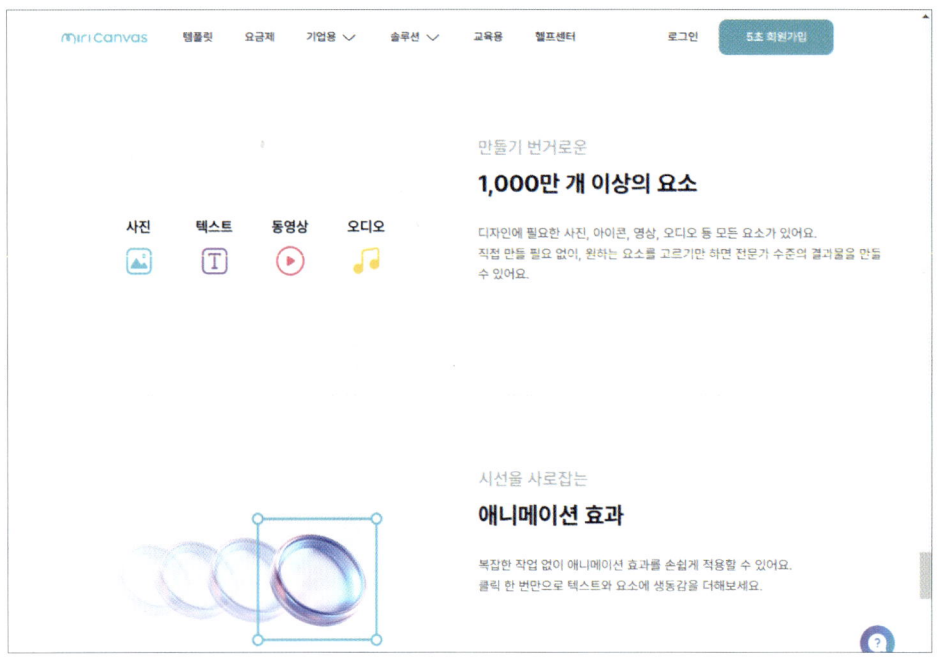

04 프린트 허브

미리캔버스의 프린트 허브는 디지털 디자인을 물리적인 형태로 완성해주는 서비스로, 사용자들이 만든 창작물을 고품질로 출력할 수 있도록 돕는 플랫폼입니다. 이 서비스는 사용자가 제작한 포스터, 명함, 스티커, 엽서 등 다양한 아이템을 직접 제작하고 받아볼 수 있는 편리한 솔루션을 제공합니다

05 BIZHOWS

미리캔버스의 BizHows는 미리캔버스의 프린트 허브와 연동되어 기업에서 제작한 디자인을 고품질 인쇄물로 변환할 수 있는 서비스를 제공합니다. 명함, 홍보물, 포스터 등 비즈니스 운영에 필요한 인쇄물을 간편하게 주문할 수 있습니다.

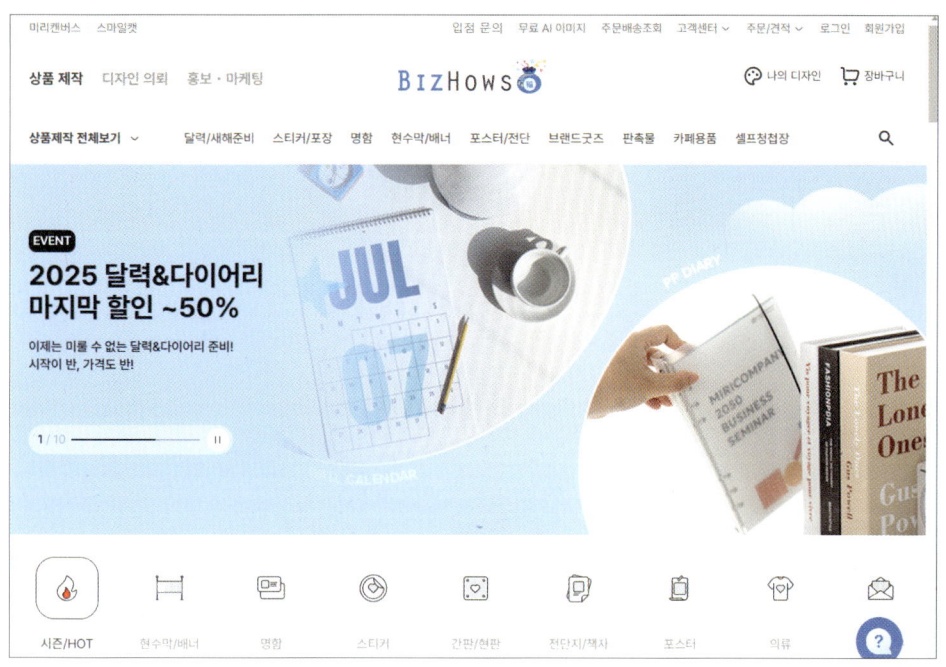

06 디자인 허브

창작자들에게 다양한 템플릿과 그래픽 요소를 제공하여 손쉽게 창의적인 디자인을 제작할 수 있는 플랫폼입니다. 이곳에서 디자이너로 활동하며 나만의 독창적인 디자인을 만들어 공유하고, 이를 통해 수익을 창출할 수 있습니다. 전문 디자이너로 성장할 수 있는 기회를 제공합니다.

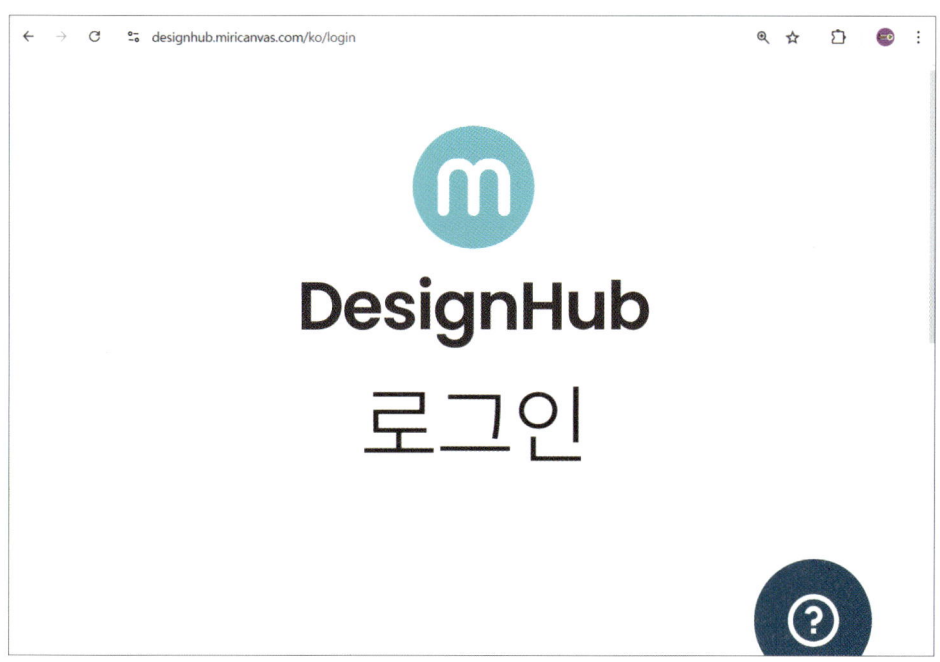

CHAPTER 02 | 미리캔버스 5초 회원가입하기

POINT

미리캔버스는 웹 환경에서 사용하는 플랫폼이므로 회원가입을 하고 사용해야 합니다. 여기서 미리캔버스 회원가입 방법을 알아봅니다.

▌완성 화면 미리 보기

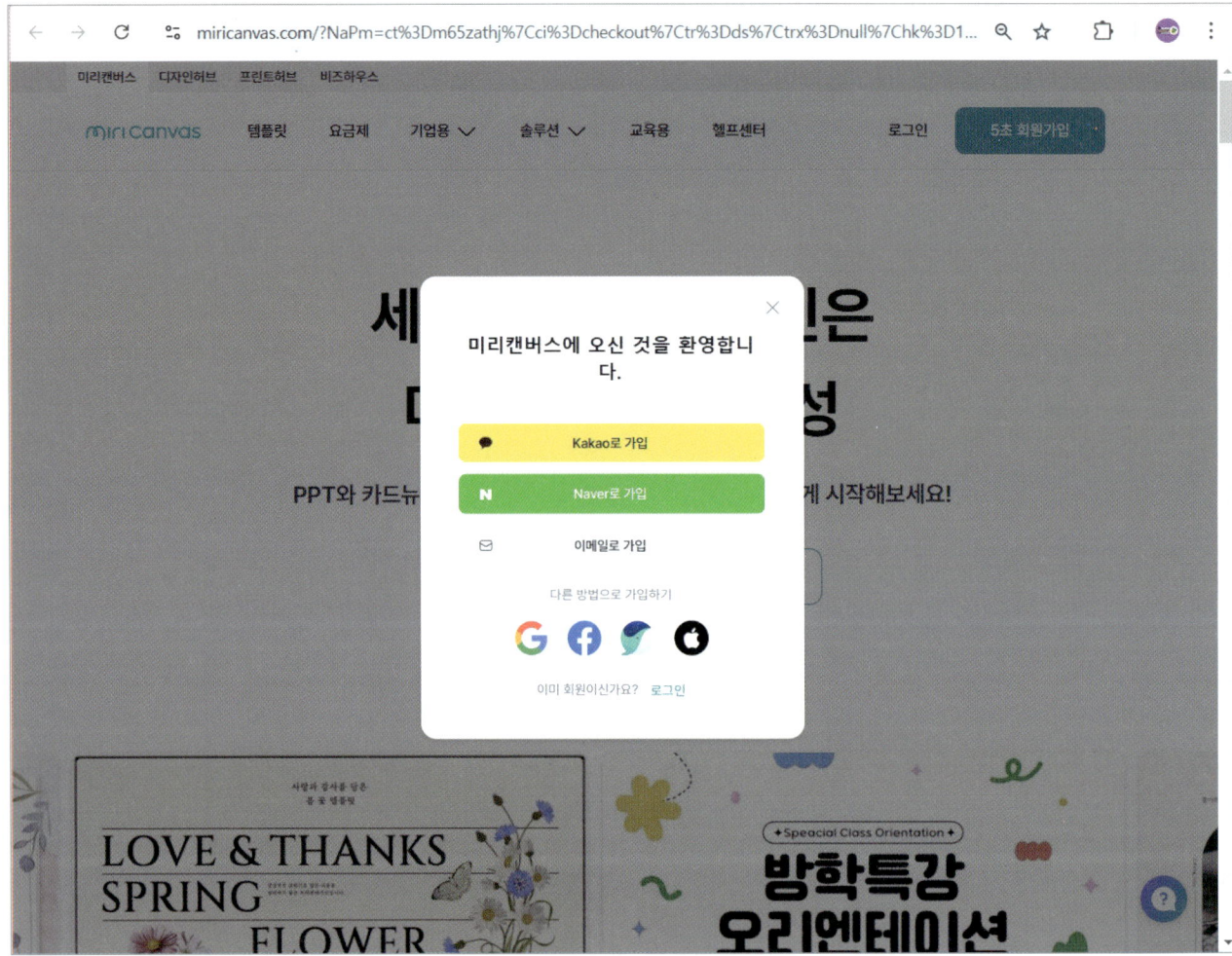

▌여기서 배워요!

회원가입하기

STEP 01 미리캔버스 회원가입하기

01 네이버(www.naver.com)에 접속합니다. 검색 란에 '미리캔버스'를 입력하고 Enter 를 누릅니다. '디자인 플랫폼 미리캔버스'를 클릭합니다.

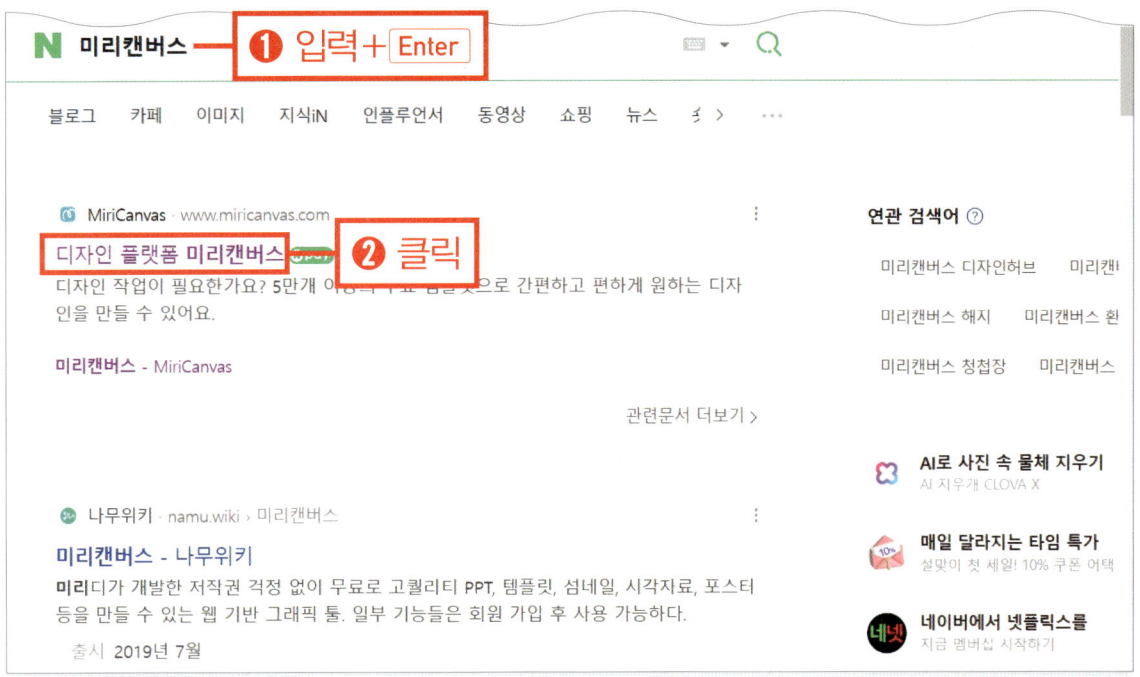

조금 더 배우기

인터넷 주소 창에 'www.miricanvas.com'를 입력하여 접속해도 됩니다.

02 미리캔버스 사이트로 접속되면 오른쪽 상단의 [가입하기] 버튼을 클릭합니다.

03 가입할 수 있는 플랫폼 종류가 나오면 본인이 가지고 있는 플랫폼의 버튼을 클릭합니다. 여기에서는 [Naver로 가입] 버튼을 클릭합니다. '네이버 로그인' 대화상자가 나타나면 아이디, 비밀번호를 입력한 후 [로그인] 버튼을 클릭합니다.

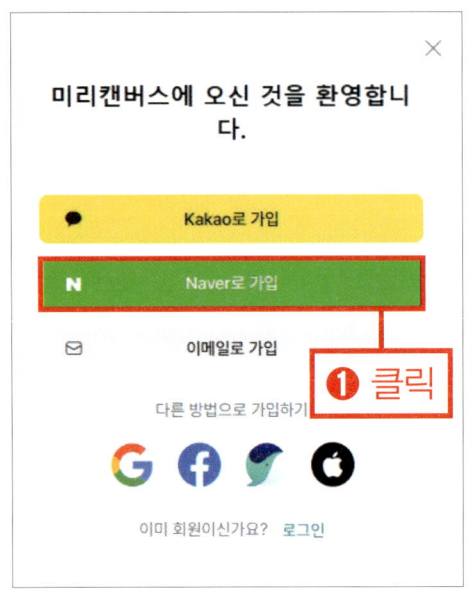

04 '동의' 대화상자가 나타나면 [전체 동의하기]를 클릭한 후 [동의하기] 버튼을 클릭합니다. '편하게 로그인하세요' 대화상자가 나타나면 [네] 버튼을 클릭합니다.

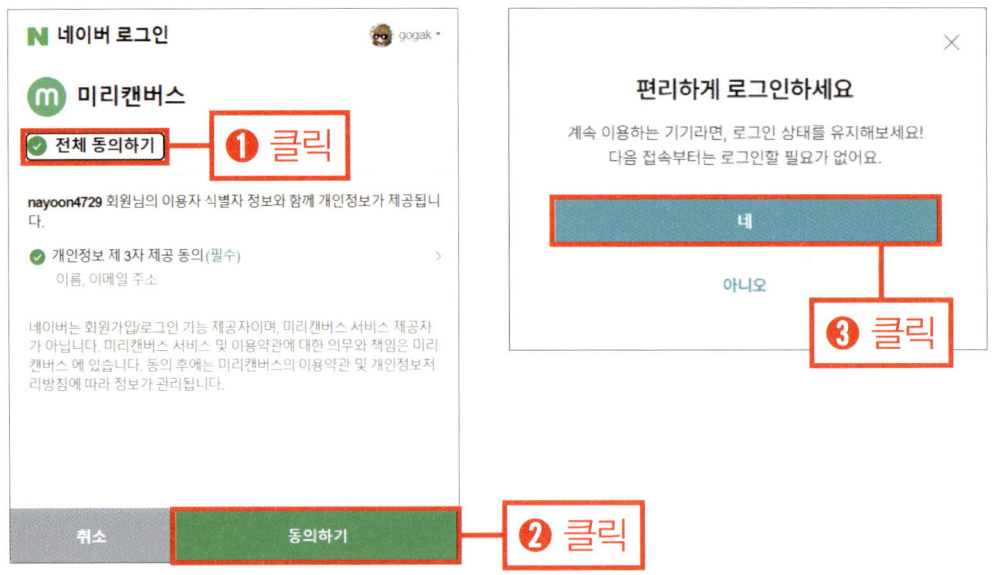

조금 더 배우기

[네] 버튼을 클릭하면 다시 미리캔버스에 접속할 때 자동 로그인이 되기 때문에 편하게 사용할 수 있습니다. 만약 한 컴퓨터를 여러 명이 사용할 땐 미리캔버스가 계속 로그인이 되어 있기 때문에 보안에 문제가 될 수 있습니다. 이럴 땐 [아니오] 버튼을 클릭하여 매번 로그인해서 사용하면 됩니다.

05 '고객 맞춤' 대화상자가 나타나면 원하는 상황을 클릭합니다. 여기서는 [개인] 버튼을 클릭합니다.

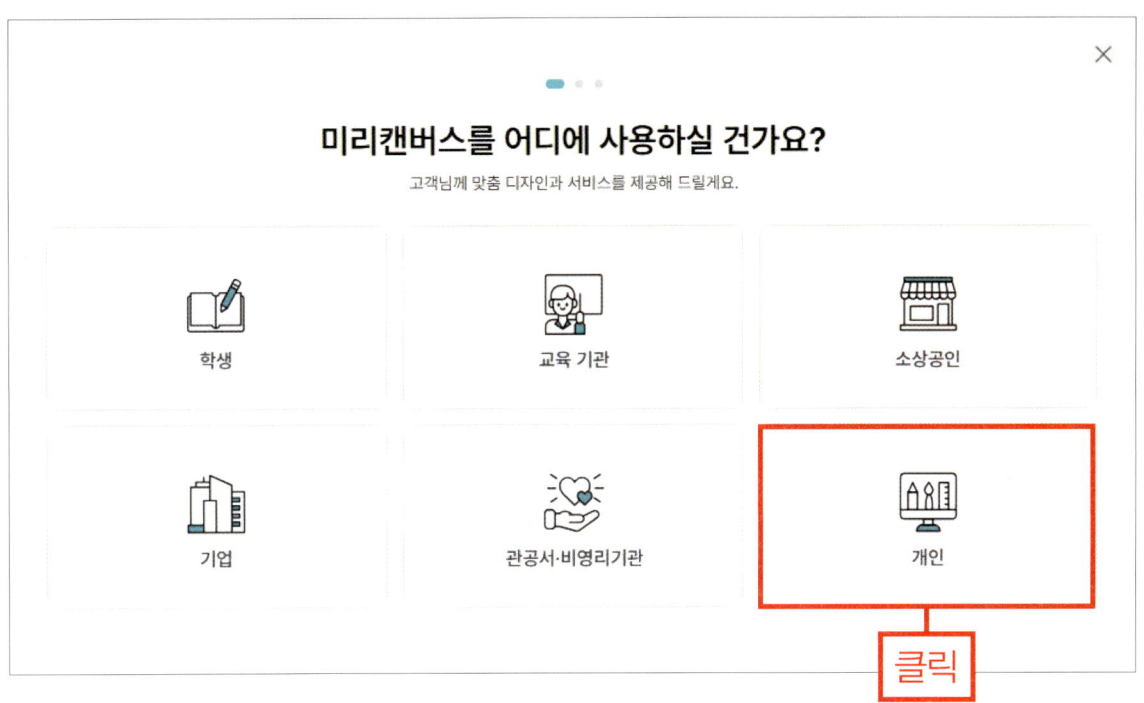

06 '사용 목적' 대화상자가 나타나면 원하는 목적을 선택한 후 [다음으로] 버튼을 클릭합니다. 만약 더이상 맞춤 서비스를 이용하지 않으려면 오른쪽 상단의 [닫기](☒) 버튼을 클릭합니다.

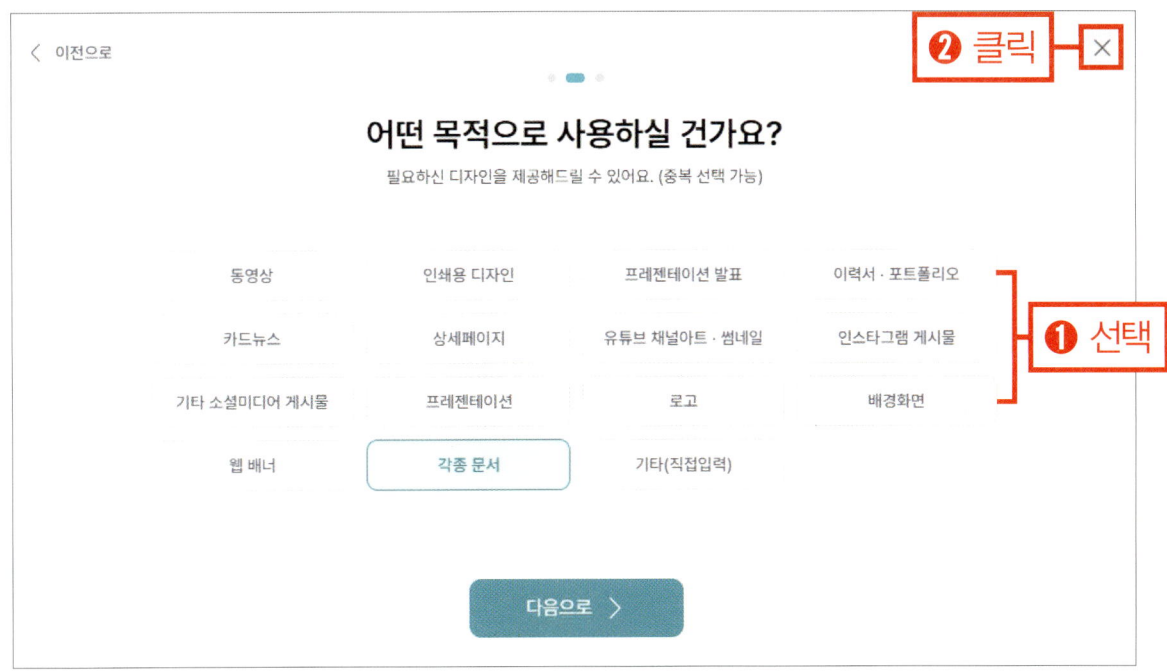

07 'Pro 평가판 사용' 대화상자가 나타나면 [나중에 사용하기] 버튼을 클릭합니다.

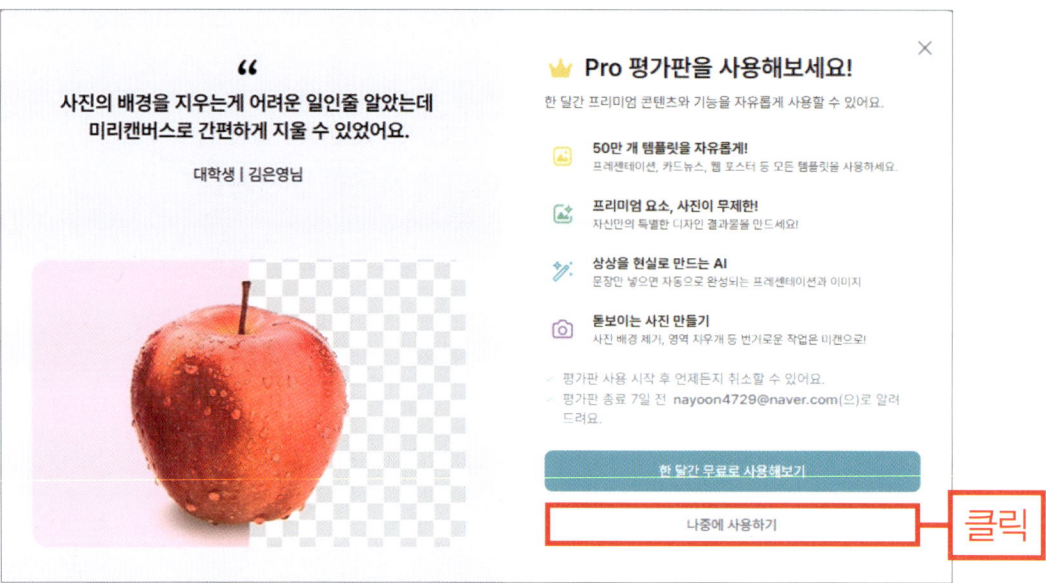

조금 더 배우기

미리캔버스는 무료 기능과 유료 기능이 함께 있는 플랫폼입니다. 혹시 유료 기능 중 사용하고 싶은 기능이 있다면 [한 달간 무료로 사용해보기]를 클릭하여 사용해본 다음 유료로 구독하면 됩니다.

08 회원가입이 완료되면 미리캔버스 편집 화면을 확인합니다.

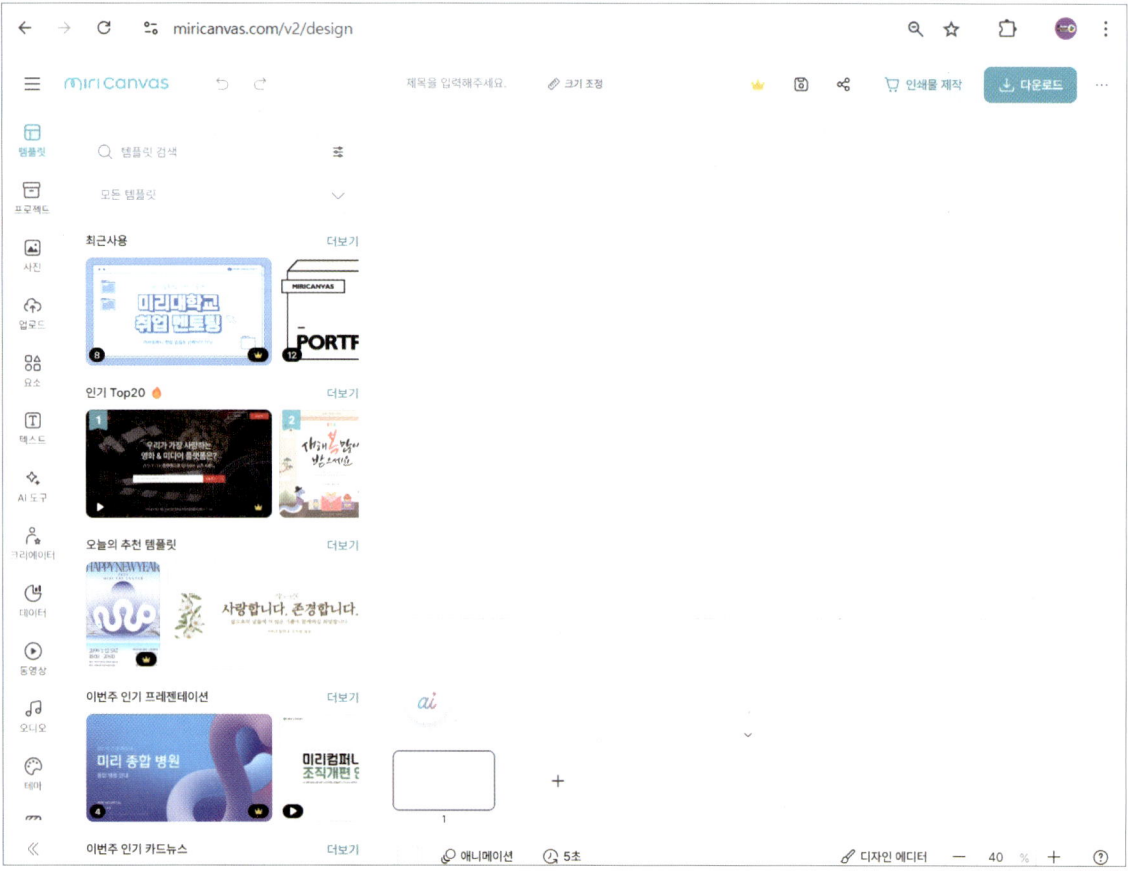

CHAPTER 03 | 미리캔버스 워크스페이스

> **POINT**
>
> 미리캔버스에 처음 로그인하면 내가 만든 자료들이 모여 있는 워크스페이스 공간이 나타납니다. 이번 시간에는 미리캔버스의 워크스페이스 공간을 알아봅니다.

▎완성 화면 미리 보기

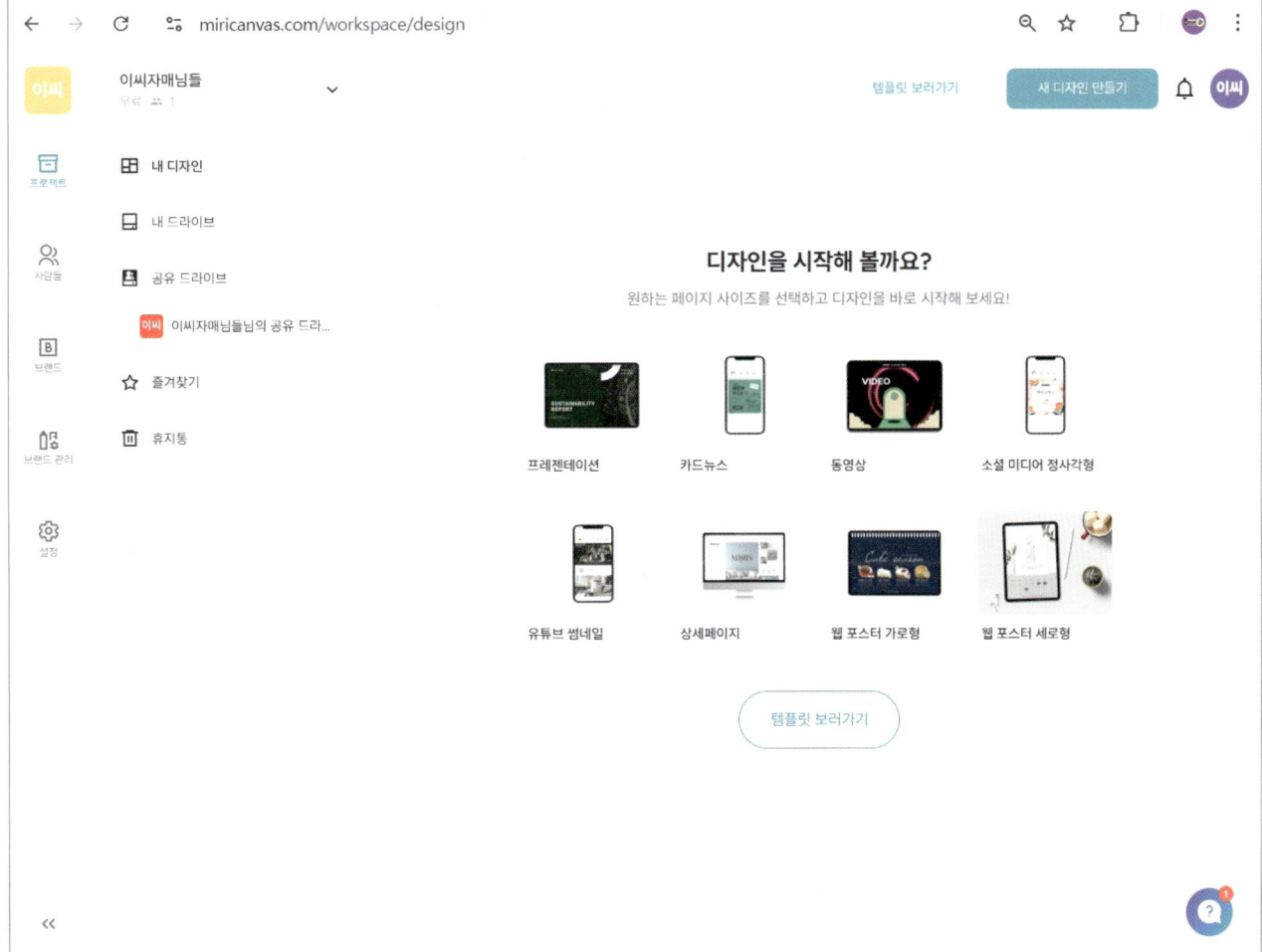

▎여기서 배워요!

워크스페이스 접속하기 / 워크스페이스 추가 삭제하기 / 파일 업로드하기

STEP 01 워크스페이스 접속하기

01 미리캔버스에 접속한 다음 오른쪽 상단의 [로그인] 버튼을 클릭합니다.

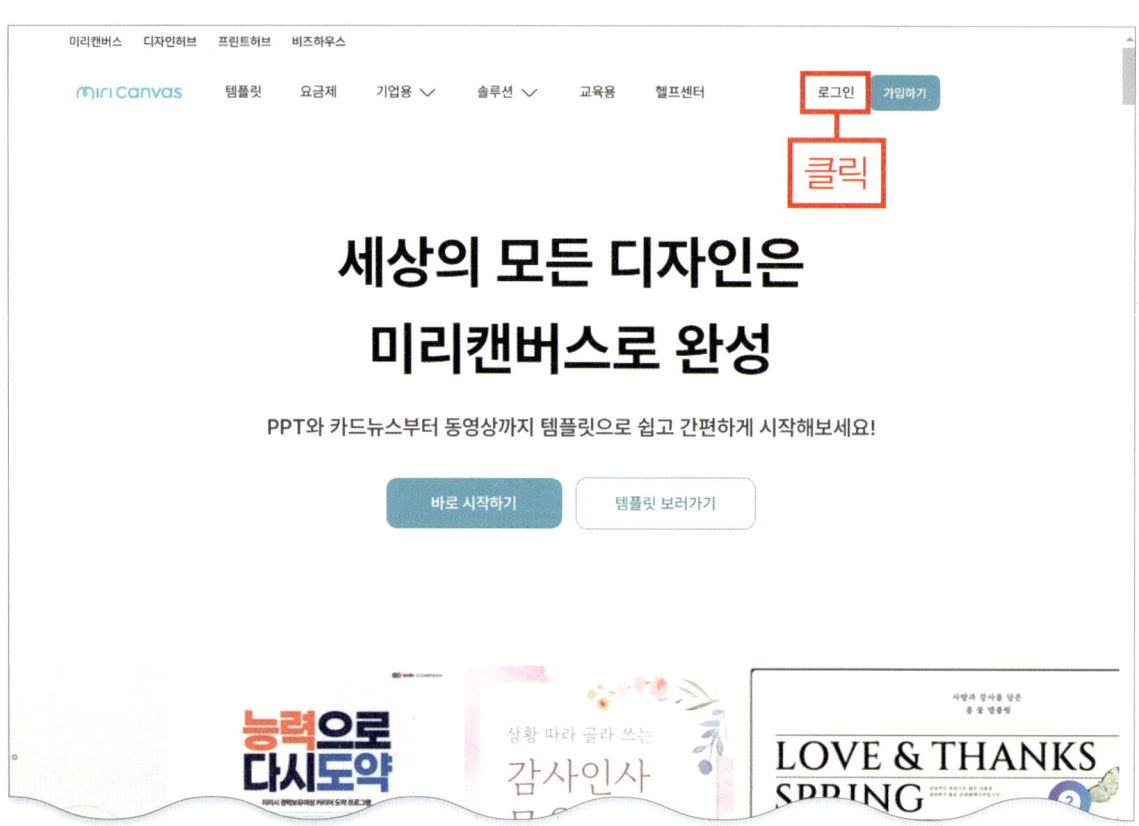

02 [Naver로 로그인] 버튼을 클릭한 다음 아이디와 비밀번호를 입력한 후 로그인합니다.

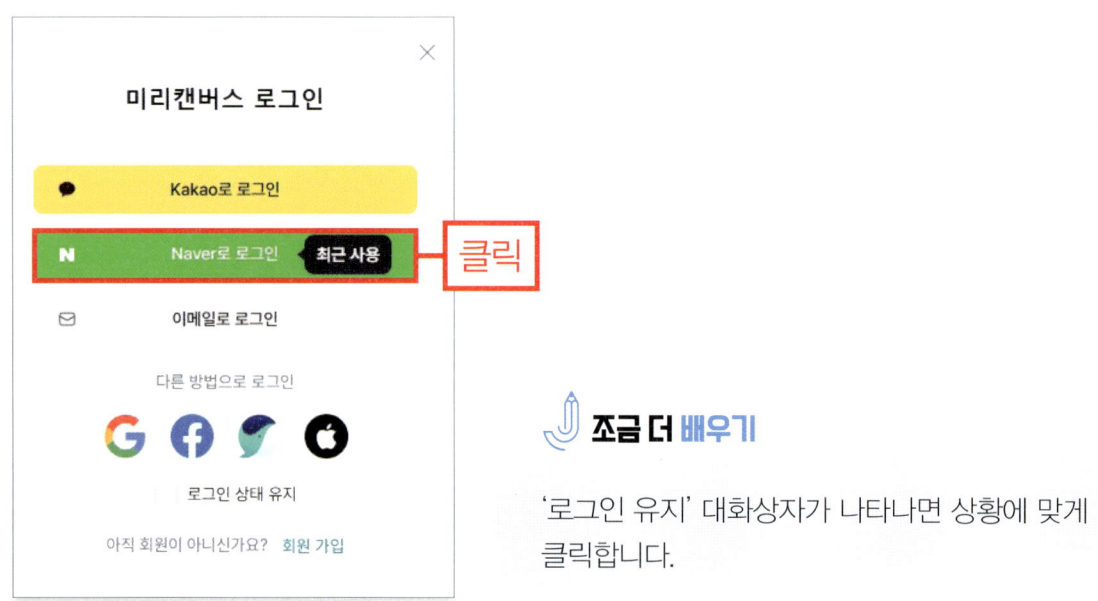

조금 더 배우기

'로그인 유지' 대화상자가 나타나면 상황에 맞게 클릭합니다.

STEP 02   워크스페이스 추가/삭제하기

01   워크스페이스 화면이 나타납니다. 왼쪽 상단의 사용자 이름을 클릭한 다음 [새 워크스페이스 만들기]를 클릭합니다.

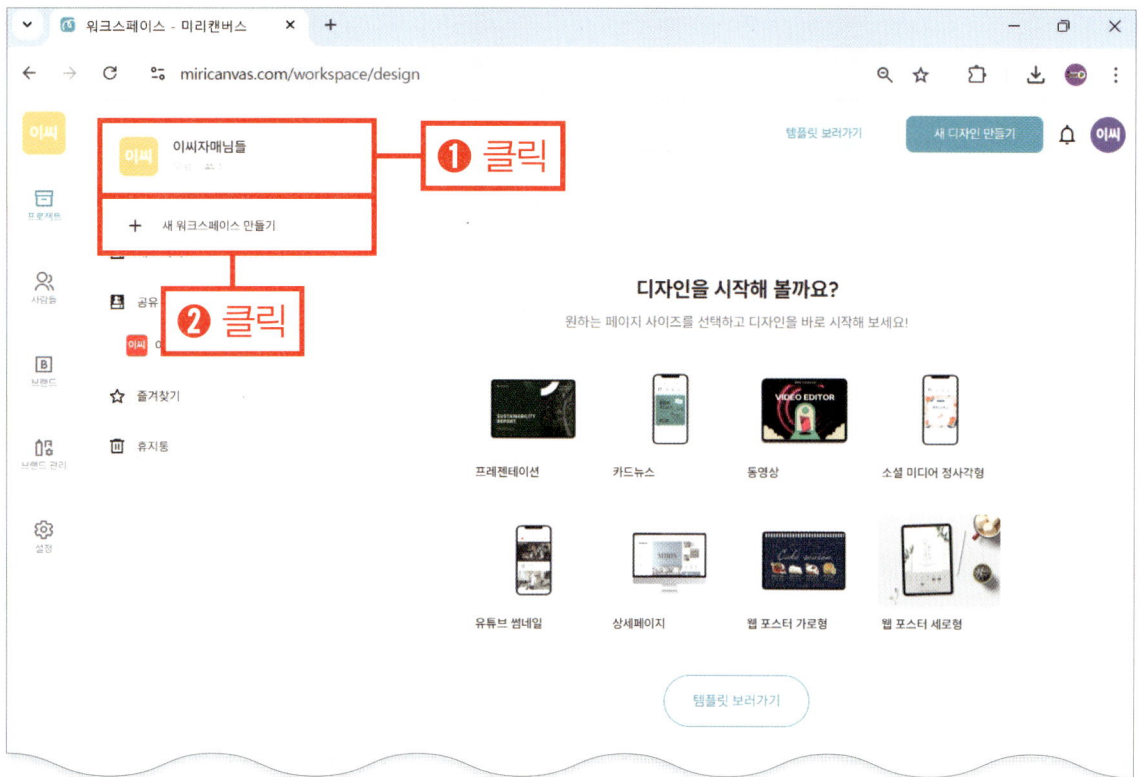

조금 더 배우기

워크스페이스를 추가하는 이유는 폴더의 개념으로 보면 됩니다. 즉, 자료를 만들다 보면 자료의 양이 많아지므로 한 공간에 다 넣기보다 그 자료의 쓰임에 맞게 나눠서 저장을 하면 관리가 편해집니다.

02   '새 워크스페이스 만들기' 대화상자가 나타나면 워크스페이스 이름에 '연습1'을 입력한 다음 [워크스페이스 만들기] 버튼을 클릭합니다. [확인] 버튼을 클릭합니다.

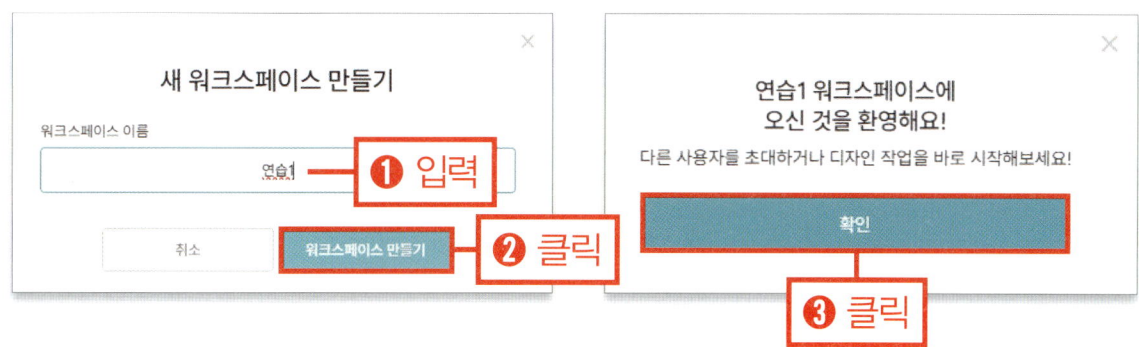

03 '연습1' 워크스페이스가 만들어지면 왼쪽 상단의 이름이 변경됩니다. 이전 워크스페이스로 돌아가려면 [연습1]을 클릭한 다음 '워크스페이스 전환'에서 이전의 이름을 클릭합니다.

04 '연습1' 워크스페이스를 삭제하려면 '연습1' 워크스페이스로 이동한 다음 [설정]-[워크스페이스 설정]-[워크스페이스 삭제]를 차례대로 클릭합니다.

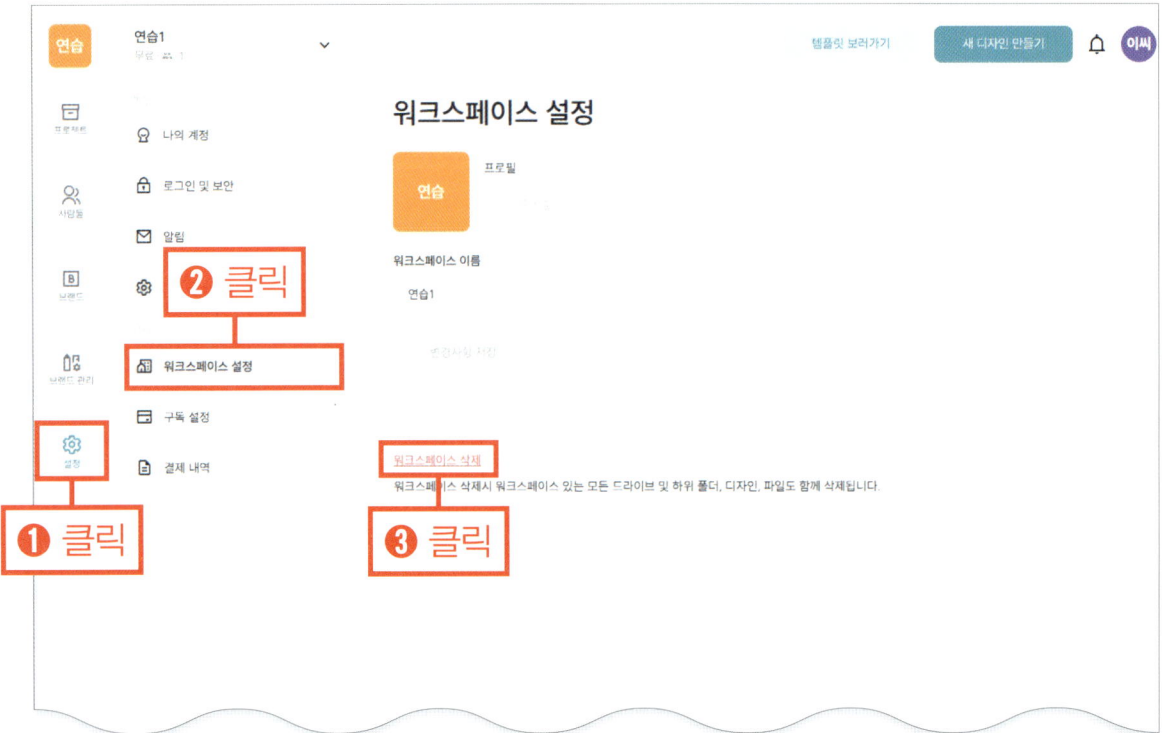

05 '삭제' 대화상자가 나타나면 '워크스페이스 이름 입력' 란에 '연습1'을 입력한 다음 [워크스페이스의 디자인 및 파일이 모두 삭제되는 것을 이해했습니다.]를 클릭하여 체크한 다음 [워크스페이스 삭제] 버튼을 클릭합니다.

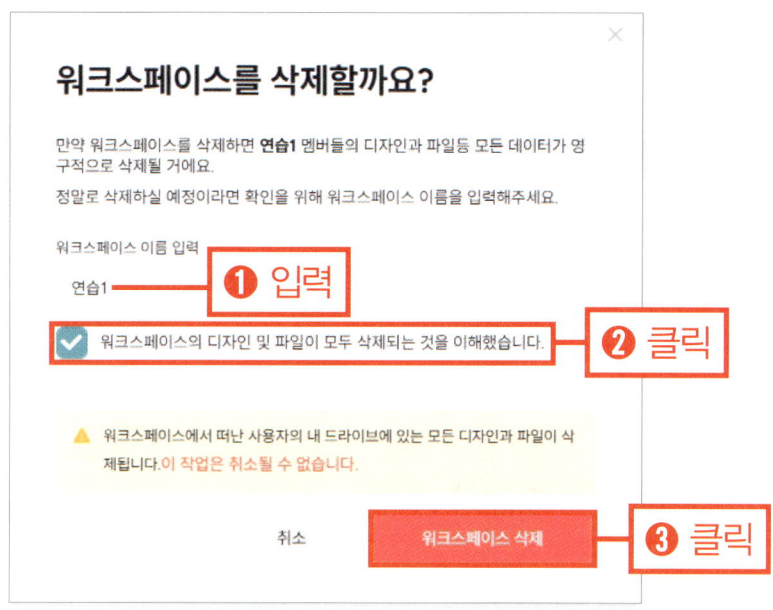

조금 더 배우기

미리캔버스 로그아웃하는 방법

오른쪽 상단의 본인 이름 버튼을 클릭한 다음 [로그아웃]을 클릭합니다.

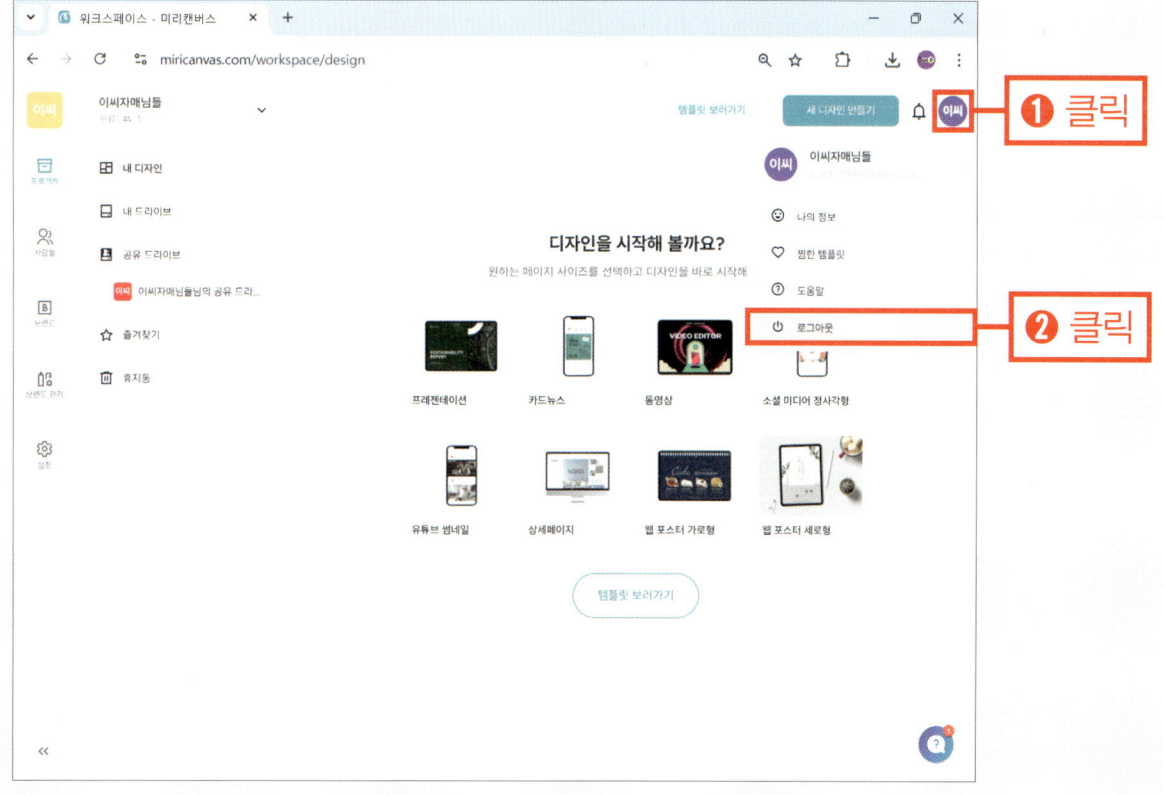

STEP 03   **파일 업로드하기**

01 왼쪽의 메뉴 중 [내 드라이브]를 클릭한 후 [파일 업로드] 버튼을 클릭합니다.

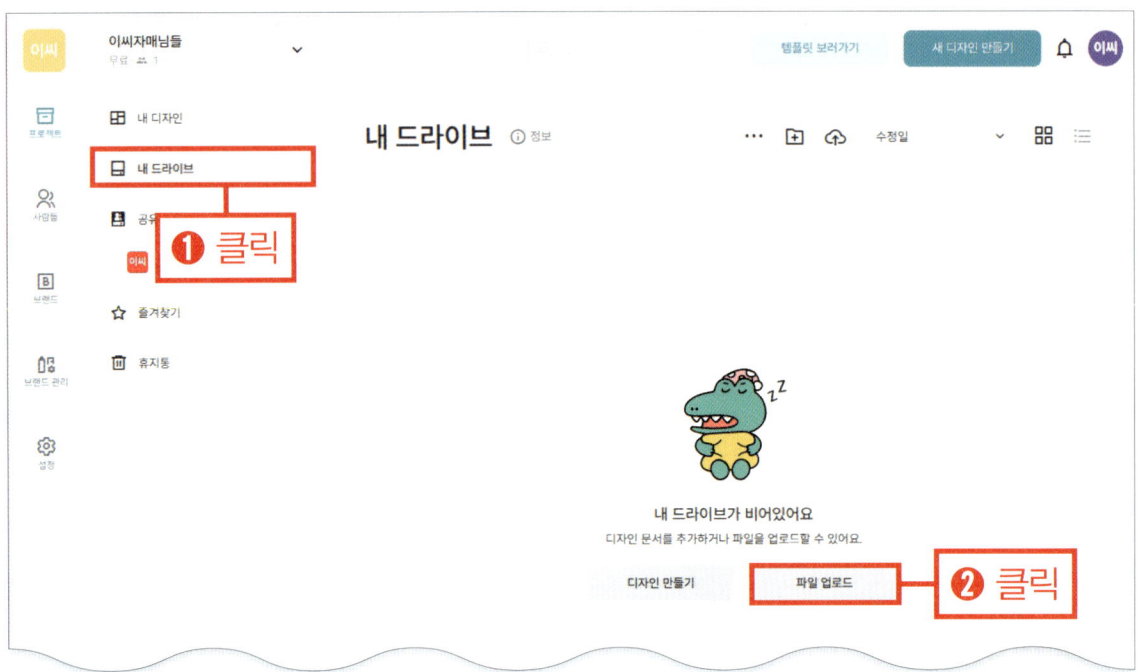

조금 더 배우기

내 드라이브에 파일을 업로드하면 자료를 만들 때 내가 업로드한 파일을 이용하여 만들 수 있습니다.

02 [미리캔버스]-[예제]-[3장]에서 [감자.png] 파일을 선택한 다음 [열기] 버튼을 클릭합니다.

03 내 드라이브에 추가된 것을 확인할 수 있습니다. 업로드한 파일을 삭제하려면 이미지 오른쪽 하단의 [메뉴](⋯) 버튼을 클릭합니다.

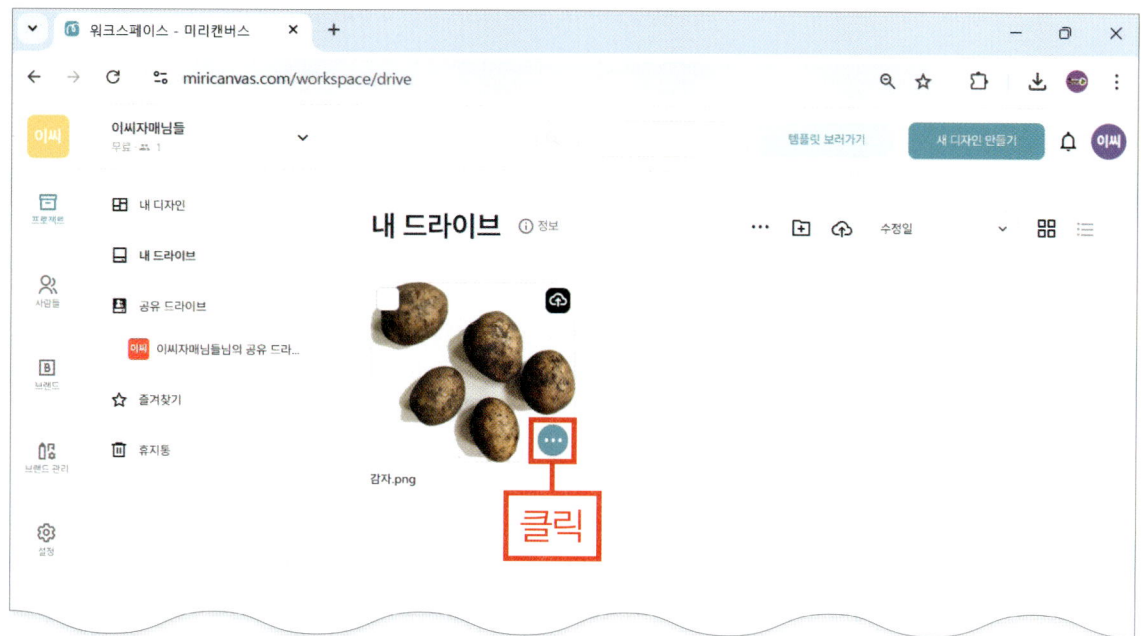

04 메뉴 목록에서 [휴지통으로 이동]을 클릭합니다.

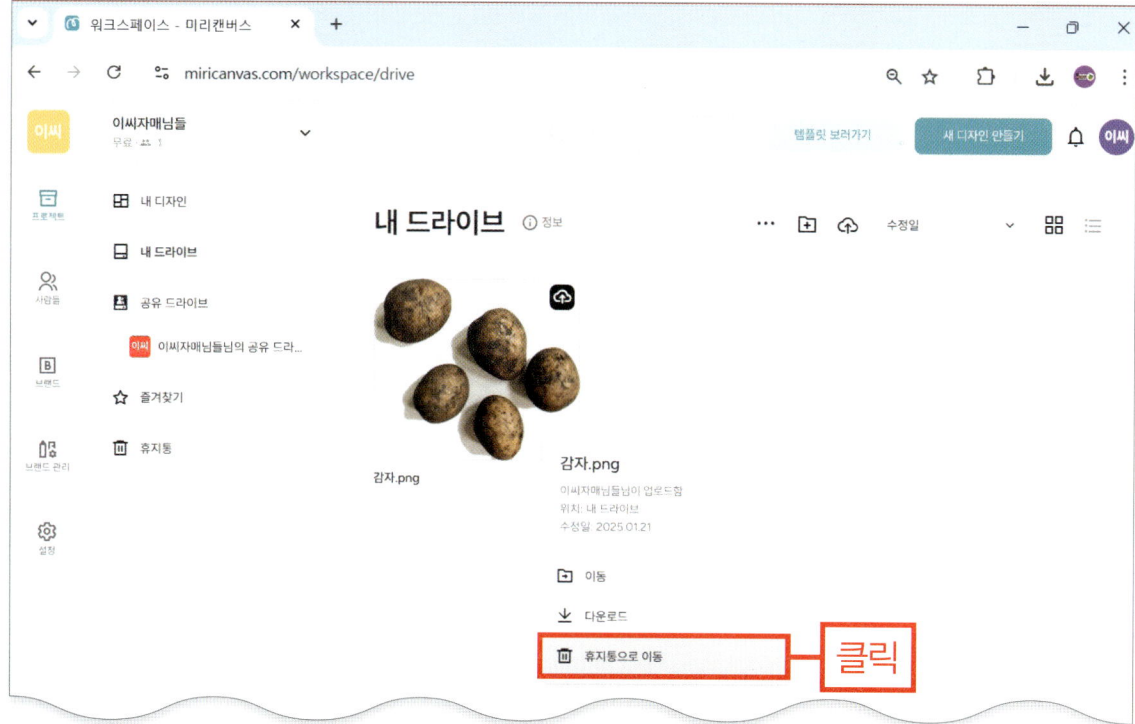

이미지를 삭제하는 또 다른 방법
이미지 왼쪽 상단의 [체크 박스] 이미지를 체크하면 오른쪽 상단에 타원 버튼이 나타납니다. [휴지통] (🗑) 아이콘을 클릭합니다.

05 왼쪽 메뉴에서 [휴지통]을 클릭한 다음 휴지통에 담긴 이미지 오른쪽 하단의 [메뉴](...) 버튼을 클릭한 후 [완전히 삭제]를 클릭합니다. '삭제' 대화상자가 나타나면 [완전히 삭제] 버튼을 클릭합니다.

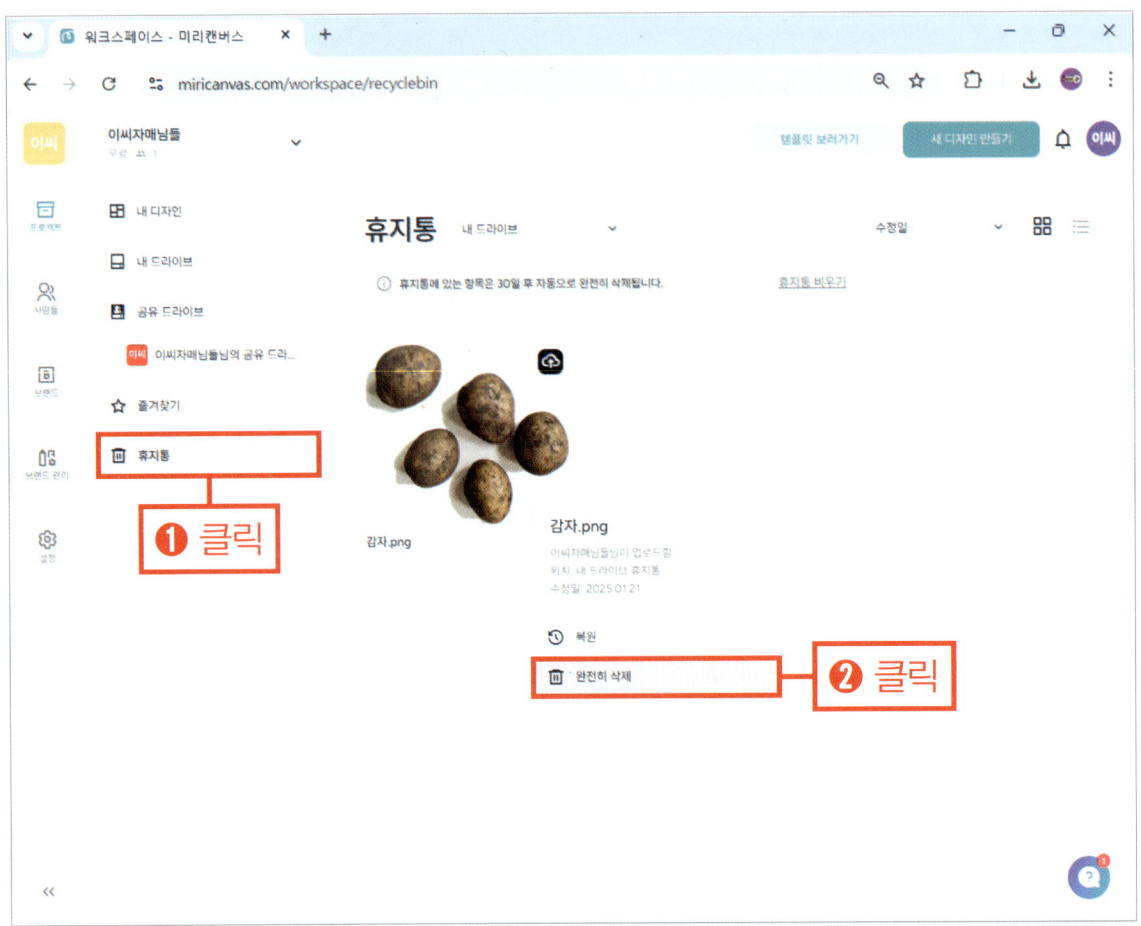

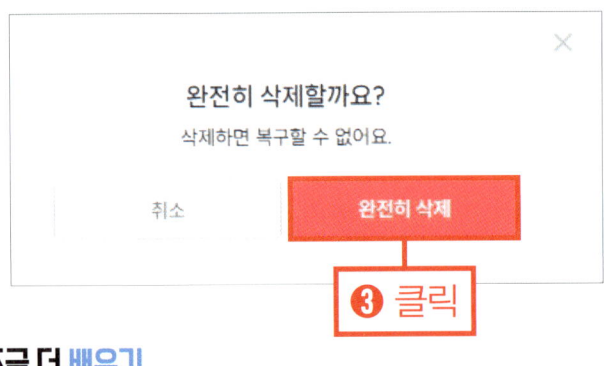

조금 더 배우기

다시 내 드라이브로 복원하려면 [복원]을 클릭합니다.

혼자서도 만들 수 있어요!

1 [3장]-[사과.jpg] 파일을 내 드라이브에 업로드해 보세요.

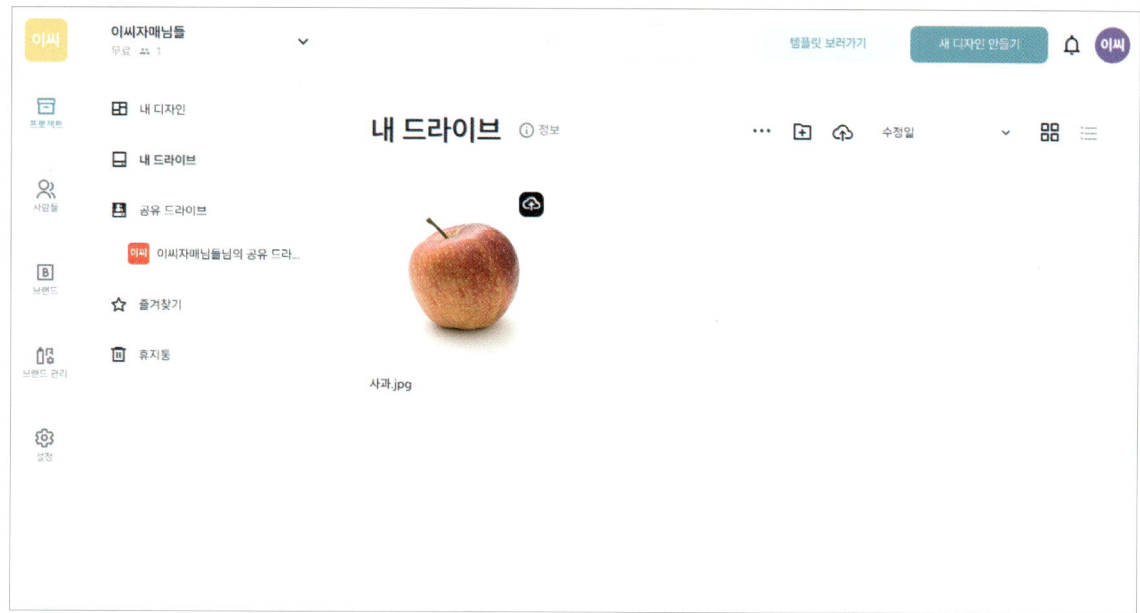

> **hint** 왼쪽 메뉴 중 [내 드라이브]를 클릭한 후 [파일 업로드] 버튼 클릭 → [미리캔버스]-[예제]-[3장]에서 [사과.jpg] 파일을 선택한 다음 [열기] 버튼 클릭

2 업로드한 '사과.jpg' 파일을 삭제해 보세요.

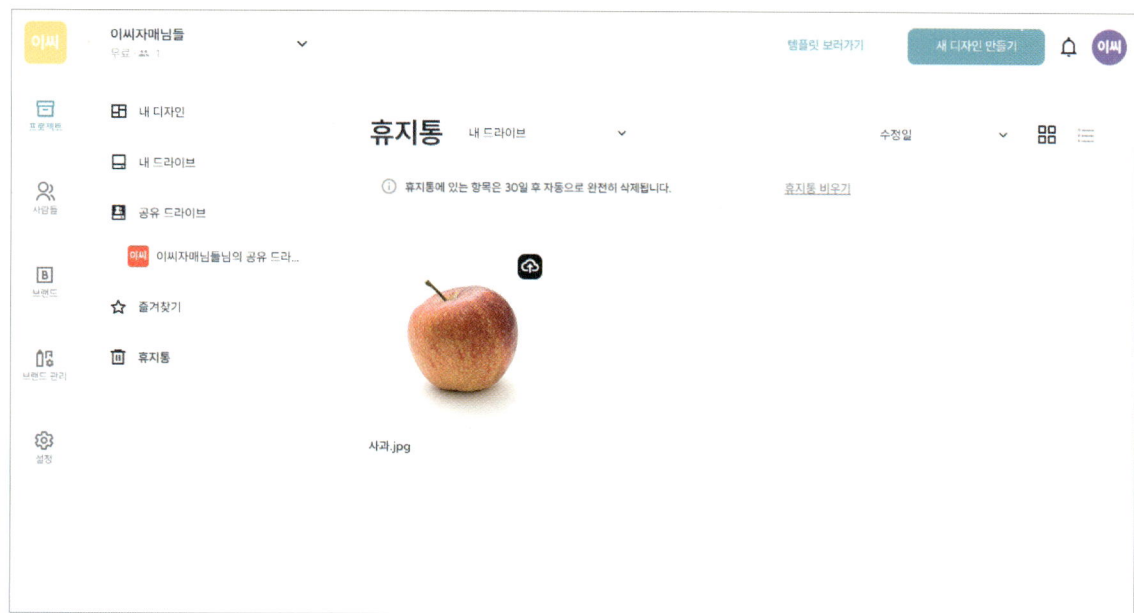

> **hint** 이미지 오른쪽 하단의 [메뉴](⋯) 버튼을 클릭한 다음 [휴지통으로 이동]을 클릭 → 왼쪽 메뉴에서 [휴지통]을 클릭한 다음 이미지 오른쪽 하단의 [메뉴](⋯) 버튼을 클릭한 후 [완전히 삭제]를 클릭

CHAPTER 04 편집 화면 알아보기

POINT

미리캔버스에서 실질적으로 디자인하는 편집 화면에 대해 알아봅니다.

▍완성 화면 미리 보기

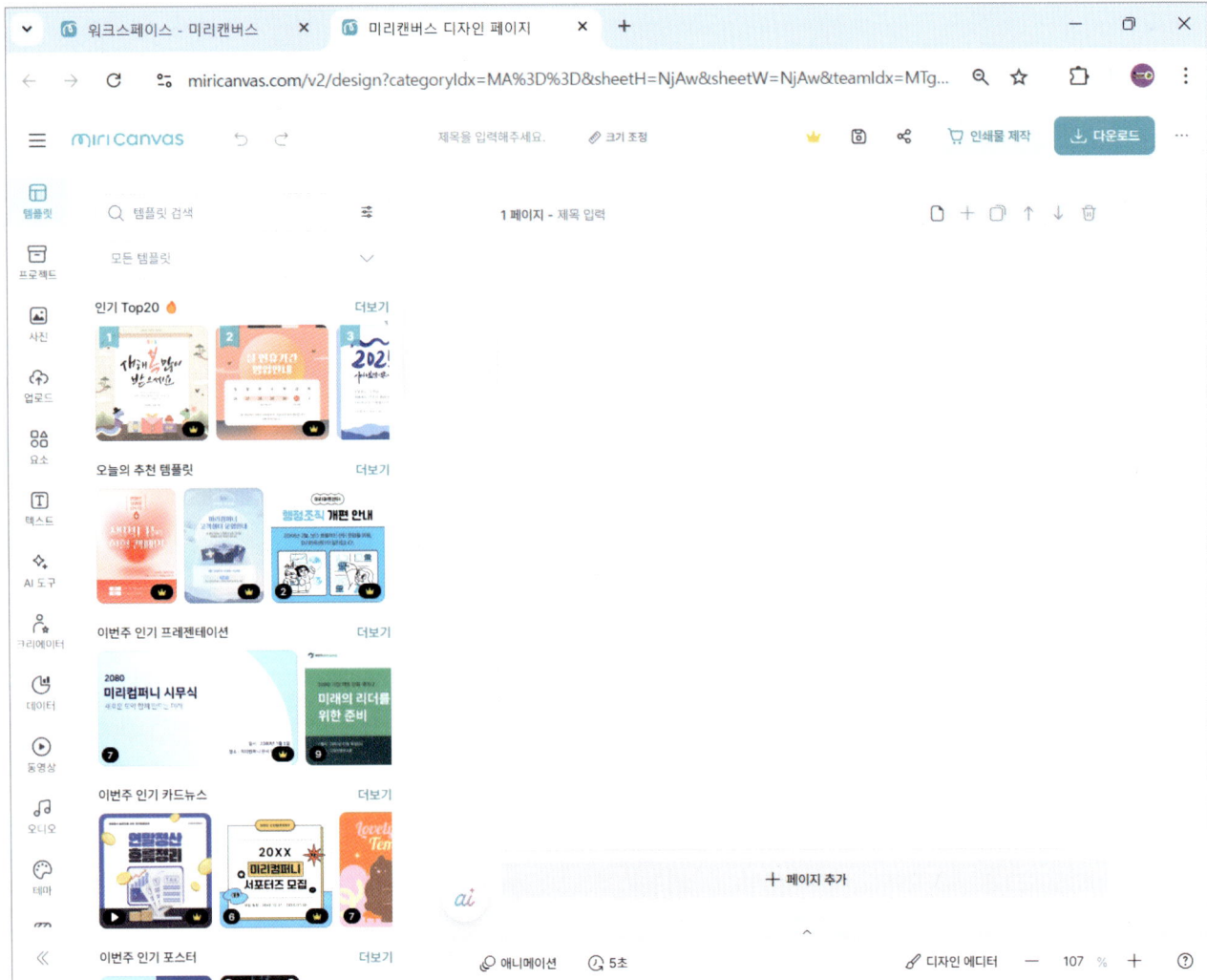

▍여기서 배워요!

편집 화면 나타내기 / 편집 화면 살펴보기

STEP 01 편집 화면 나타내기

01 미리캔버스에 로그인합니다. 오른쪽 상단의 [새 디자인 만들기] 버튼을 클릭한 후 '직접 입력'에 '600, 600'을 입력합니다. [새 디자인 만들기] 버튼을 클릭합니다.

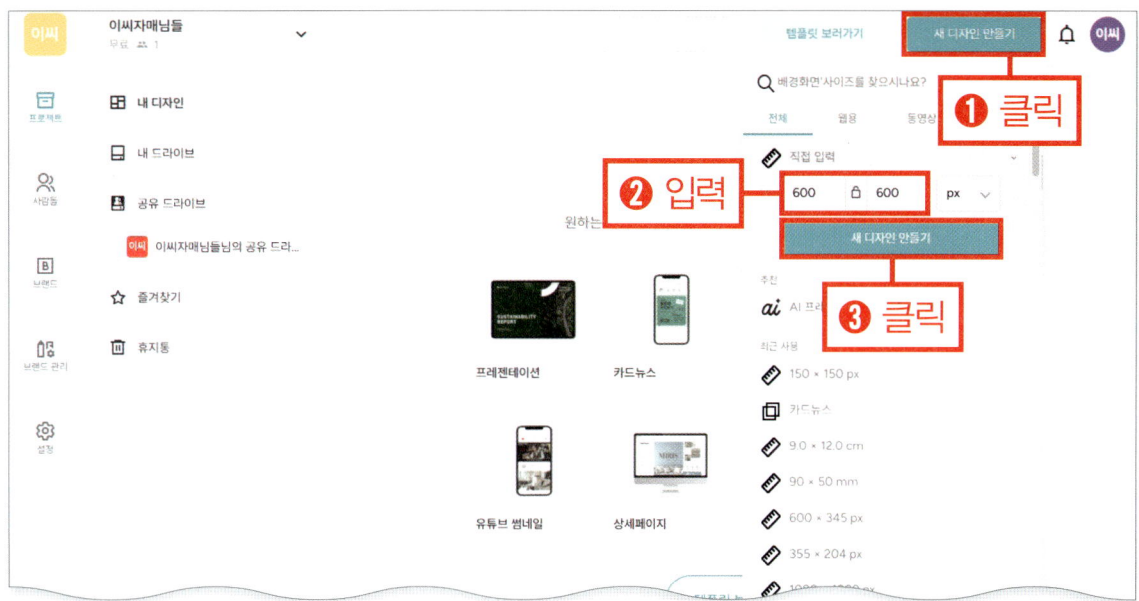

조금 더 배우기

미리캔버스는 배경의 기본 템플릿이 있지만 사용자가 원하는 수치를 입력하여 만들 수 있습니다. 기본 단위는 픽셀(px)로 지정되어 있고 단위의 [목록] 버튼을 클릭하면 다양한 단위를 설정할 수 있습니다.

02 미리캔버스의 편집 화면이 나타납니다.

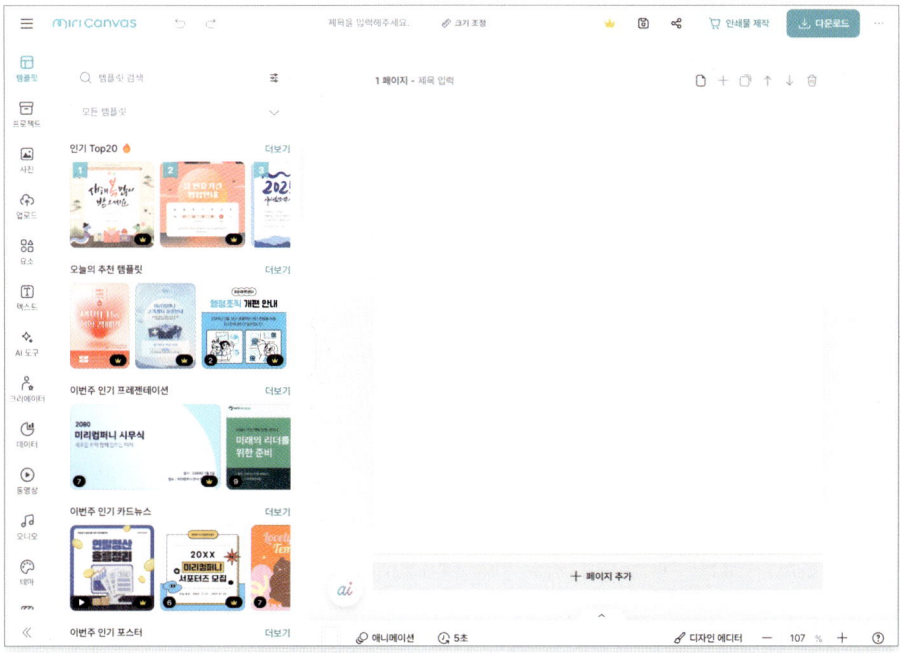

STEP 01 편집 화면 살펴보기

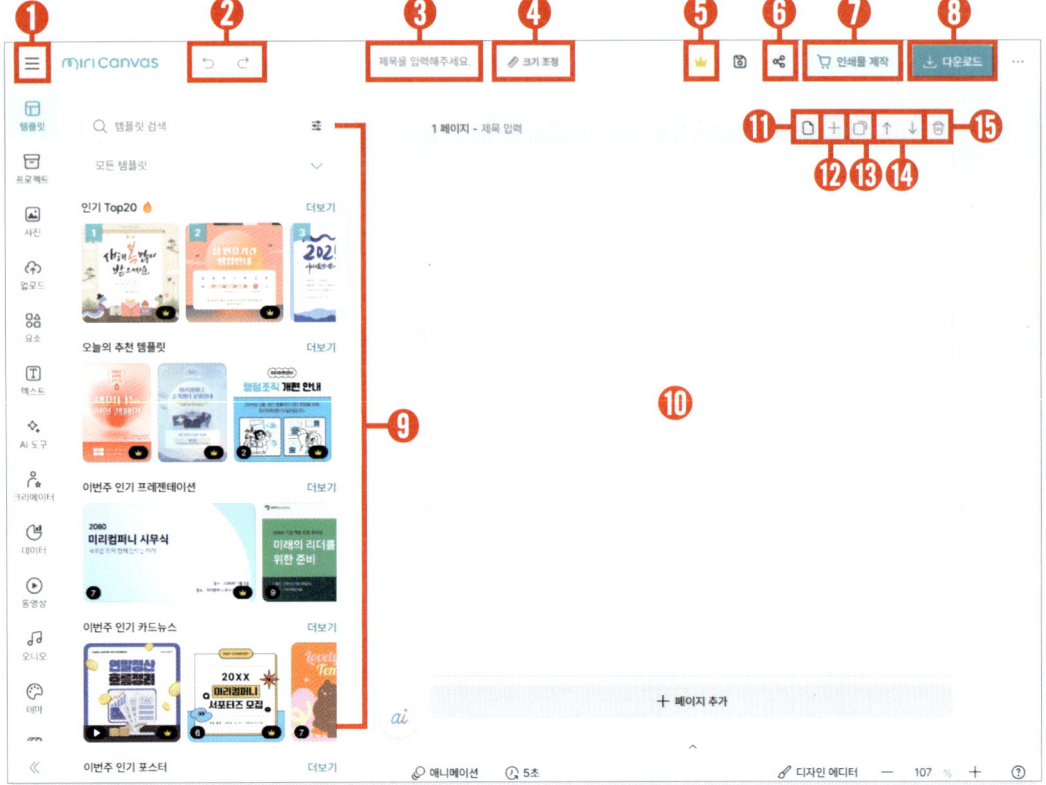

① **전체 메뉴** : 편집에서 쓸 수 있는 여러 설정 사항들이 표시되어 있습니다.
② **되돌리기/다시 실행** : 편집 시 내용을 이전으로 되돌리거나 다시 실행할 수 있습니다.
③ **제목 입력 란** : 만든 자료의 파일 이름을 미리 저장할 수 있습니다.
④ **크기 조정** : 편집 시 배경의 크기를 변경할 수 있습니다.
⑤ **구독 버튼** : 유료 템플릿을 사용할 수 있도록 구독을 할 수 있습니다.
⑥ **공유** : 만든 자료를 SNS로 공유할 수 있습니다.
⑦ **인쇄물 제작** : 내가 디자인한 자료를 인쇄물로 만들 수 있습니다.
⑧ **다운로드** : 만든 자료를 컴퓨터로 저장할 수 있습니다.
⑨ **도구 화면** : 자료를 디자인할 때 필요한 요소들을 표시해 줍니다.
⑩ **페이지 화면** : 실제로 디자인하는 화면입니다.
⑪ **페이지 메모** : 이 디자인에 메모를 삽입할 수 있습니다.
⑫ **페이지 추가** : 페이지를 추가합니다.
⑬ **페이지 복제** : 페이지를 복제합니다.
⑭ **페이지 위/아래 이동** : 페이지 추가 시 페이지를 이동할 수 있습니다.
⑮ **페이지 삭제** : 페이지를 삭제할 수 있습니다.

CHAPTER 05

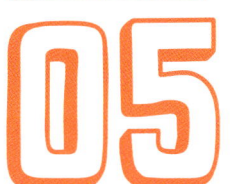

디자인을 풍성하게 만드는 요소 및 사진 알아보기

POINT

미리캔버스에는 무료 및 유료 사진과 여러 가지 요소를 제공해 줍니다. 여기서는 미리캔버스에서 제공하는 다양한 자료들을 사용하는 방법에 대해 알아봅니다.

완성 화면 미리 보기

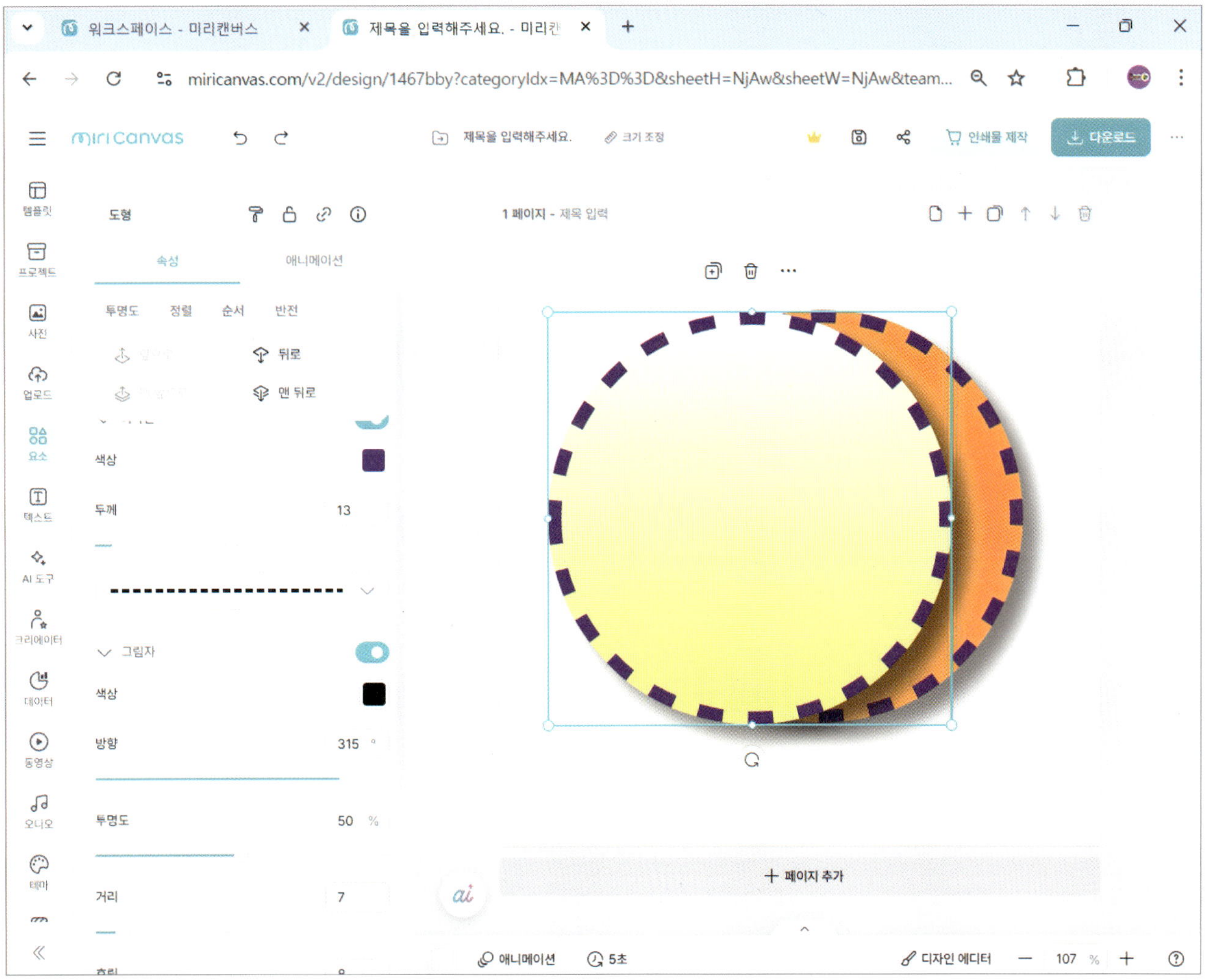

여기서 배워요!

도형 요소 다루기 / 일러스트 요소 다루기 / 사진 다루기

STEP 01 도형 요소 다루기

01 미리캔버스에 로그인합니다. '도구 목록'에서 [요소]를 클릭한 다음 [도형]을 클릭합니다. '기본 도형'에서 [타원]을 클릭합니다.

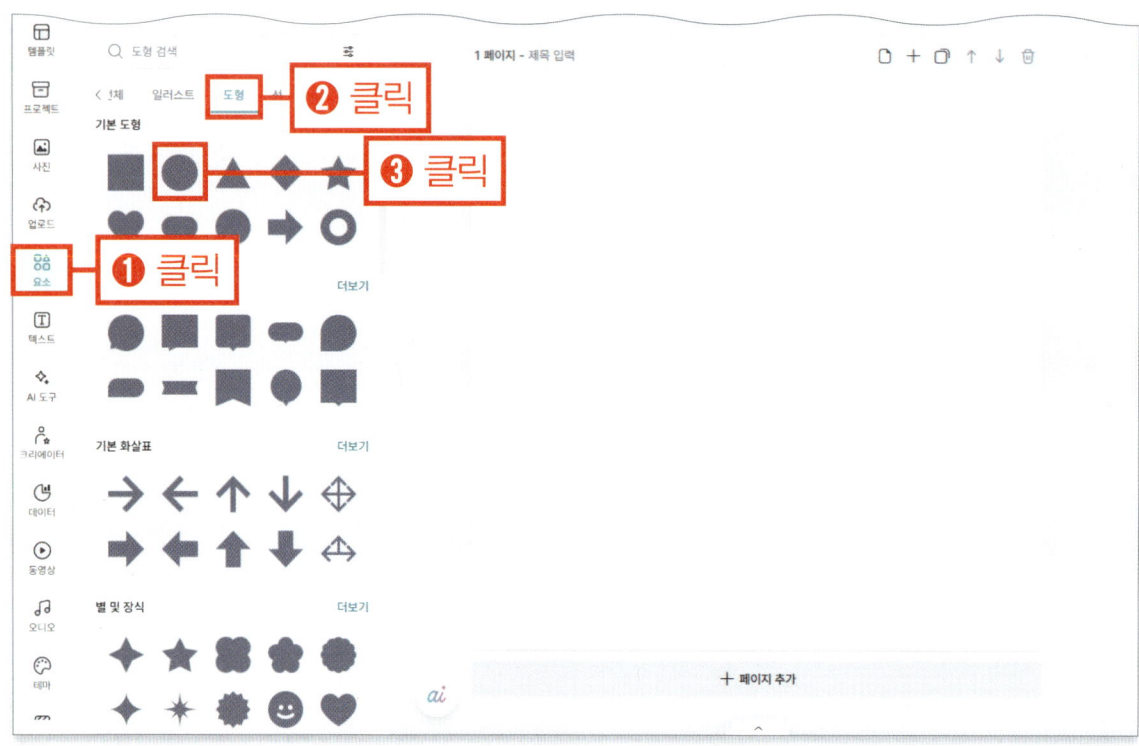

02 도형이 삽입됩니다. 도형을 클릭한 후 왼쪽에 도형 조정 창에서 [색상] 버튼을 클릭합니다.

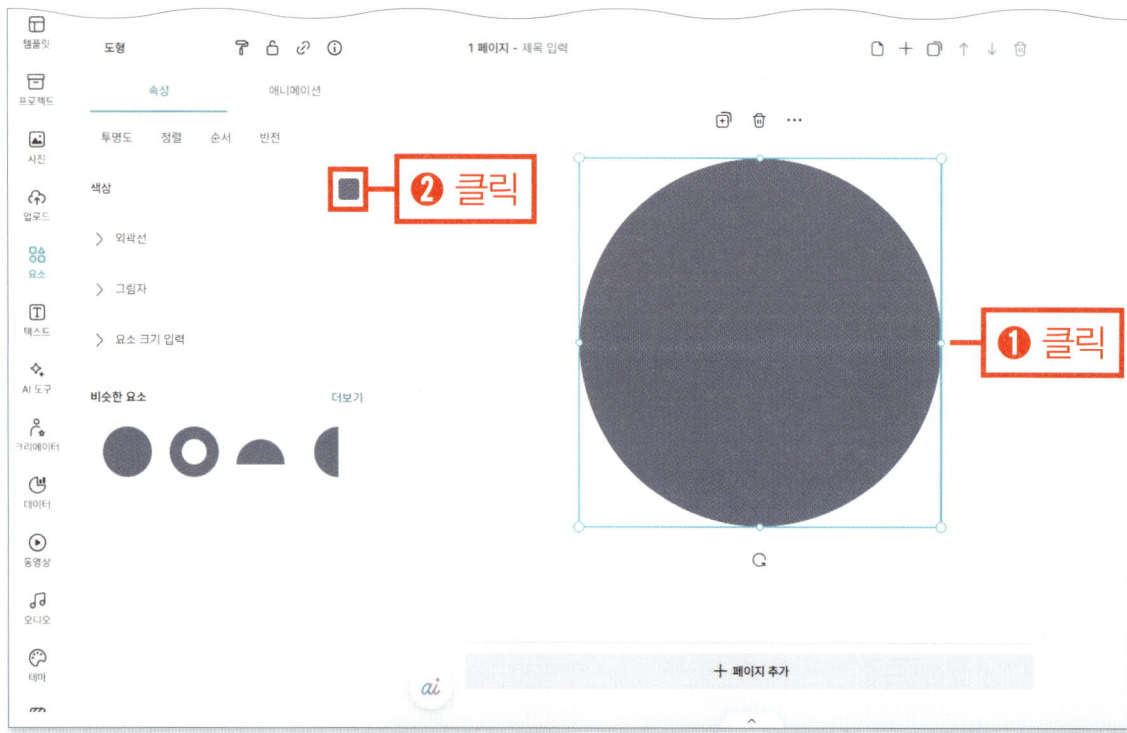

03 '색상' 대화상자가 나타나면 마음에 드는 색상을 선택한 후 [닫기](×) 버튼을 클릭합니다.

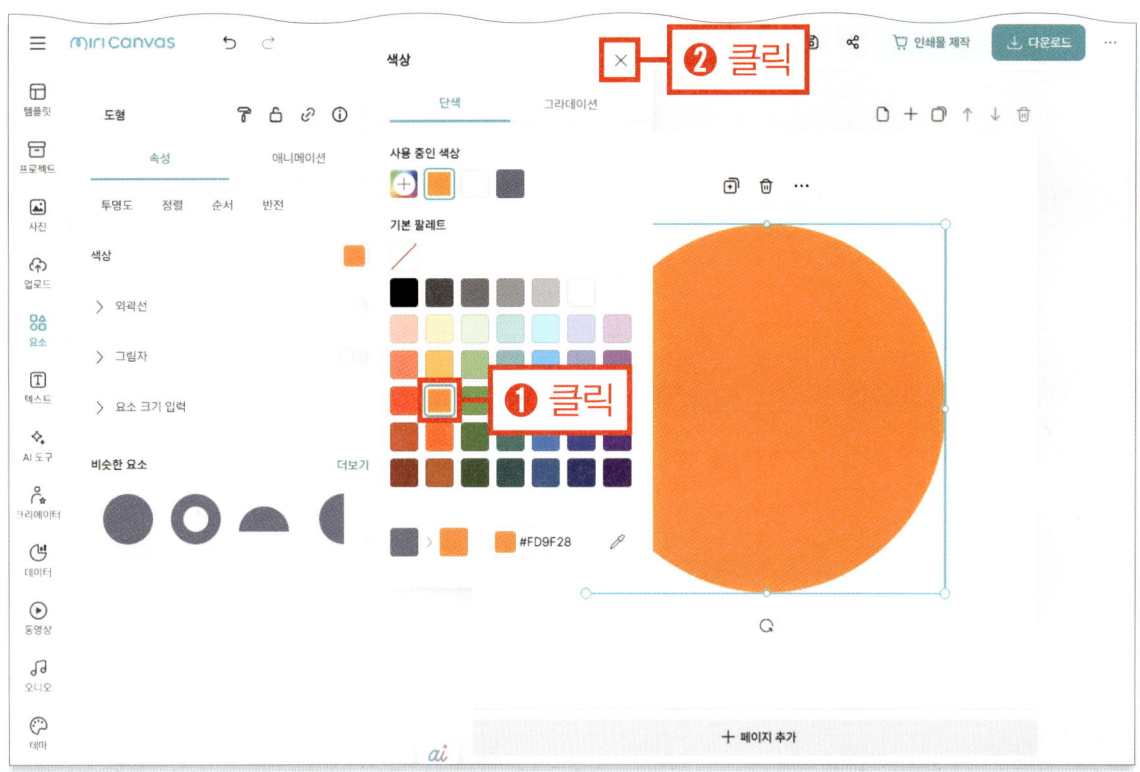

04 테두리를 하기 위해 [외곽선]을 클릭합니다. [색상]을 클릭하여 원하는 색상을 선택합니다. [닫기](×) 버튼을 클릭합니다.

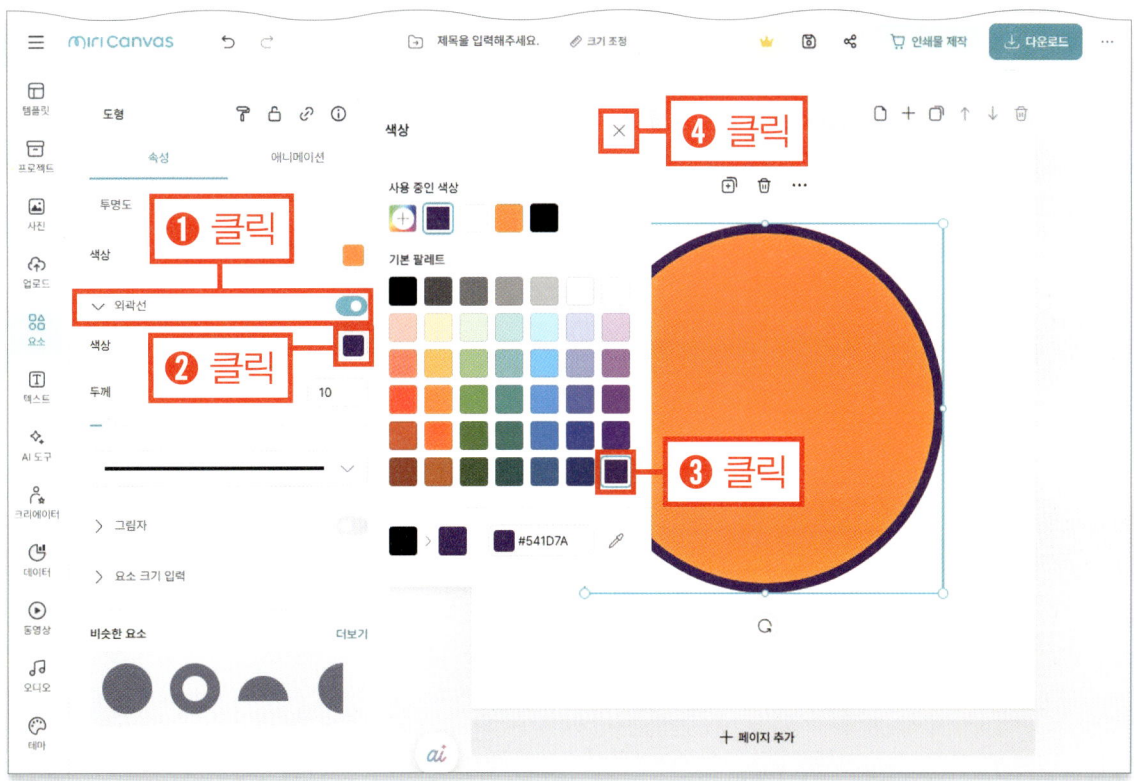

05 외곽선의 모양을 변경하기 위해 '외곽선 모양'의 [목록] 버튼을 클릭한 후 점선 모양을 선택합니다.

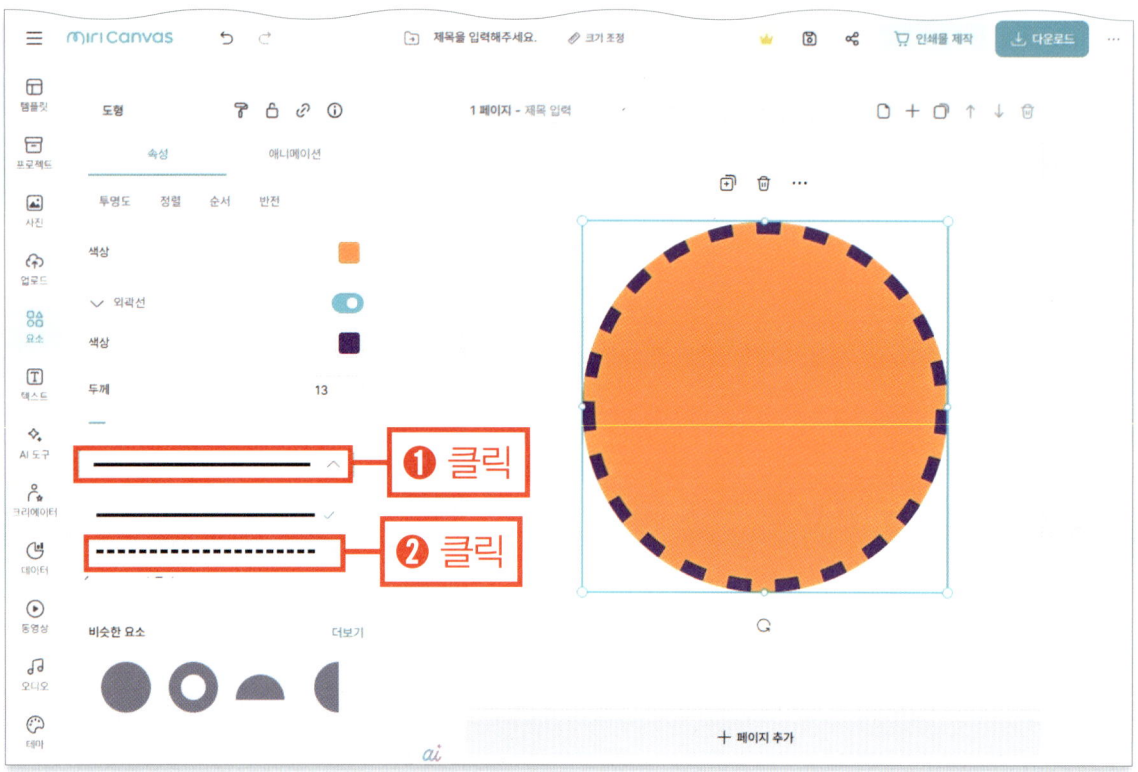

06 그림자를 적용하기 위해 [그림자]를 클릭한 후 아래에 있는 다양한 옵션을 적용합니다.

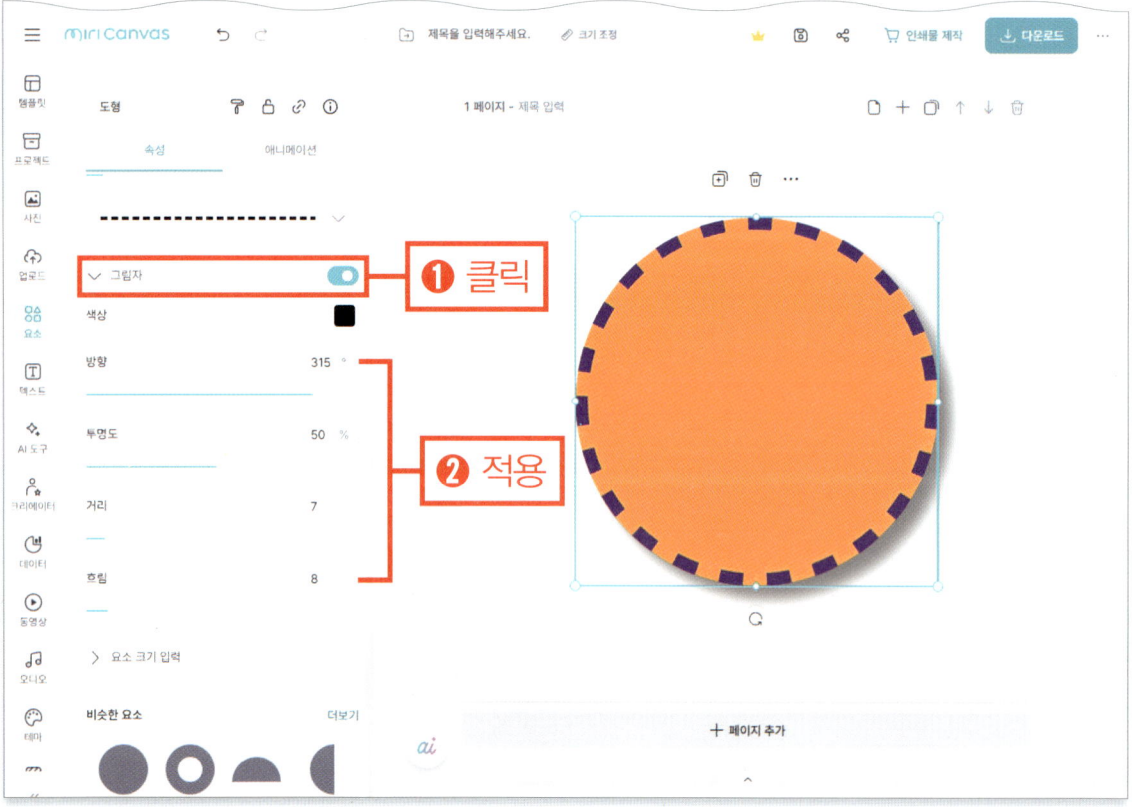

07 도형의 크기를 변경하려면 도형 외곽선의 [조절점]을 이용하여 드래그해 크기를 조절합니다.

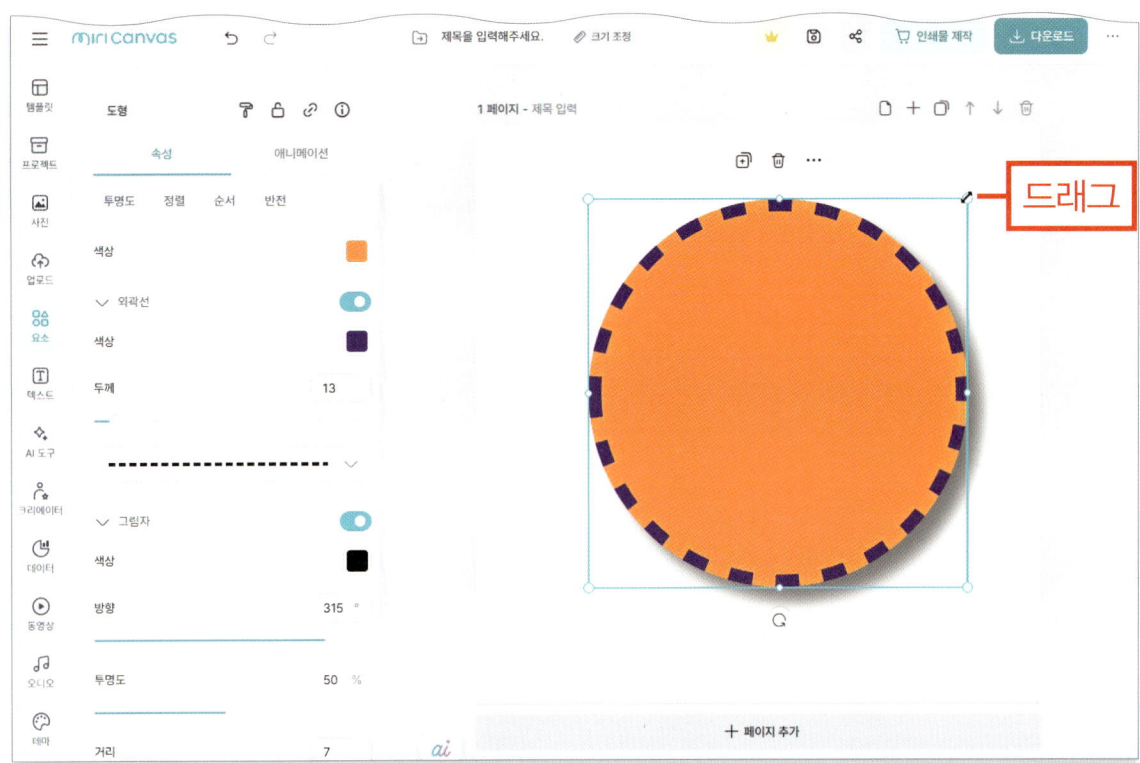

08 도형을 하나 더 복제하기 위해 도형 상단 메뉴에서 [복제](ⓘ)를 클릭합니다.

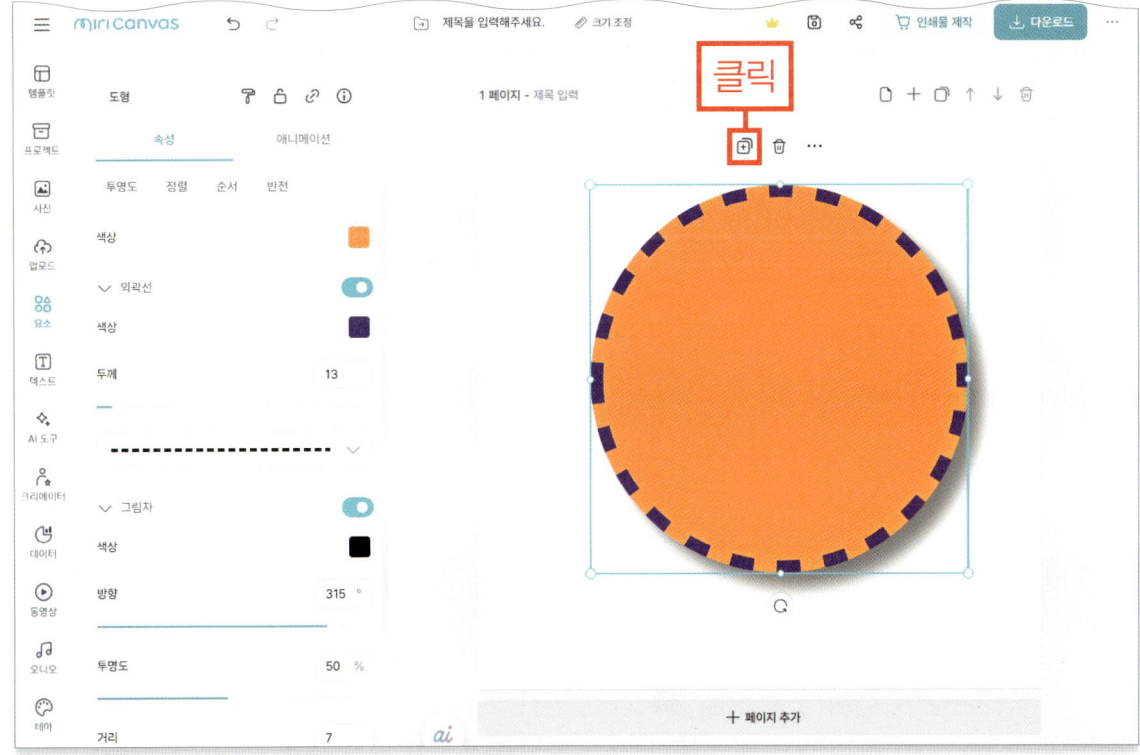

09 복제된 도형을 클릭한 후 [색상]을 클릭합니다. '색상' 대화상자가 나타나면 [그라데이션] 탭을 클릭한 후 마음에 드는 색상을 선택합니다. [닫기](×) 버튼을 클릭합니다.

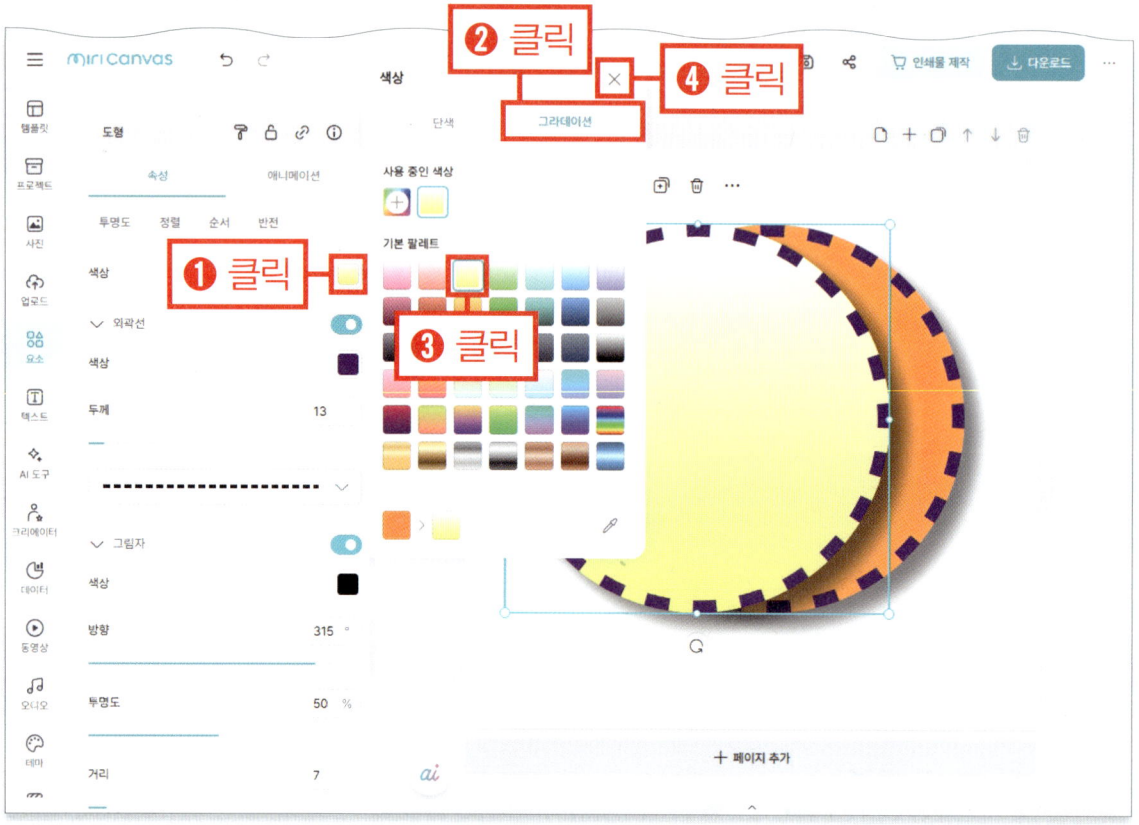

10 도형의 순서를 바꾸기 위해 복제된 도형을 클릭한 다음 왼쪽 '속성' 창에서 [순서]-[뒤로]를 차례대로 클릭합니다.

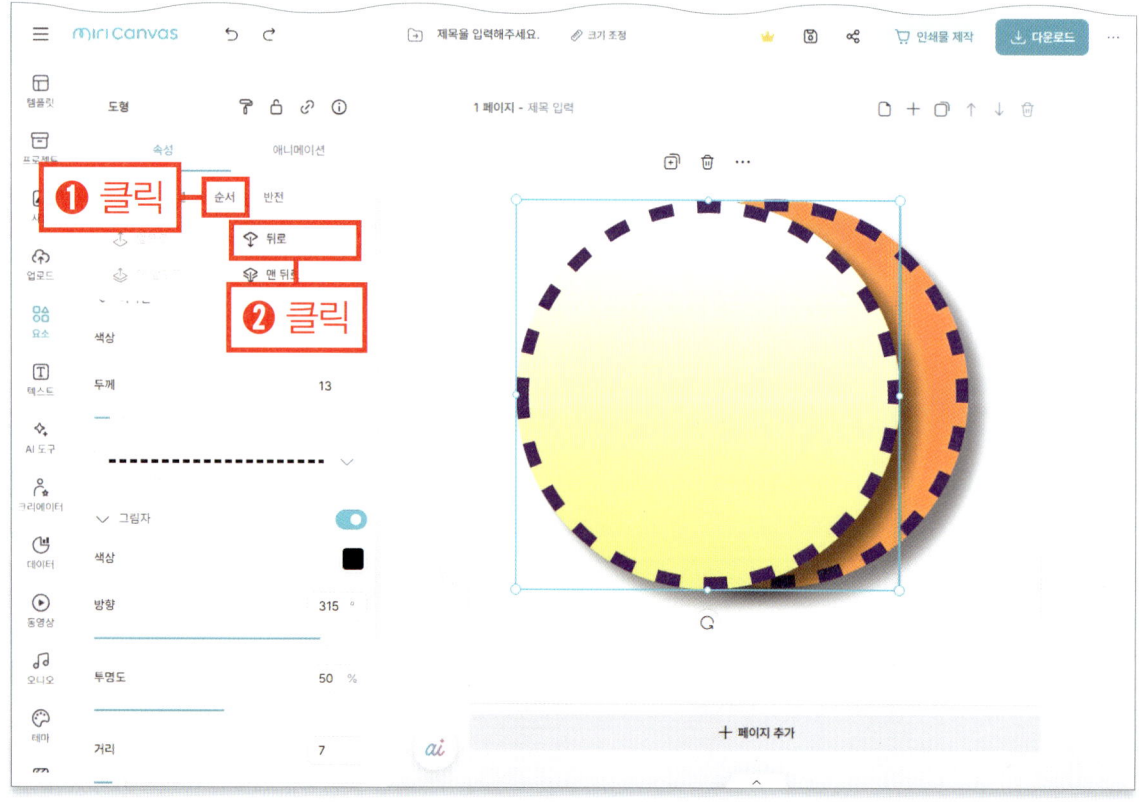

11 도형을 삭제하려면 도형 상단 메뉴에서 [삭제](🗑) 버튼을 클릭합니다.

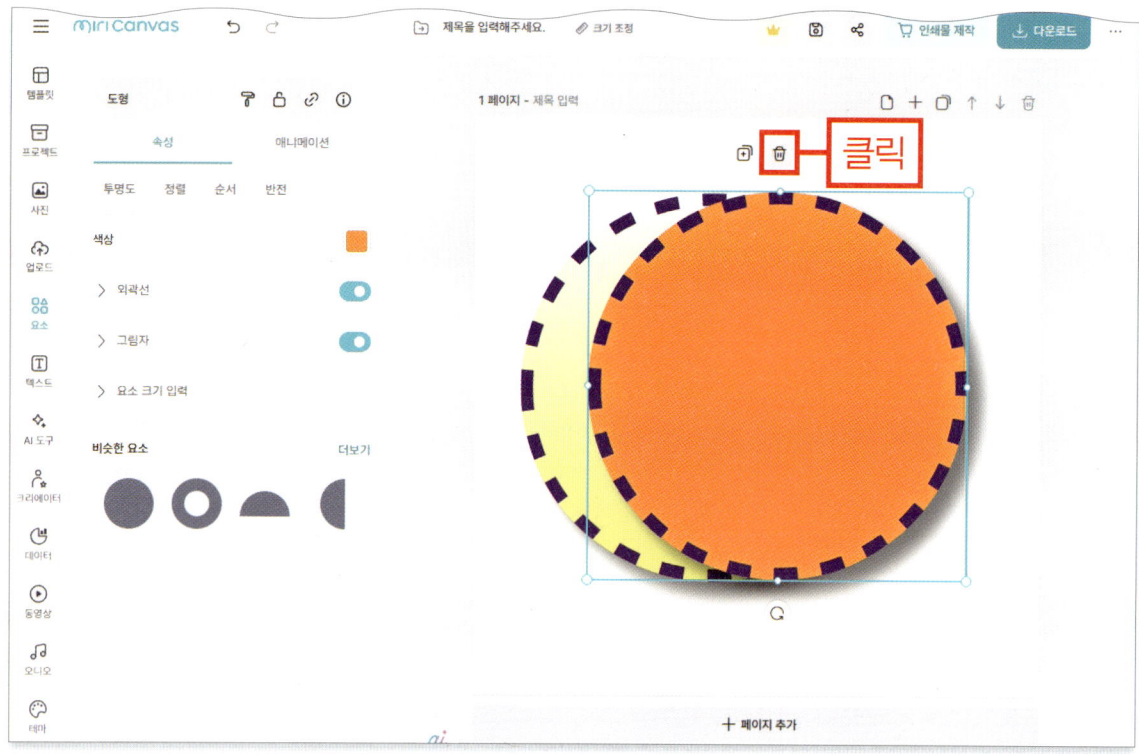

STEP 02 일러스트 요소 다루기

01 [요소]를 클릭하고 [전체]를 클릭합니다. 검색 창에서 '고양이'를 입력하고 Enter↵를 누릅니다. 원하는 고양이 이미지를 클릭합니다.

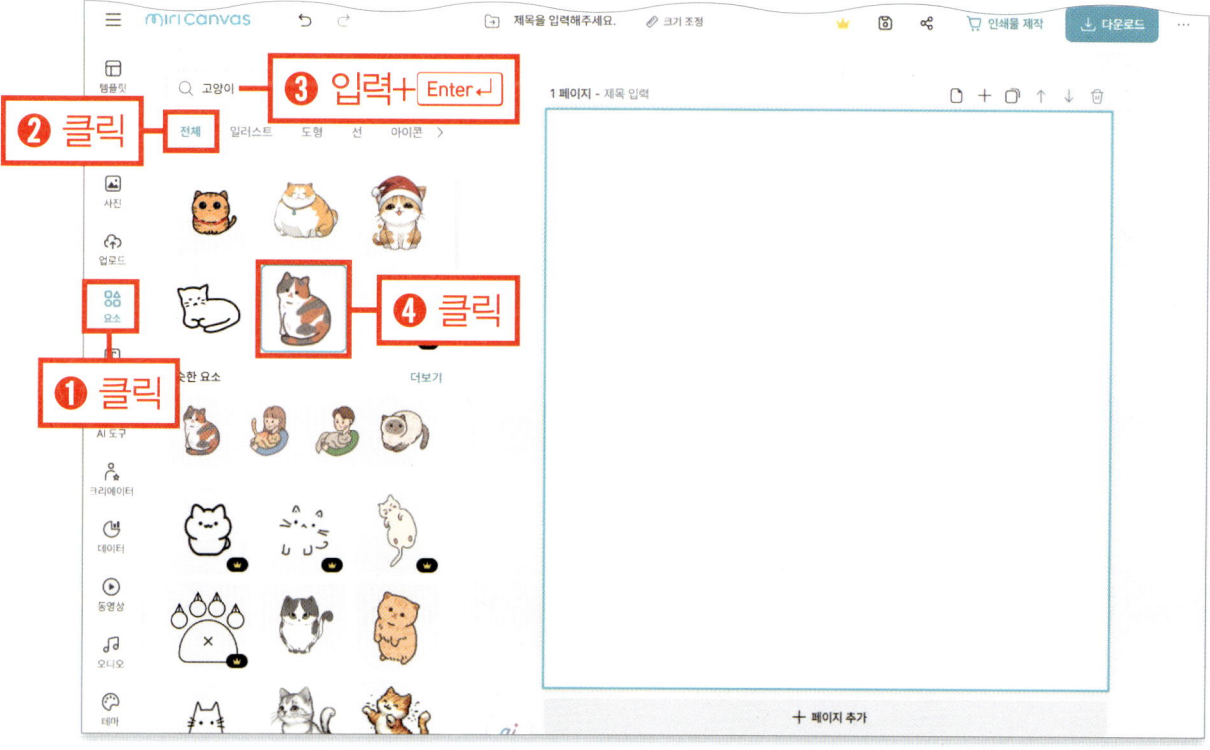

CHAPTER 05 디자인을 풍성하게 만드는 요소 및 사진 알아보기

02 고양이가 삽입됩니다. 고양이를 클릭한 후 왼쪽 설정의 '필터'에서 [직접 조정]을 클릭하고 아래와 같이 설정합니다.

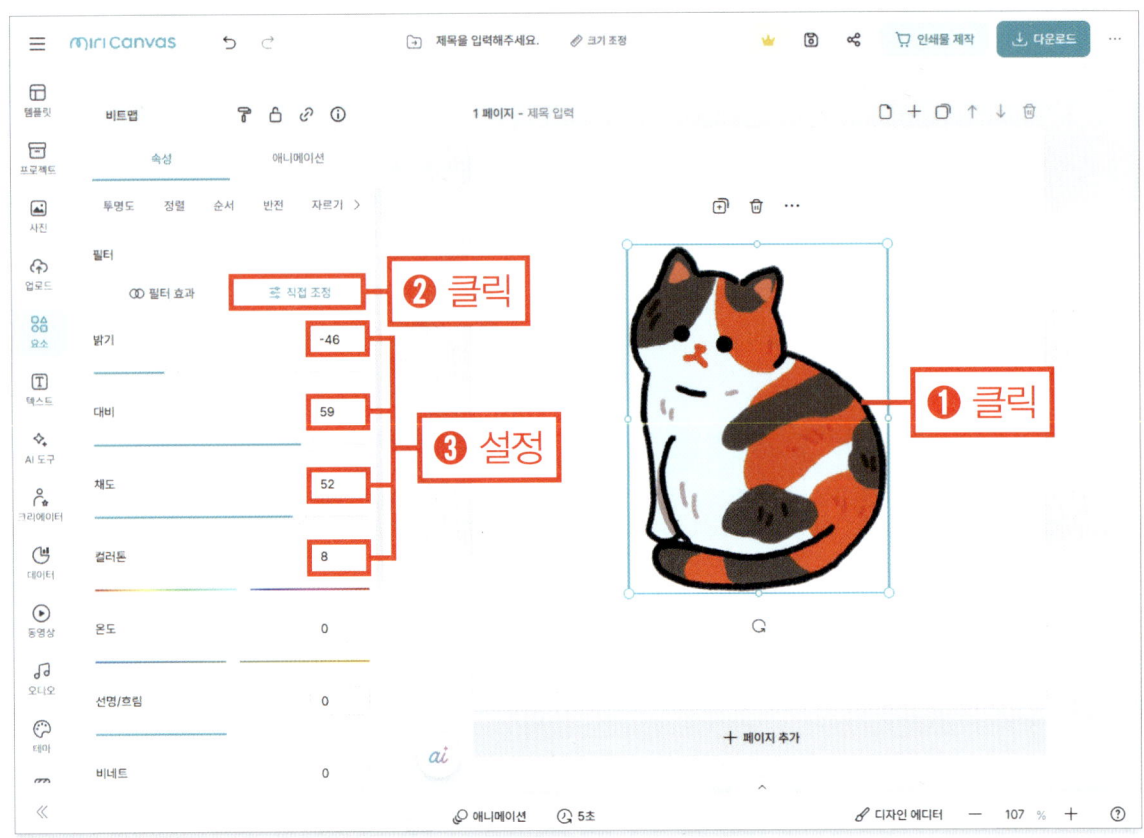

조금 더 배우기

왕관 모양이 붙어있는 이미지를 삽입하면 아래와 같이 워터마크가 이미지에 나타납니다. 이것은 유료로 구매한 후 사용 가능하므로 무료로 이용할 수 없습니다.

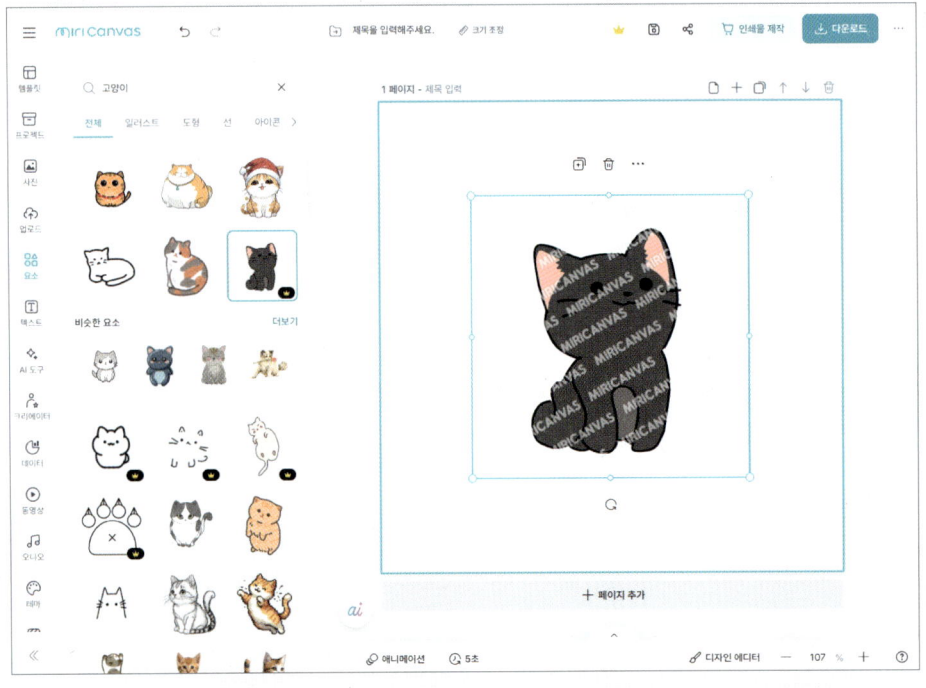

STEP 03 사진 다루기

01 '도구 목록'에서 [사진]을 클릭합니다. 검색 창에 '사과'를 입력하고 Enter↵를 누릅니다. 마음의 드는 사과 사진을 클릭합니다.

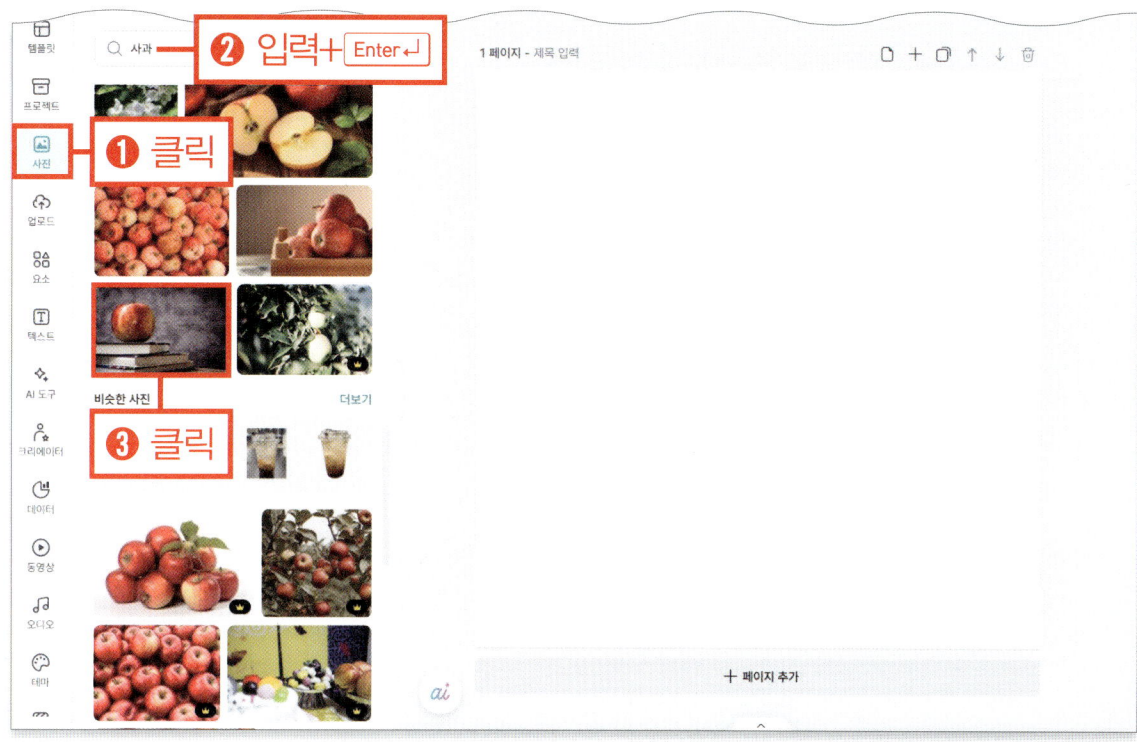

02 사과 사진이 삽입됩니다. 사진을 클릭한 후 '속성' 탭의 'ai 쉬운 편집'에서 [배경 제거]를 클릭합니다.

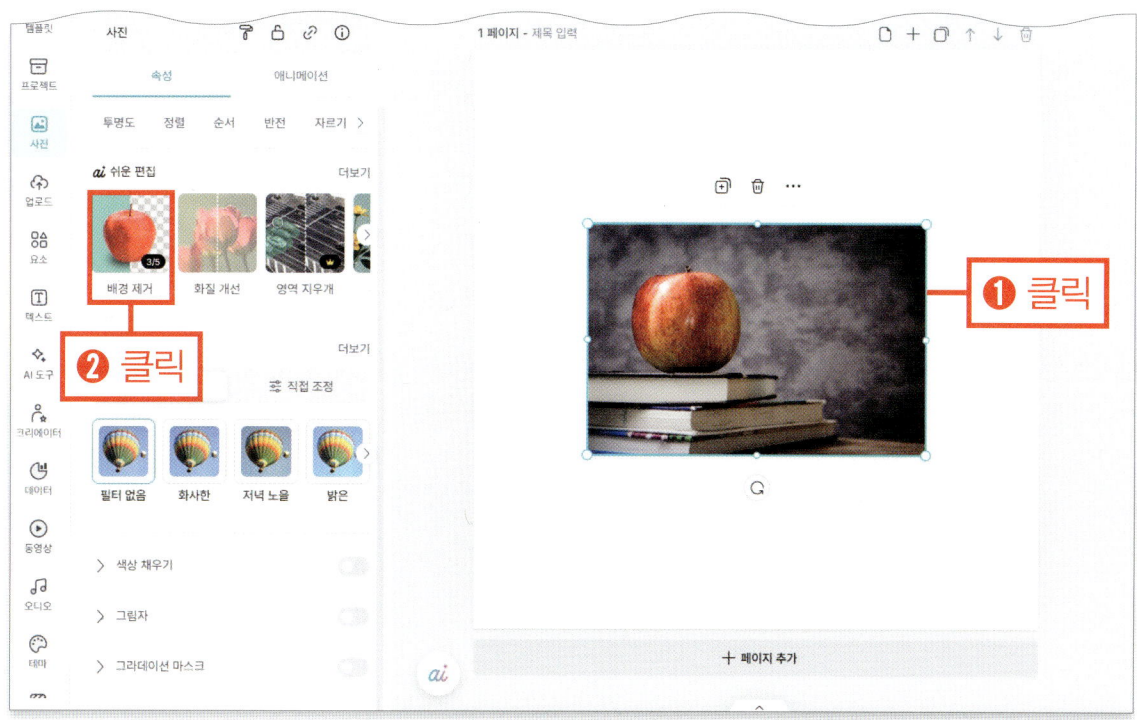

03 배경이 지워진 것을 확인할 수 있습니다. 지워진 배경을 자르기 위해 '속성' 탭에서 [자르기]를 클릭합니다.

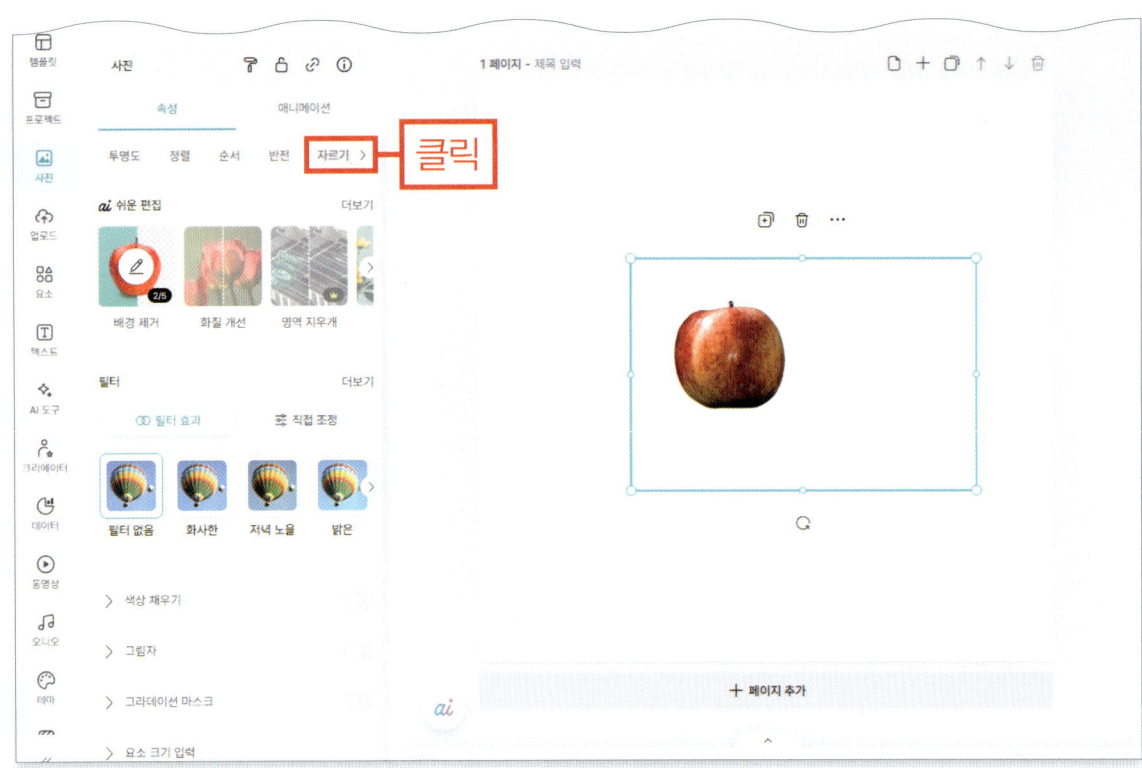

04 '자르기' 화면이 나타나면 [조절점]을 이용해 드래그하여 크기를 줄인 다음 [이미지 영역 적용하기](✓) 버튼을 클릭합니다.

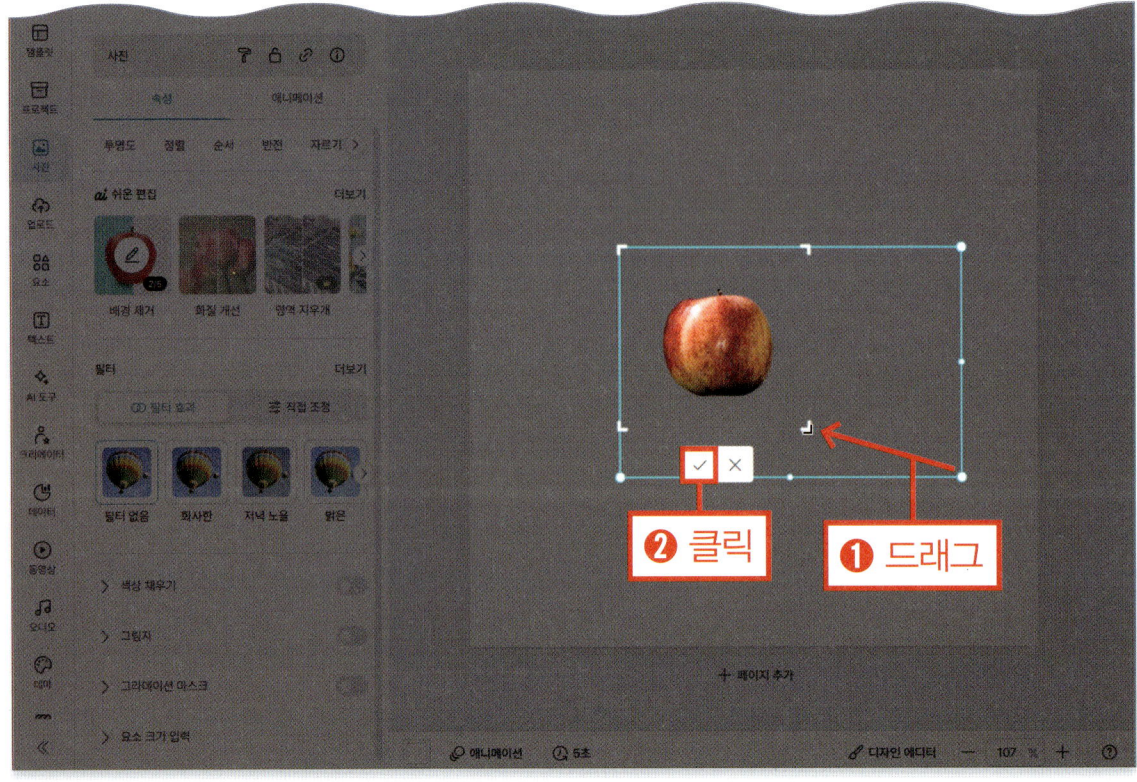

05 사진의 흑백 효과를 주기 위해 '필터'에 [더보기]를 클릭합니다.

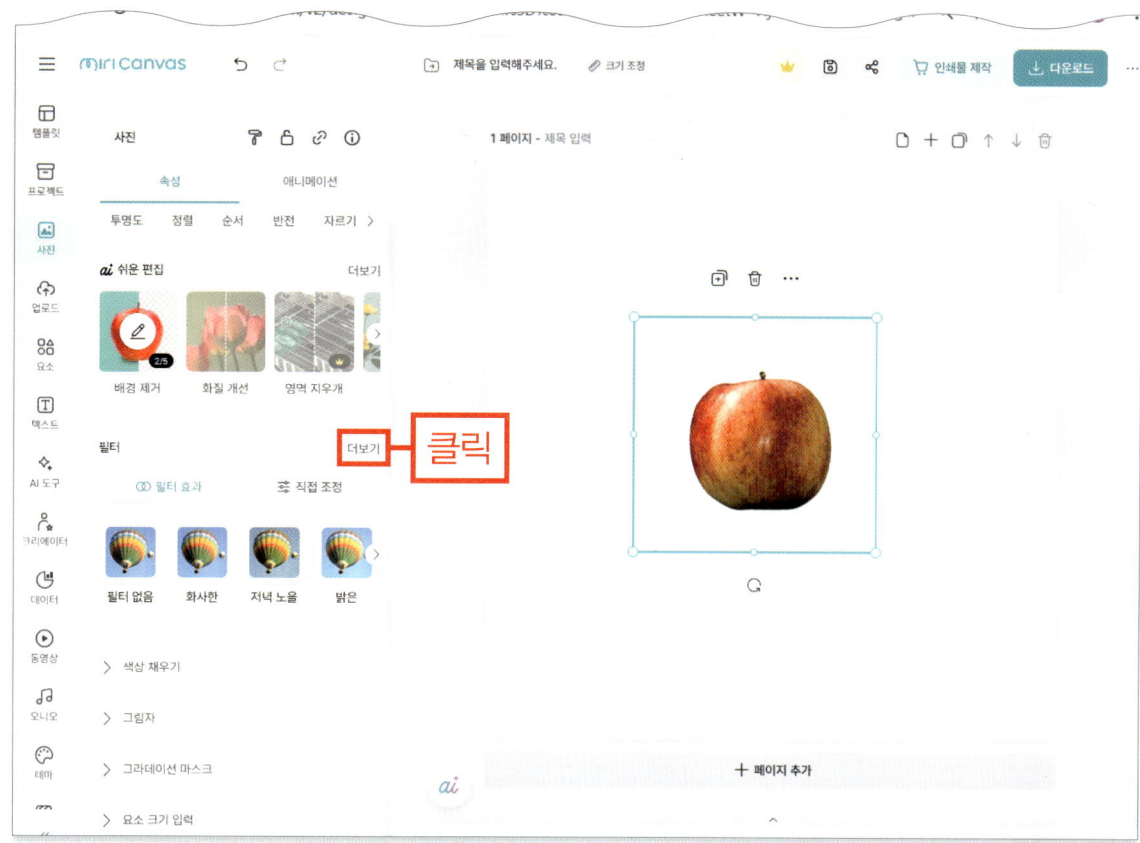

06 펼쳐진 항목에서 [흑백]을 클릭합니다.

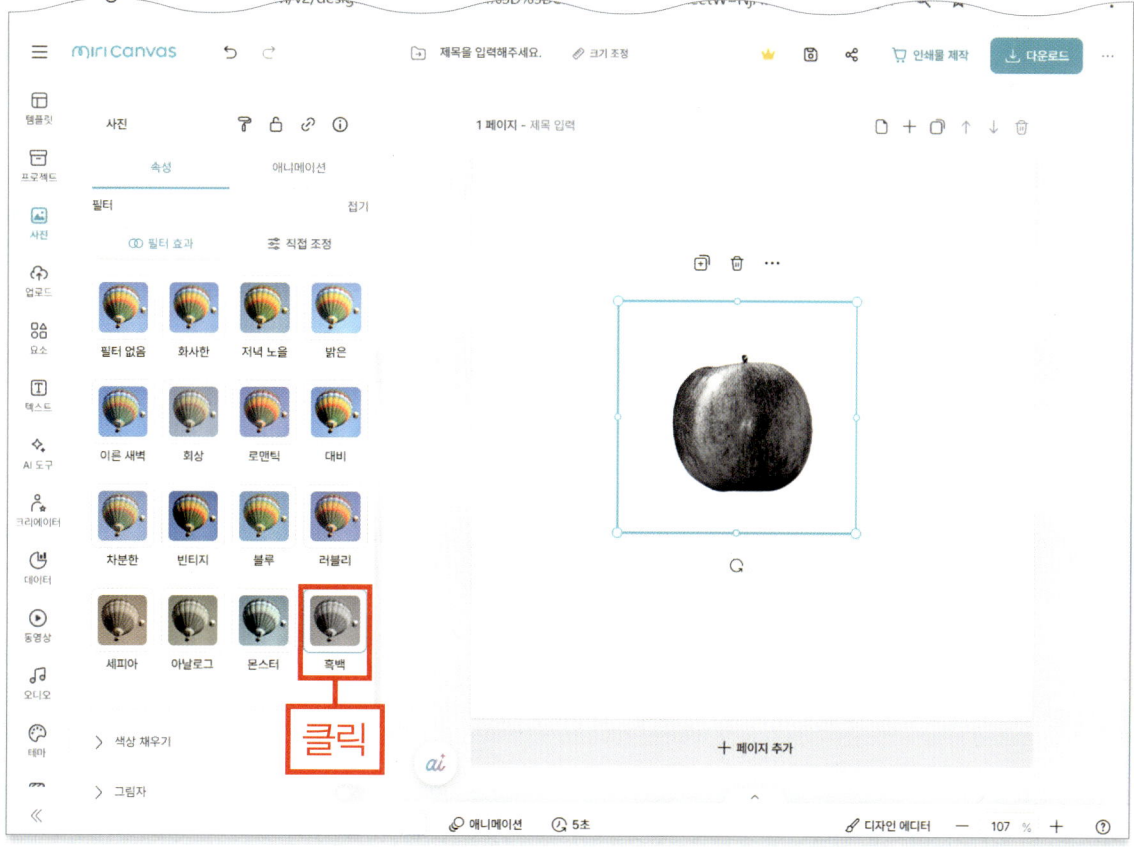

CHAPTER 06 | 한눈에 들어오는 텍스트 쓰는 법

POINT

디자인에서 텍스트는 중요한 요소 중 하나입니다. 이번에는 미리캔버스에서 텍스트를 다루는 방법을 알아봅니다.

완성 화면 미리 보기

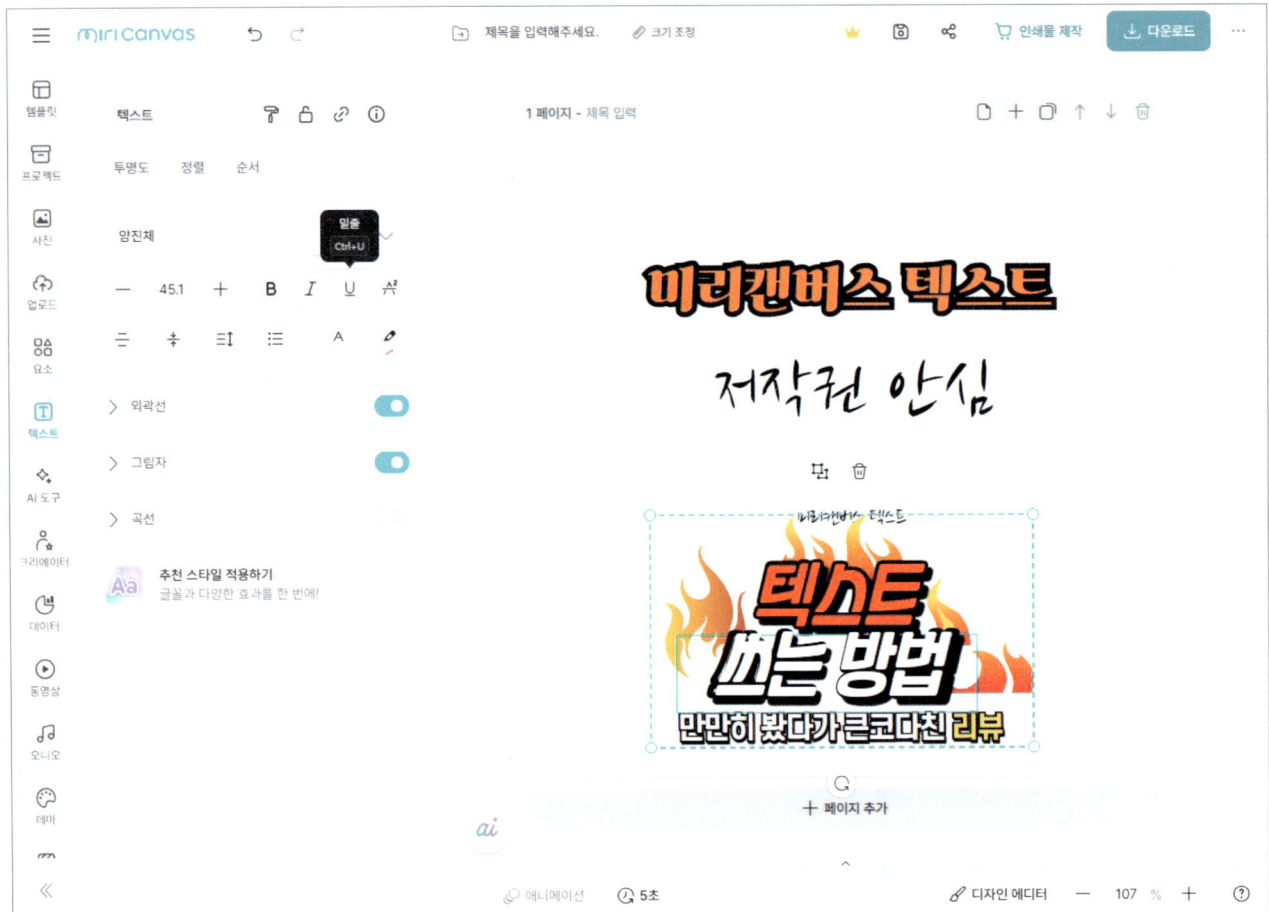

여기서 배워요!

기본 텍스트 사용하기 / 저작권 안심 폰트 사용하기 / 스타일 폰트 사용하기

STEP 01 기본 텍스트 사용하기

01 미리캔버스에 로그인합니다. '도구 목록'에서 [텍스트]를 클릭합니다. '기본 스타일'에서 [제목 텍스트 추가]를 클릭합니다.

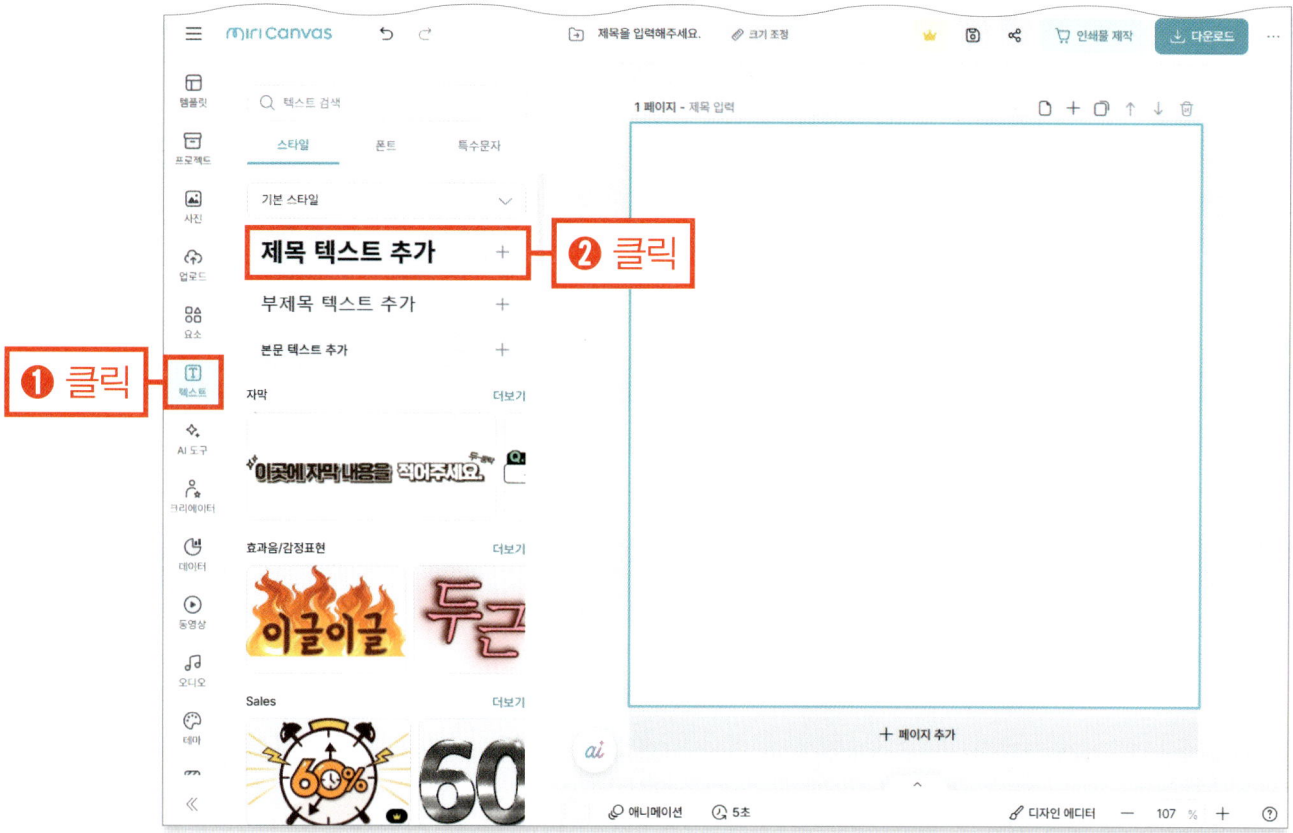

02 페이지 화면에 텍스트가 삽입되면 글자를 더블 클릭합니다. '미리캔버스 텍스트'라고 입력한 후 빈 공간을 클릭합니다.

 조금 더 배우기

미리캔버스에서 텍스트를 수정할 땐 여러 가지 방법이 있습니다. 그중 더블 클릭을 하면 편하게 텍스트를 수정할 수 있습니다.

03 글자체를 변경하기 위해 글자를 클릭한 후 왼쪽 '속성' 탭에서 글자체 목록을 클릭합니다. [가나초콜렛] 글꼴을 클릭합니다.

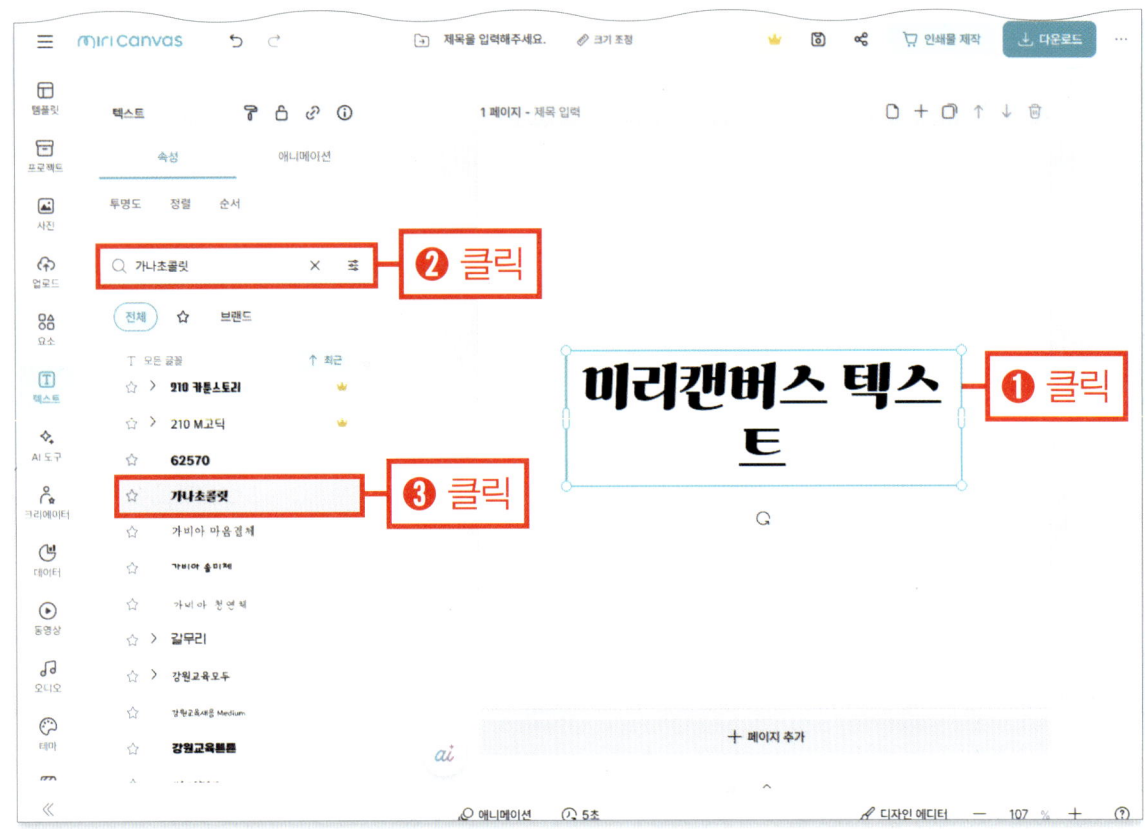

04 한 글자 내려간 글자를 맞추기 위해 오른쪽 경계의 [조절점]을 드래그합니다.

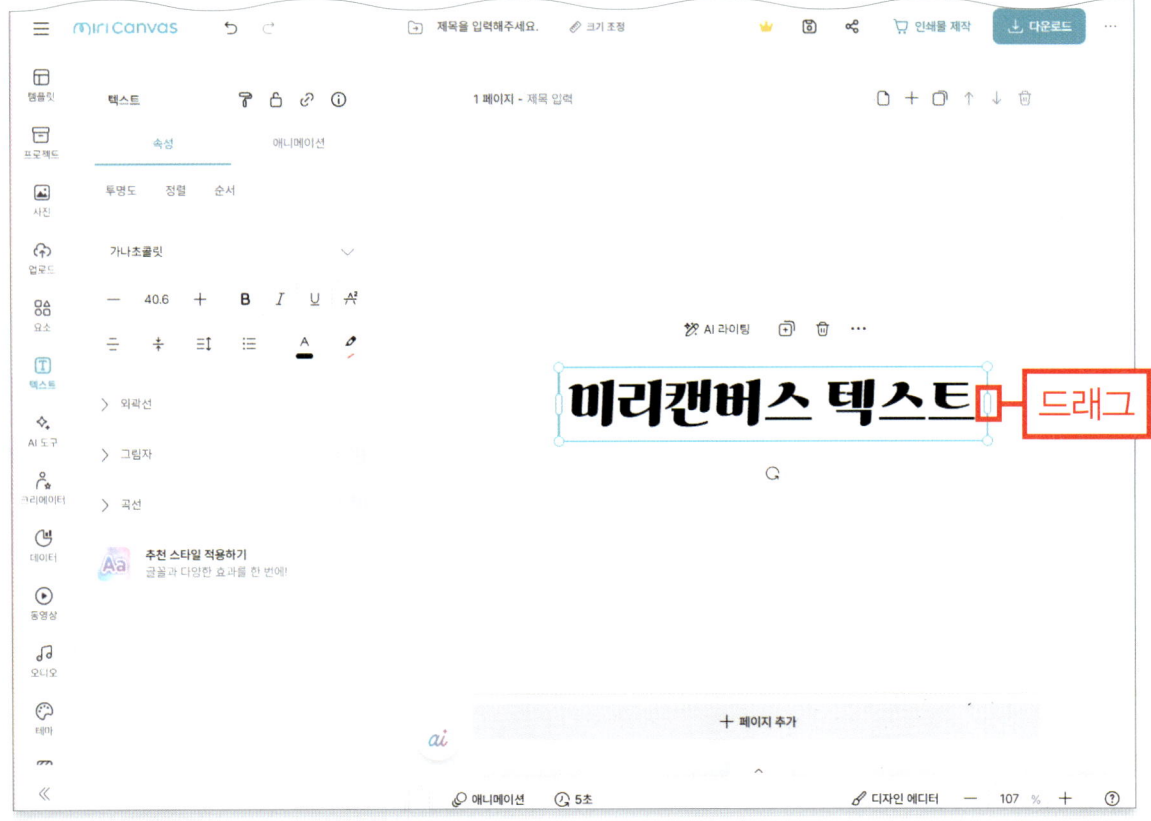

05 글자가 선택된 상태에서 [글자색](A)을 클릭한 후 마음에 드는 색을 선택합니다. [닫기](X) 버튼을 클릭합니다.

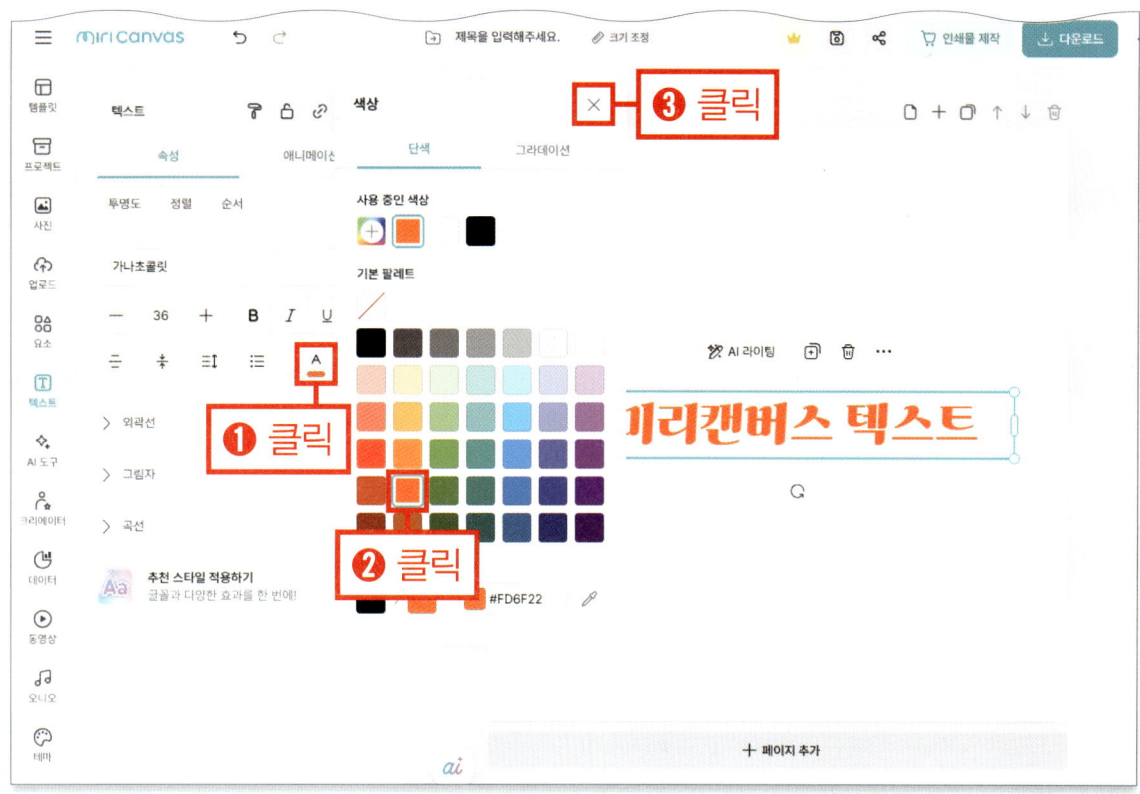

06 글자를 선명하게 하기 위해 [외곽선]을 클릭한 후 아래와 같이 '두께'를 '40'으로 지정합니다.

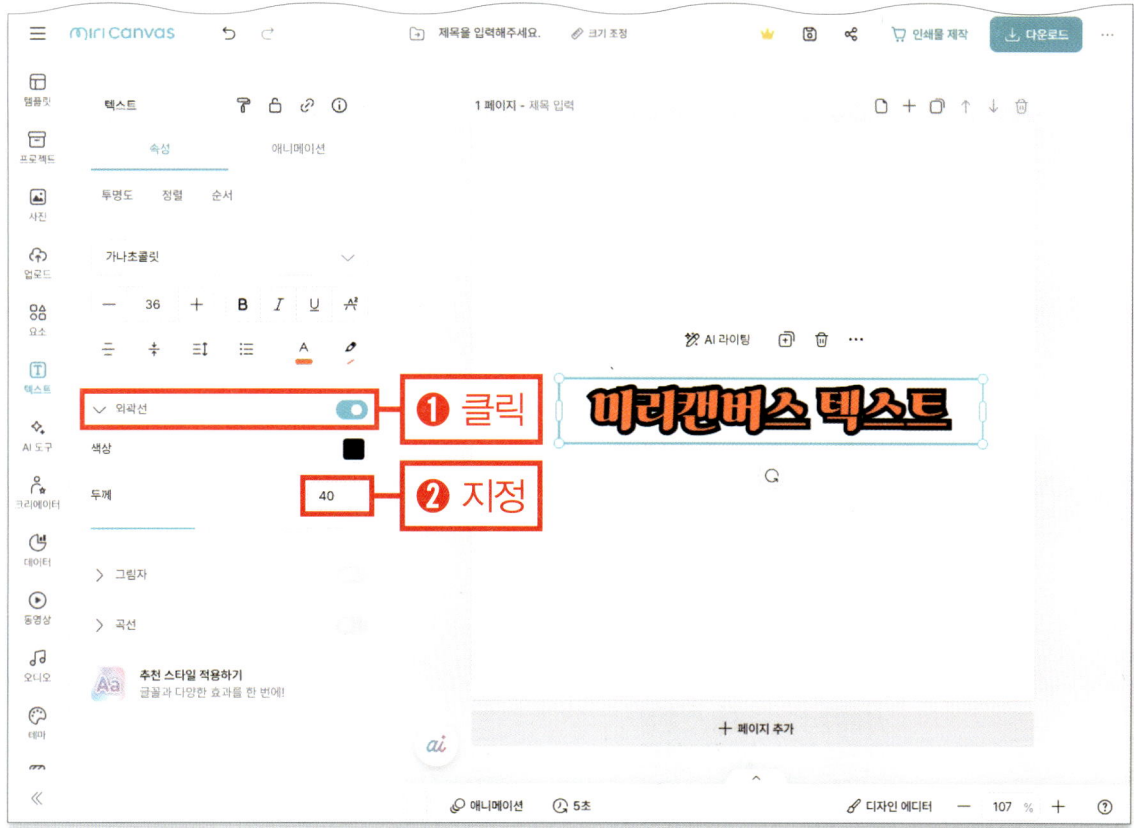

07 글자 상자를 위로 드래그하여 배치한 다음 빈 공간을 클릭합니다.

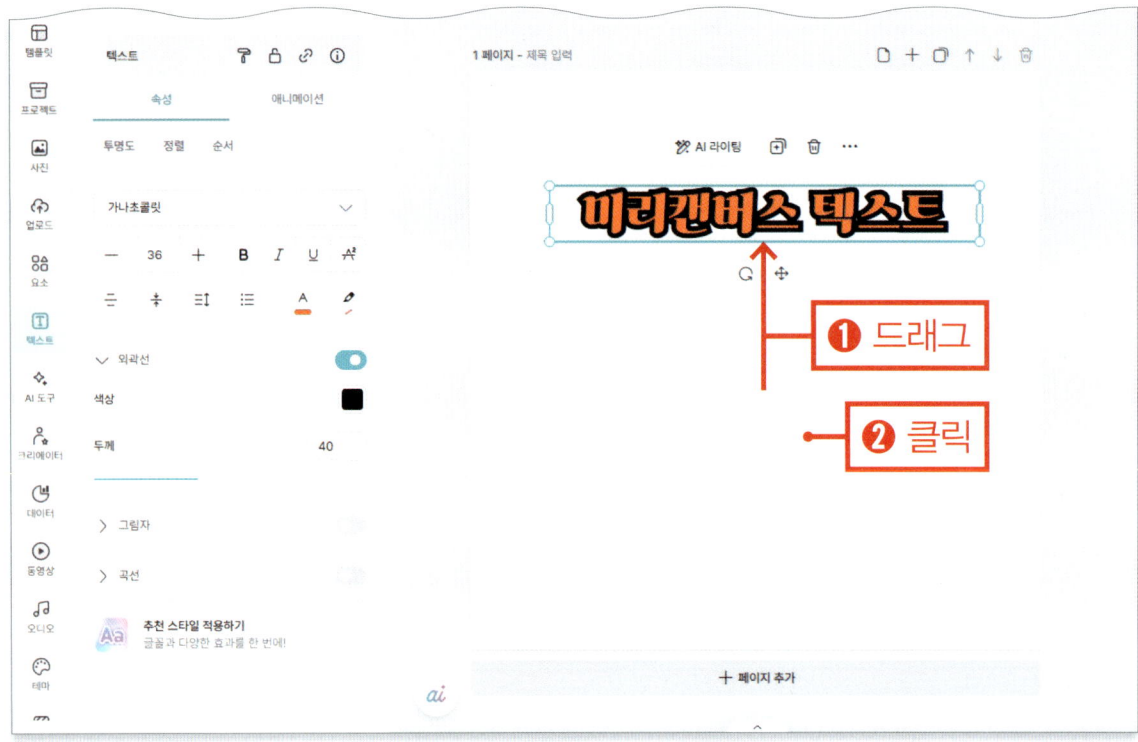

STEP 02　저작권 안심 폰트 사용하기

01 [폰트] 탭을 클릭한 후 '저작권 안심글자체'에서 [더보기]를 클릭합니다.

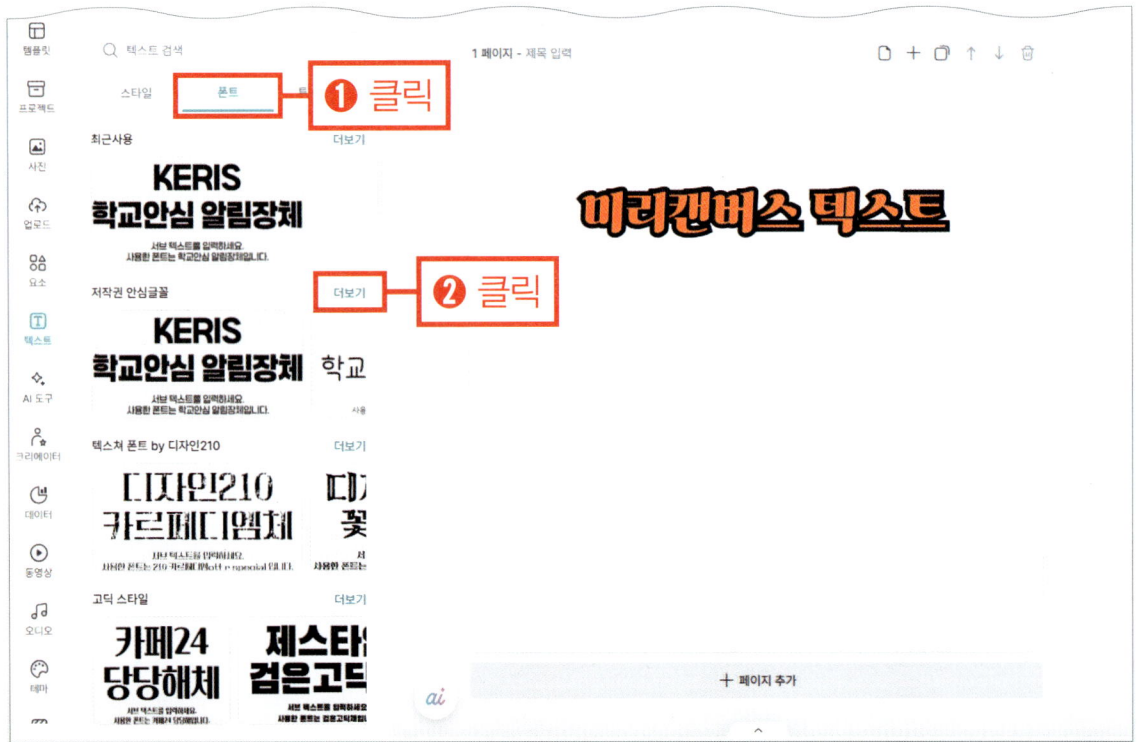

02 [네이버 나눔손글씨 붓체]를 클릭합니다.

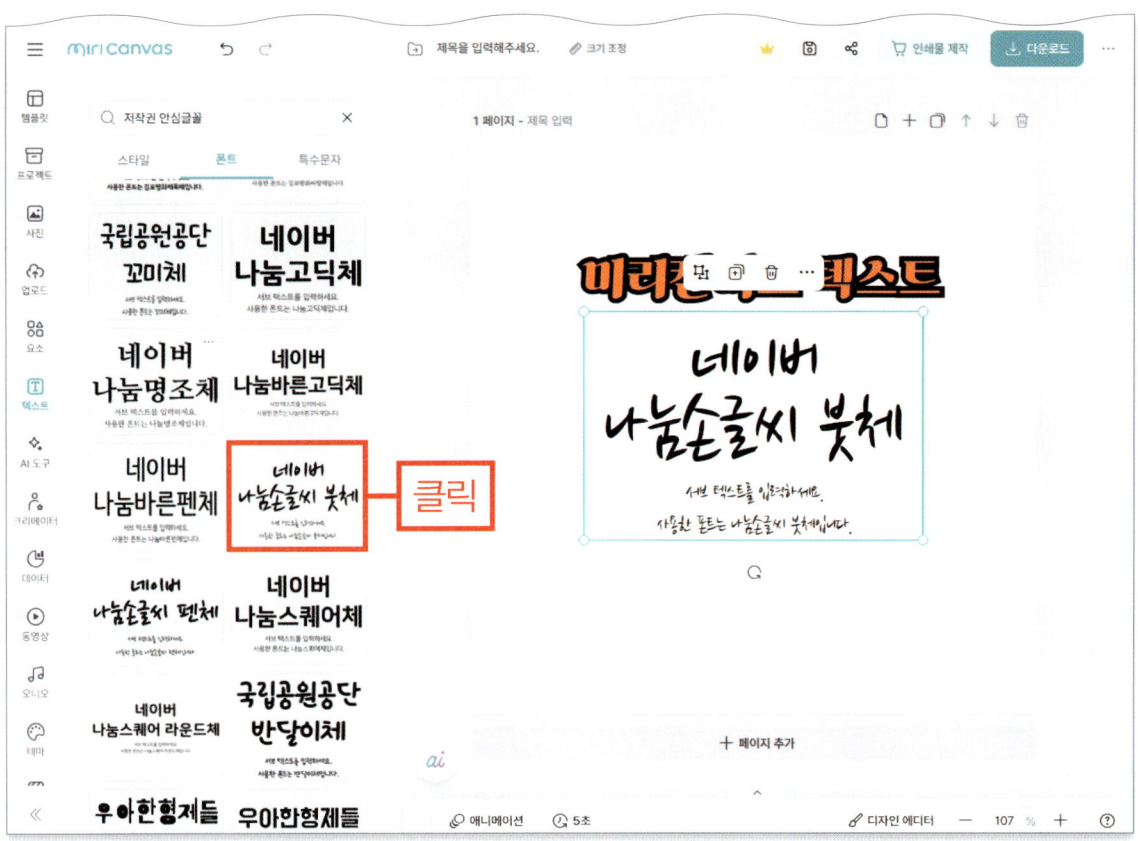

03 글자를 수정하기 위해 더블 클릭합니다. '저작권 안심', '미리캔버스 텍스트'를 입력합니다.

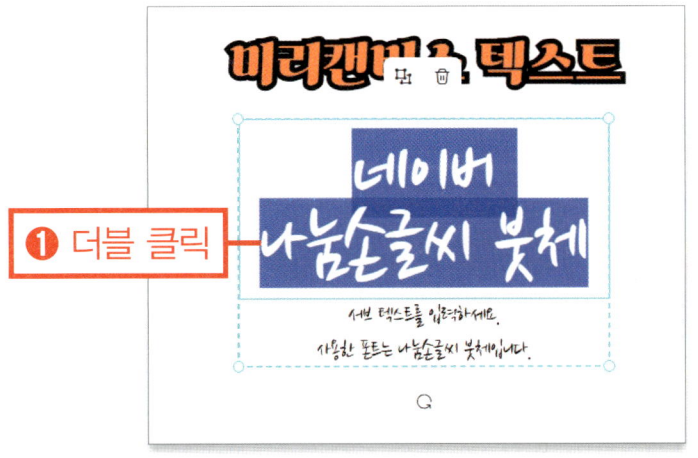

CHAPTER 06 한눈에 들어오는 텍스트 쓰는 법 | **43**

04 왼쪽 검색 창 '저작권 안심글꼴'의 [닫기] 버튼을 클릭합니다.

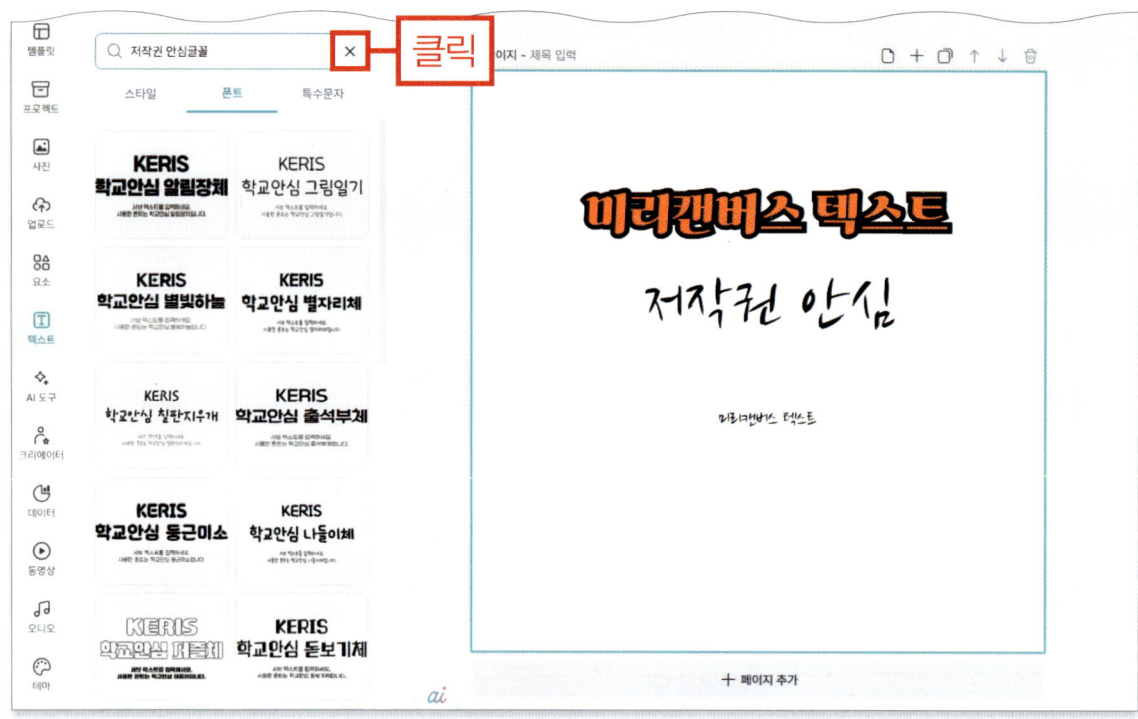

STEP 03   스타일 폰트 사용하기

01 [스타일]의 '로고/타이틀'에서 [더보기]를 클릭합니다.

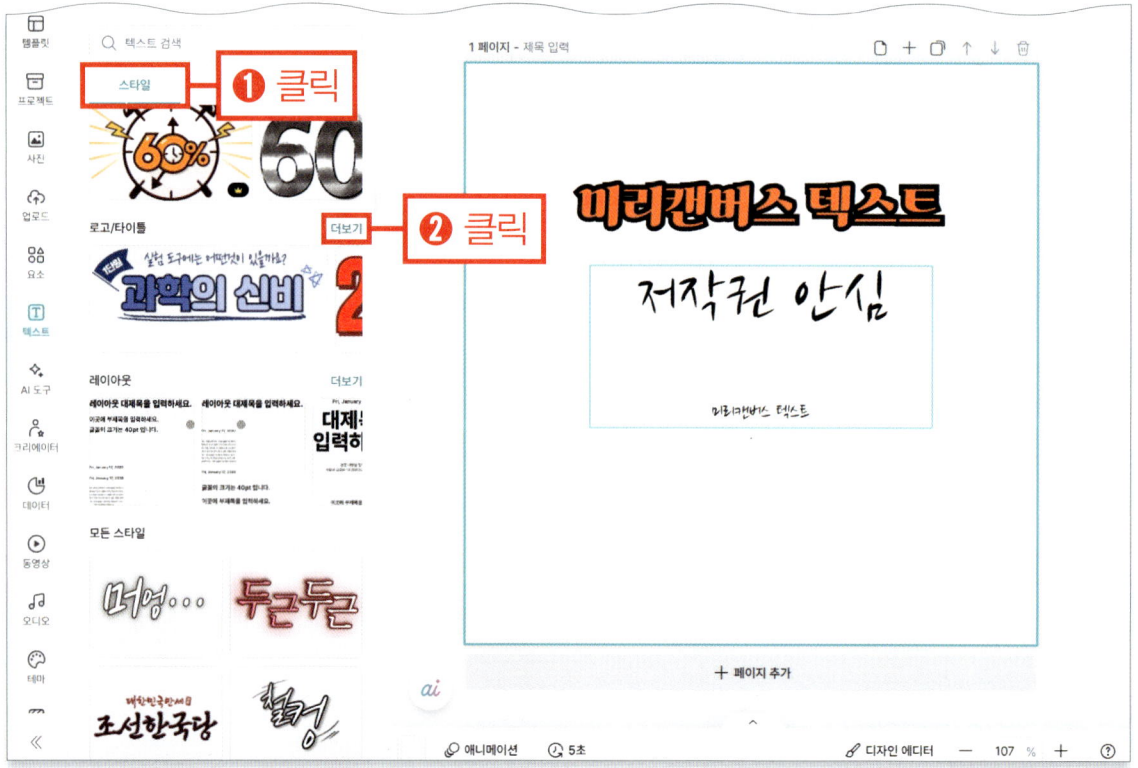

02 원하는 스타일을 클릭합니다.

조금 더 배우기

스타일 목록은 상황에 따라서 목록이 없어지거나 새로운 스타일이 생성됩니다.

03 텍스트를 더블 클릭합니다. '텍스트 쓰는 방법'이라고 수정합니다.

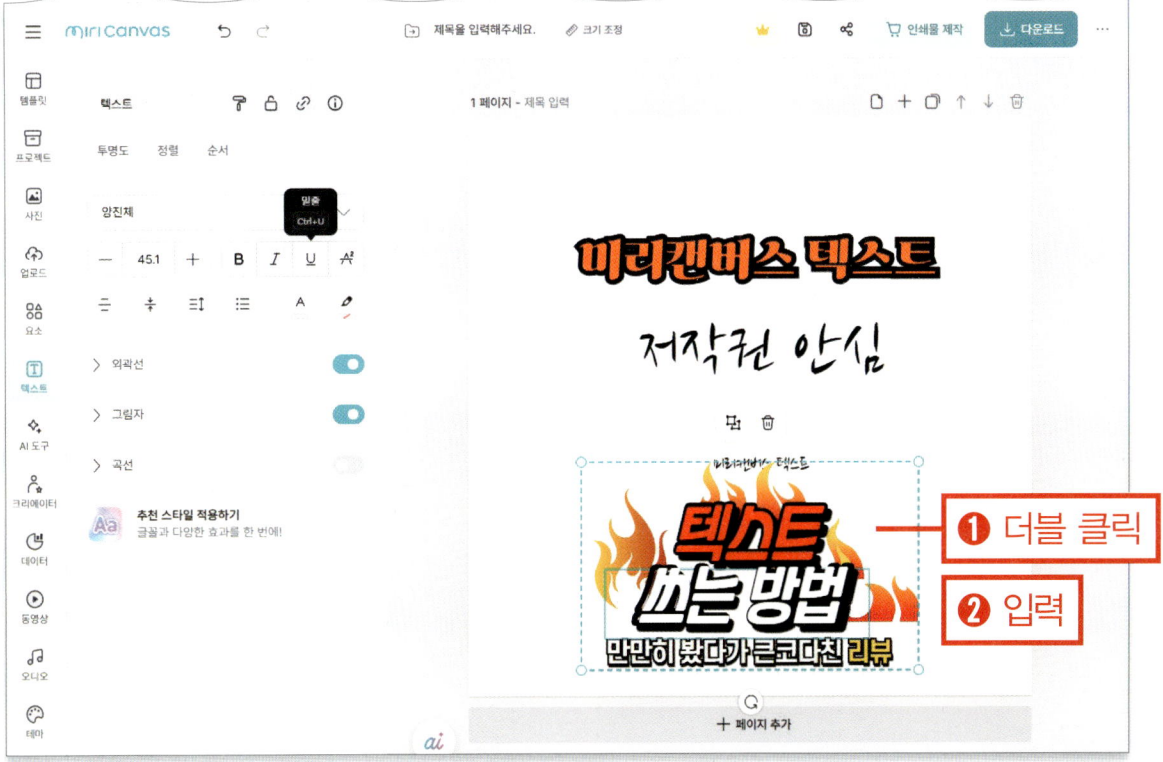

04 뒤에 있는 이미지를 클릭합니다. [색상] 버튼을 클릭한 후 원하는 색을 클릭합니다.

05 스타일 텍스트는 개체가 많아서 그룹으로 지정되어 있습니다. 불필요한 글자를 지우기 위해 스타일 텍스트를 클릭한 후 마우스 오른쪽 버튼을 누른 다음 [그룹해제]를 클릭합니다.

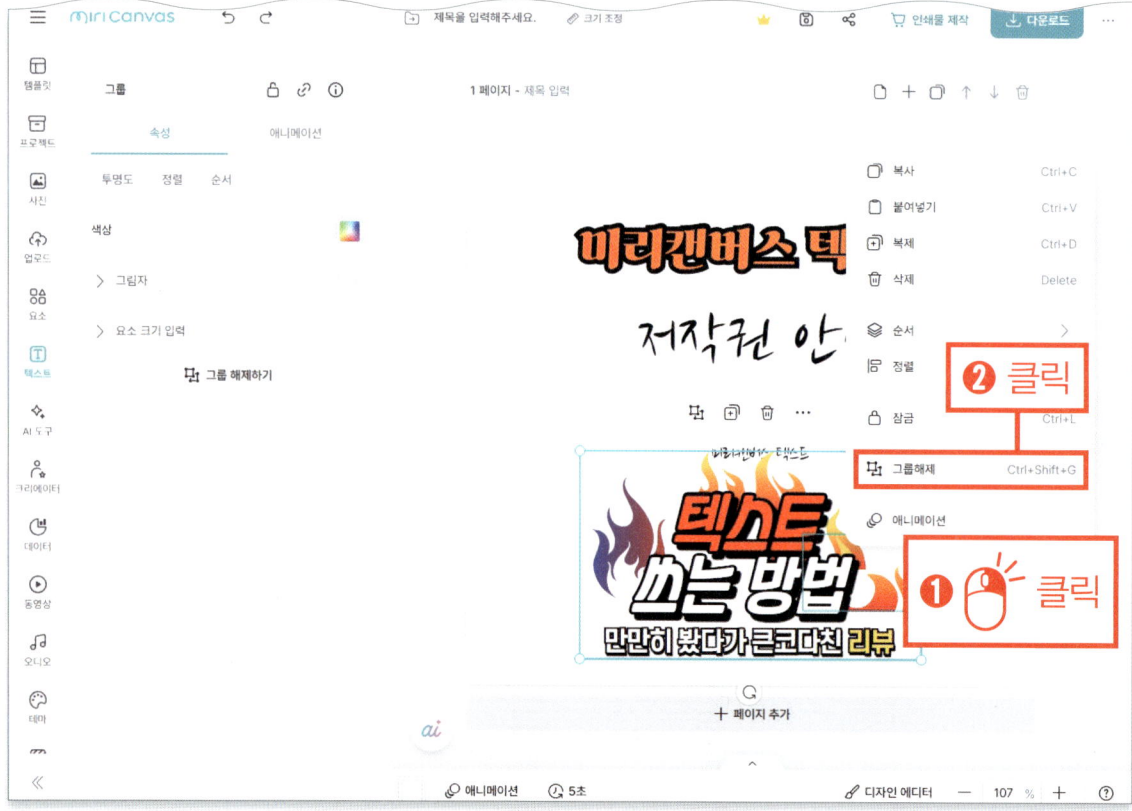

06 아래 글자를 클릭한 후 [삭제](🗑) 버튼을 클릭합니다.

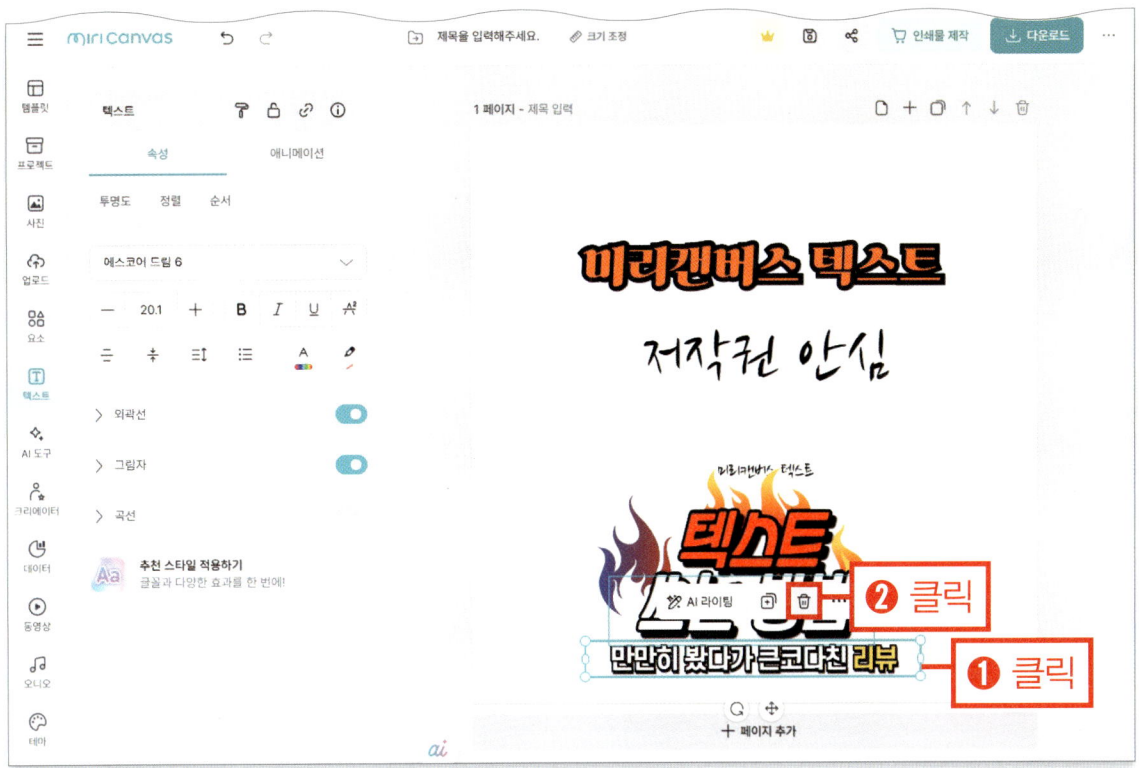

07 다시 그룹으로 잡기 위해 스타일 텍스트 전체를 드래그하여 선택한 후 마우스 오른쪽 버튼을 누른 다음 [그룹]을 클릭합니다.

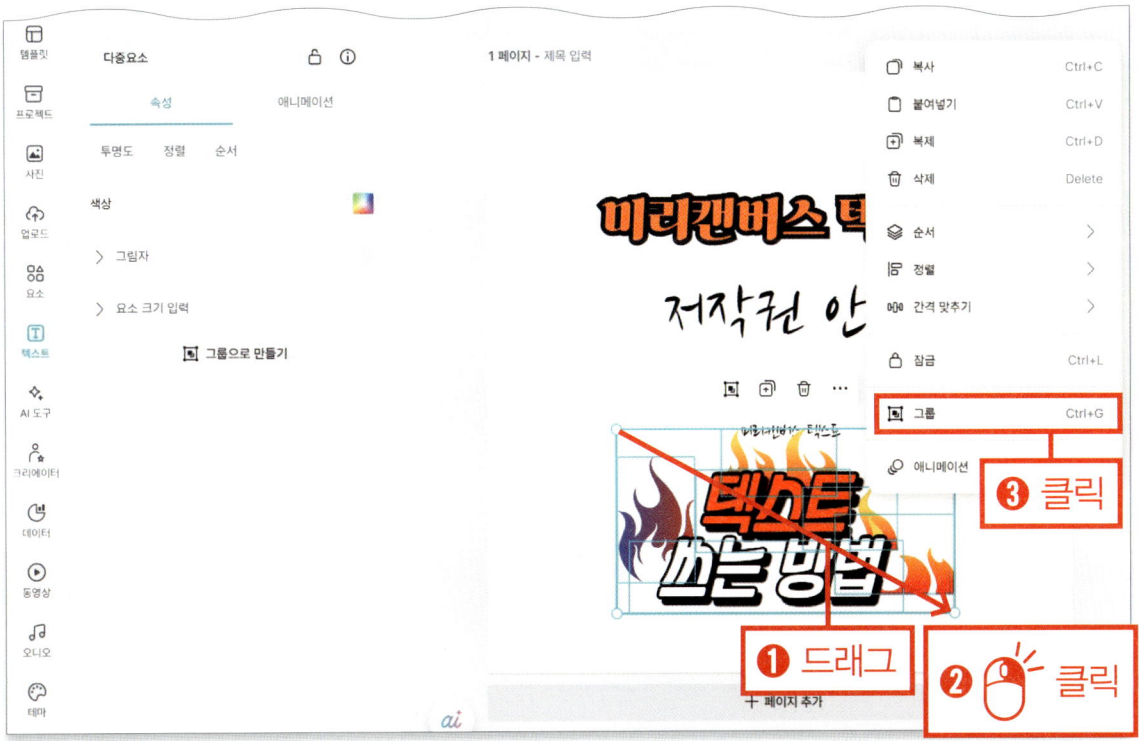

조금 더 배우기

미리캔버스의 개체 선택은 조금만 선택이 되어도 선택됩니다. 선택 시 주의하세요.

08 삽입된 텍스트의 크기를 전체적으로 조정하기 위해 드래그하여 모두 선택한 후 마우스 오른쪽 버튼을 눌러 [그룹]을 클릭합니다.

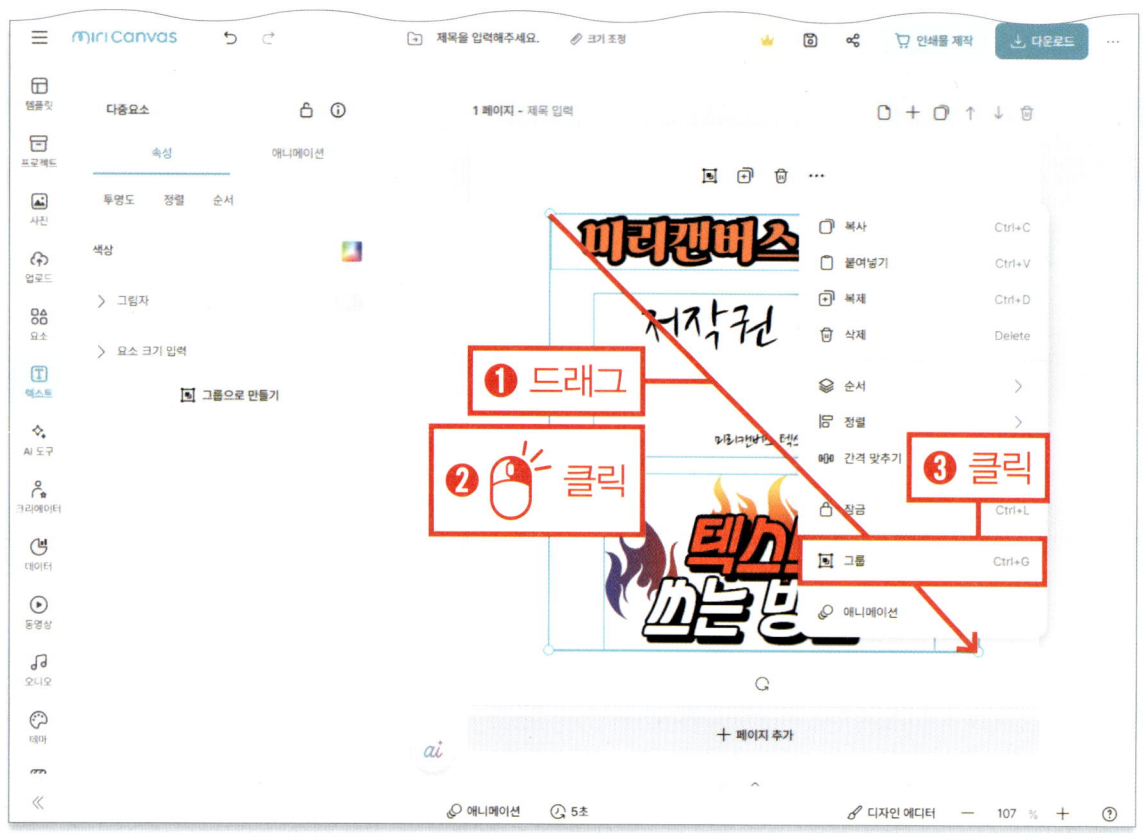

09 조절점을 드래그하여 크기를 변경합니다.

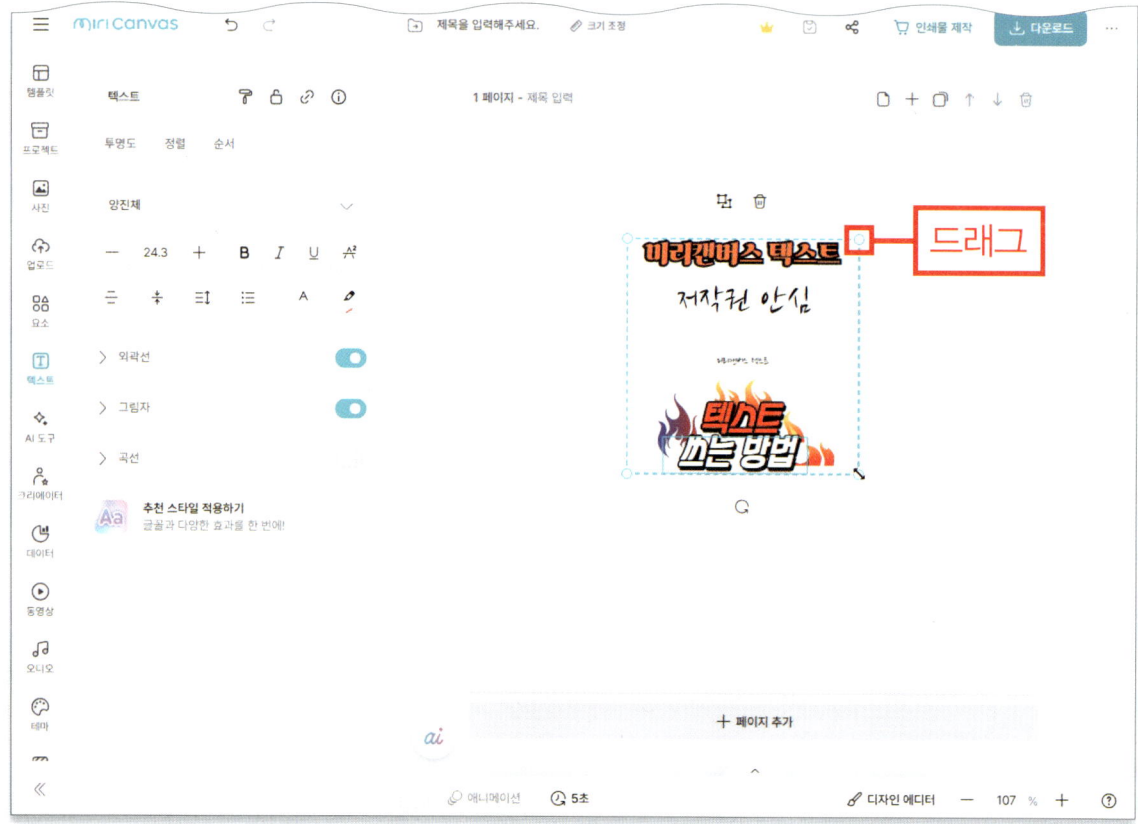

CHAPTER 07 생동감 불어 넣는 동영상 삽입하기

POINT

미리캔버스는 기본 제공하는 영상과 유튜브 영상을 삽입하여 디자인한 후 영상으로 만들 수 있습니다. 여기서는 동영상을 삽입하는 방법에 대해 알아봅니다.

완성 화면 미리 보기

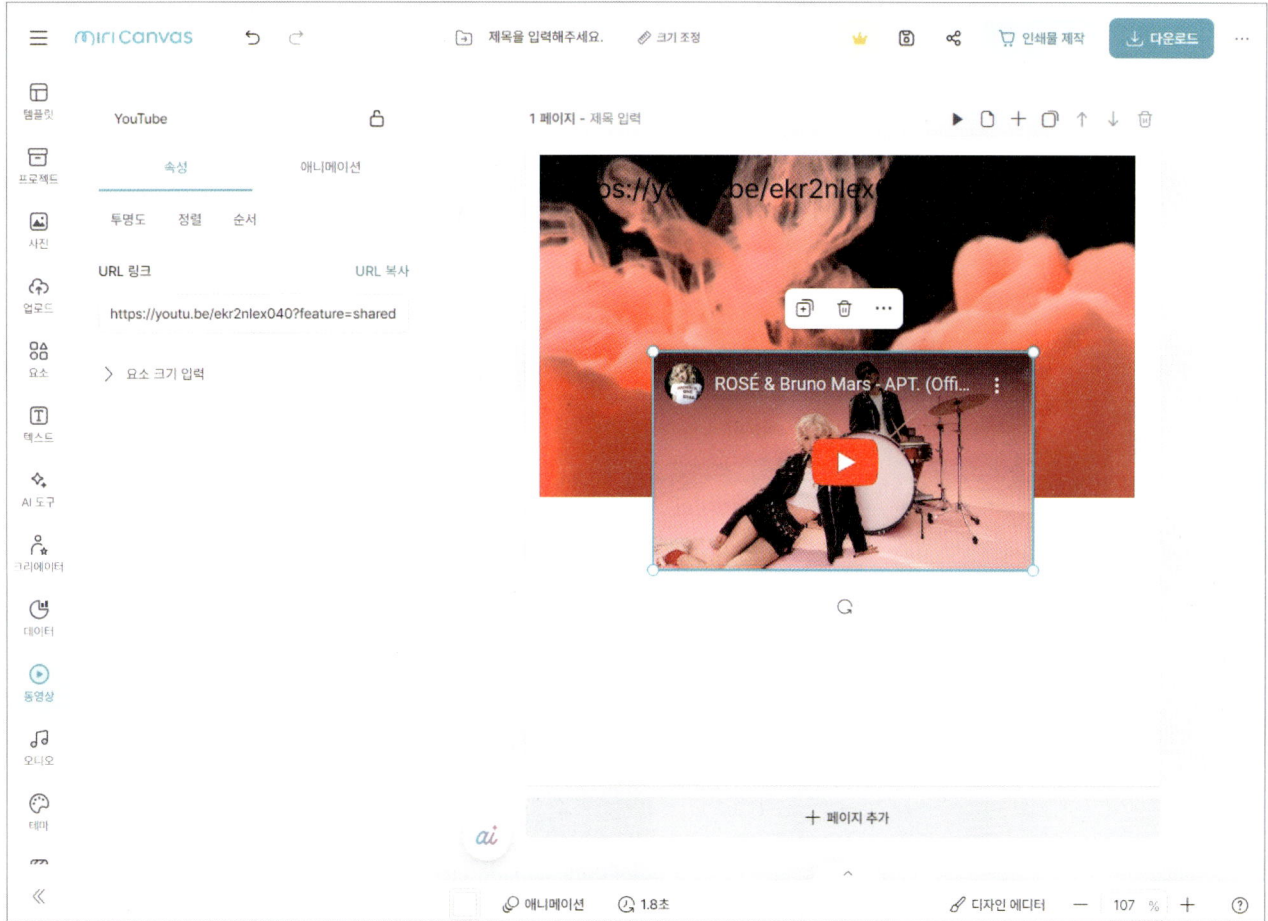

여기서 배워요!

동영상 삽입 및 다루기 / 유튜브 영상 삽입하기

STEP 01 동영상 삽입 및 다루기

01 미리캔버스에 로그인합니다. '도구 목록'에서 [동영상]을 클릭한 후 아래와 같은 영상을 클릭합니다.

02 조절점을 드래그하여 크기를 조절합니다.

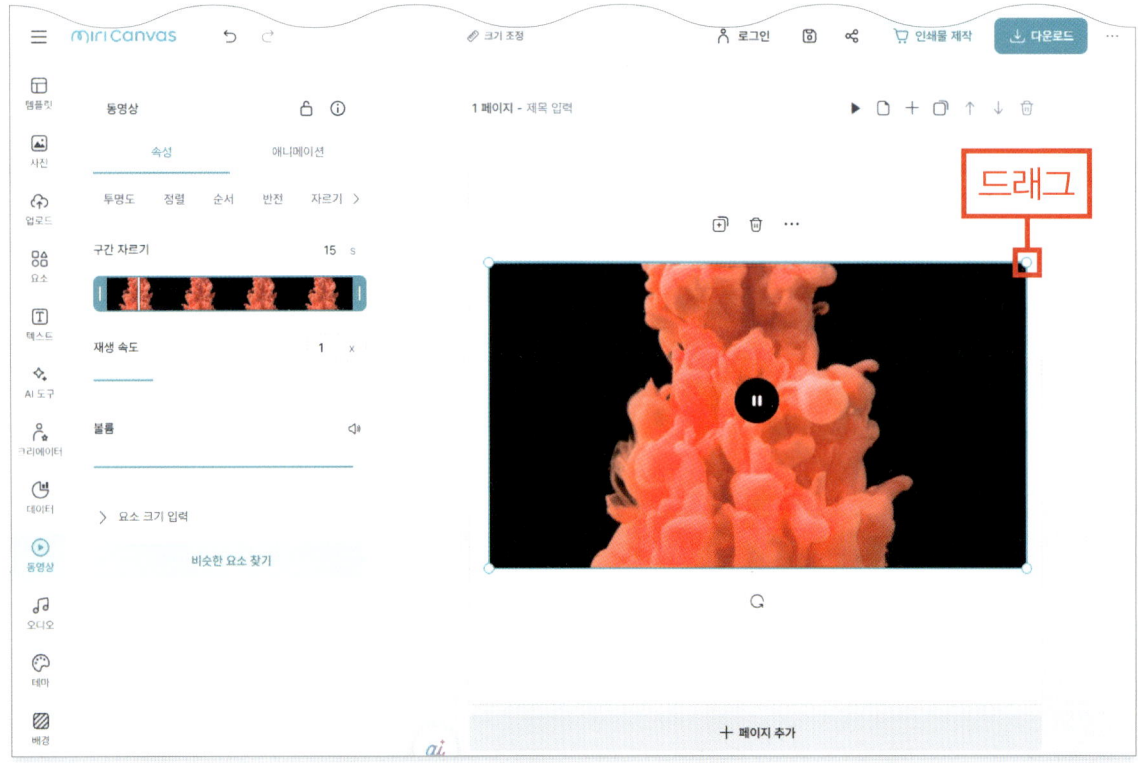

03 '속성'의 '구간 자르기'에서 보이고자 하는 구간을 [바](|)를 드래그하여 조절합니다. '재생 속도'는 '3'을 입력한 후 영상에 [재생](▶) 버튼을 클릭합니다.

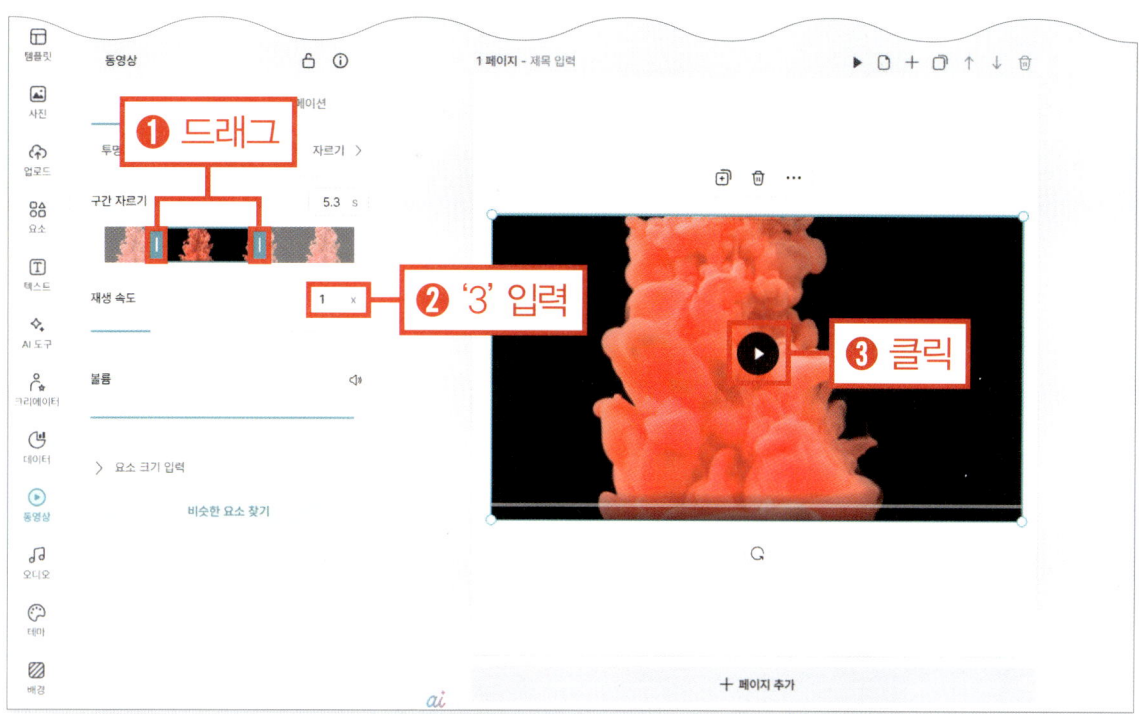

STEP 02 유튜브 영상 삽입하기

01 유튜브 영상을 삽입하기 위해 '도구 목록'에서 [동영상]을 클릭합니다. [유튜브]를 클릭한 다음 [유튜브로 이동]을 클릭합니다.

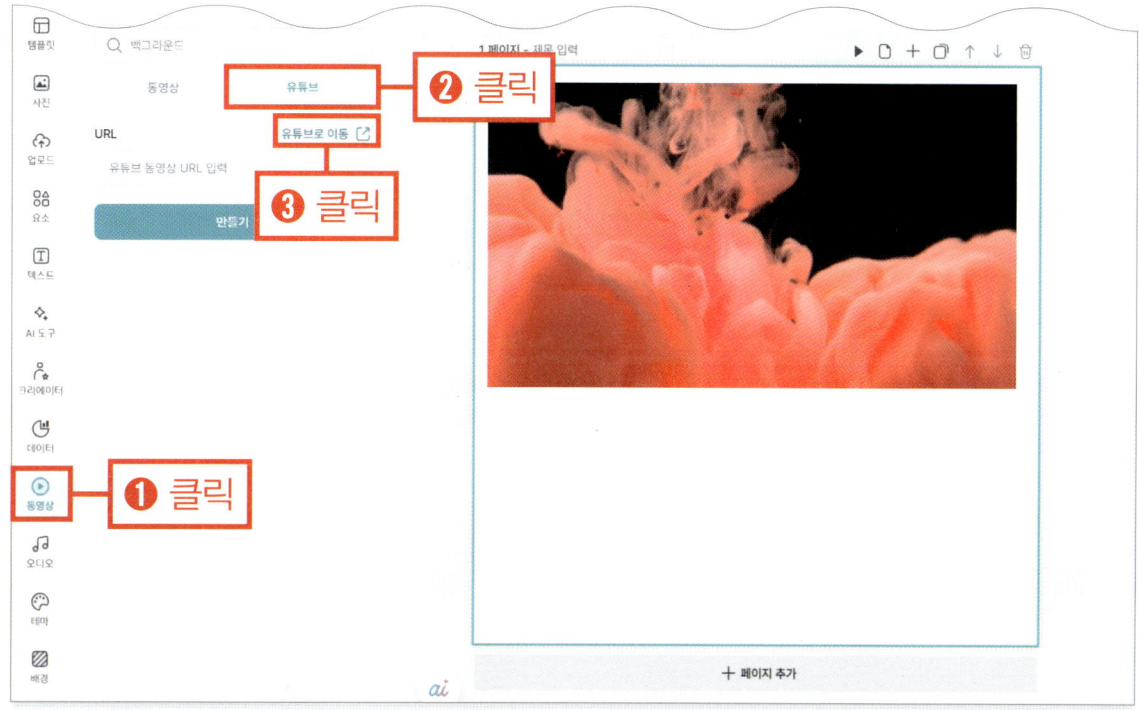

02 유튜브 탭이 생성되면 검색 란에 '아파트'를 입력한 다음 영상을 클릭합니다.

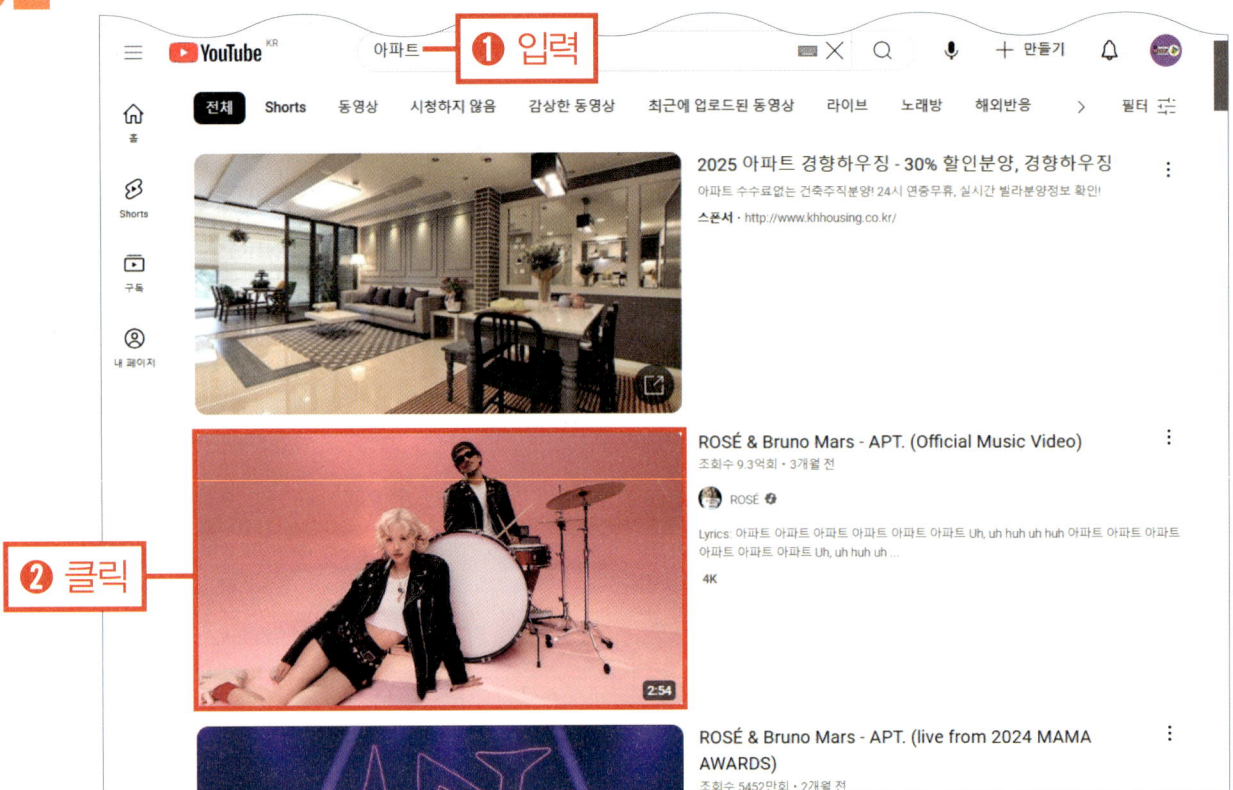

조금 더 배우기

다른 영상을 검색하여 삽입해도 됩니다.

03 영상이 나오면 하단에 [공유] 버튼을 클릭합니다.

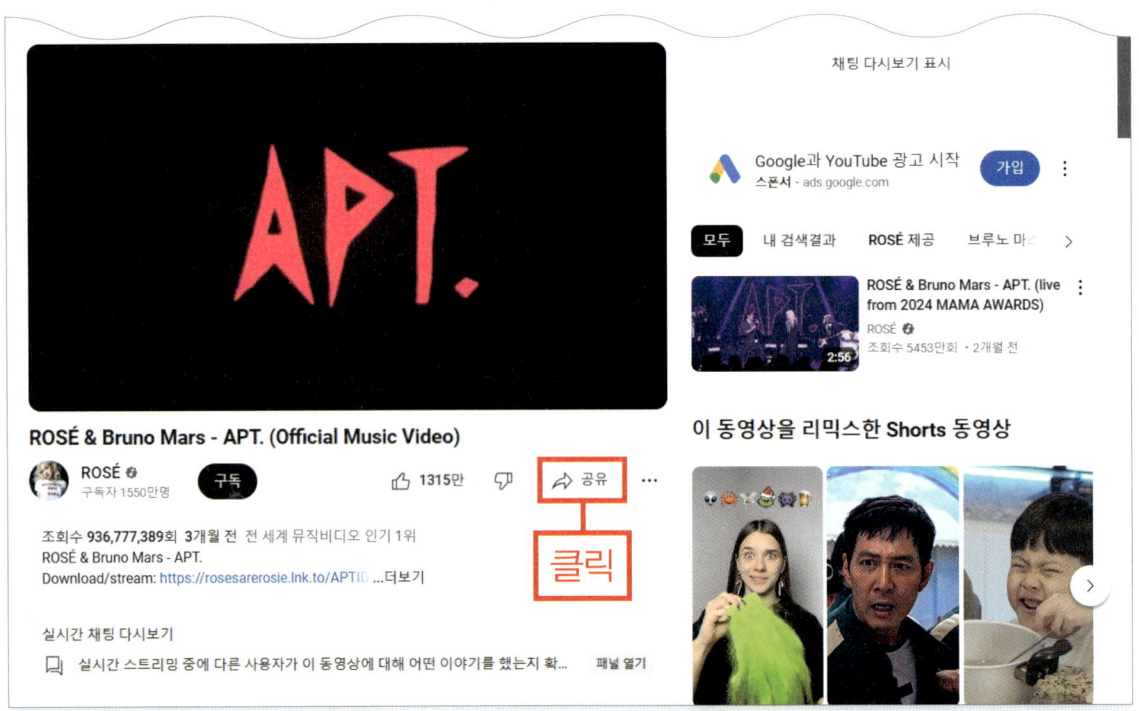

04 '게시물로 공유' 대화상자가 나타나면 [복사] 버튼을 클릭합니다.

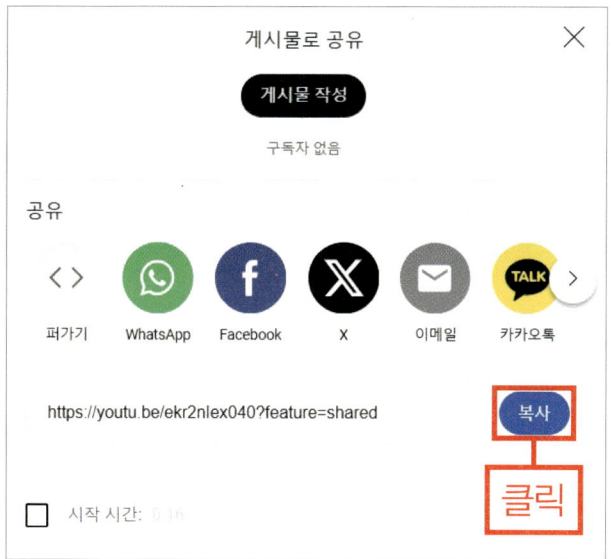

05 미리캔버스 사이트로 돌아옵니다. 'URL' 입력 란에 마우스 오른쪽 버튼을 누른 후 [붙여넣기]를 클릭합니다.

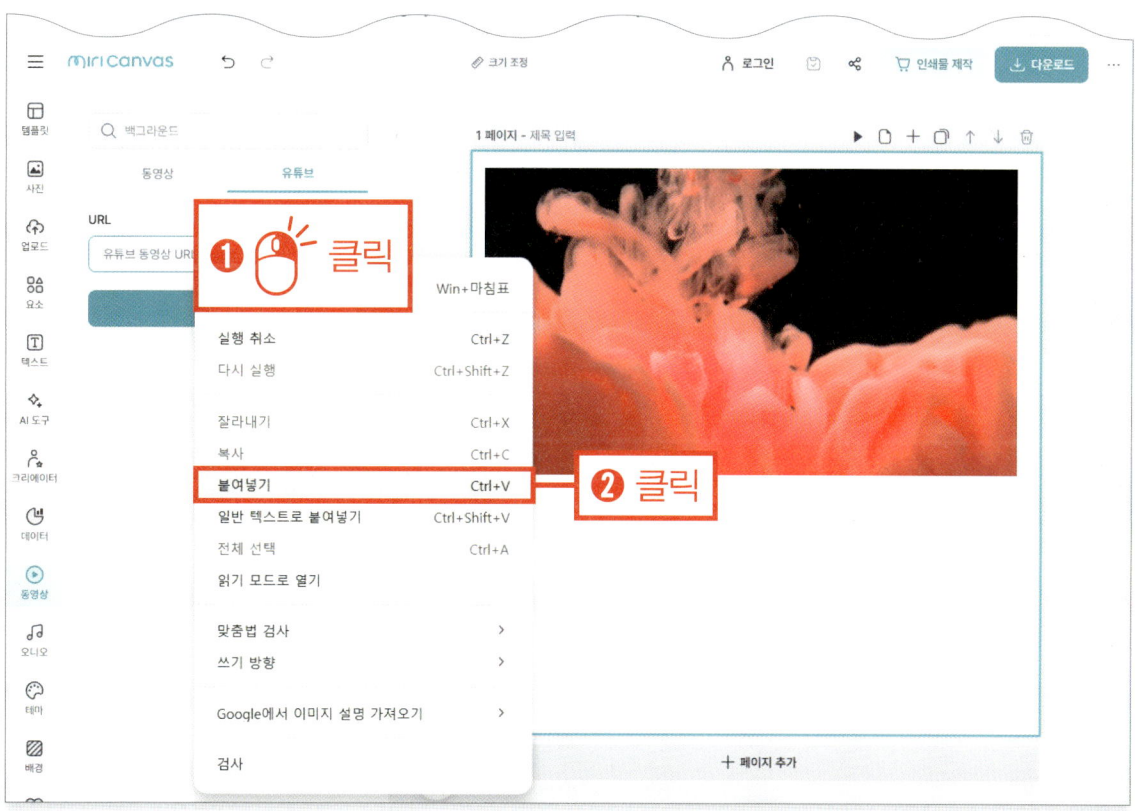

복사하기는 Ctrl+C, 붙여넣기는 Ctrl+V 입니다.

06 URL이 삽입되면 [만들기] 버튼을 클릭합니다.

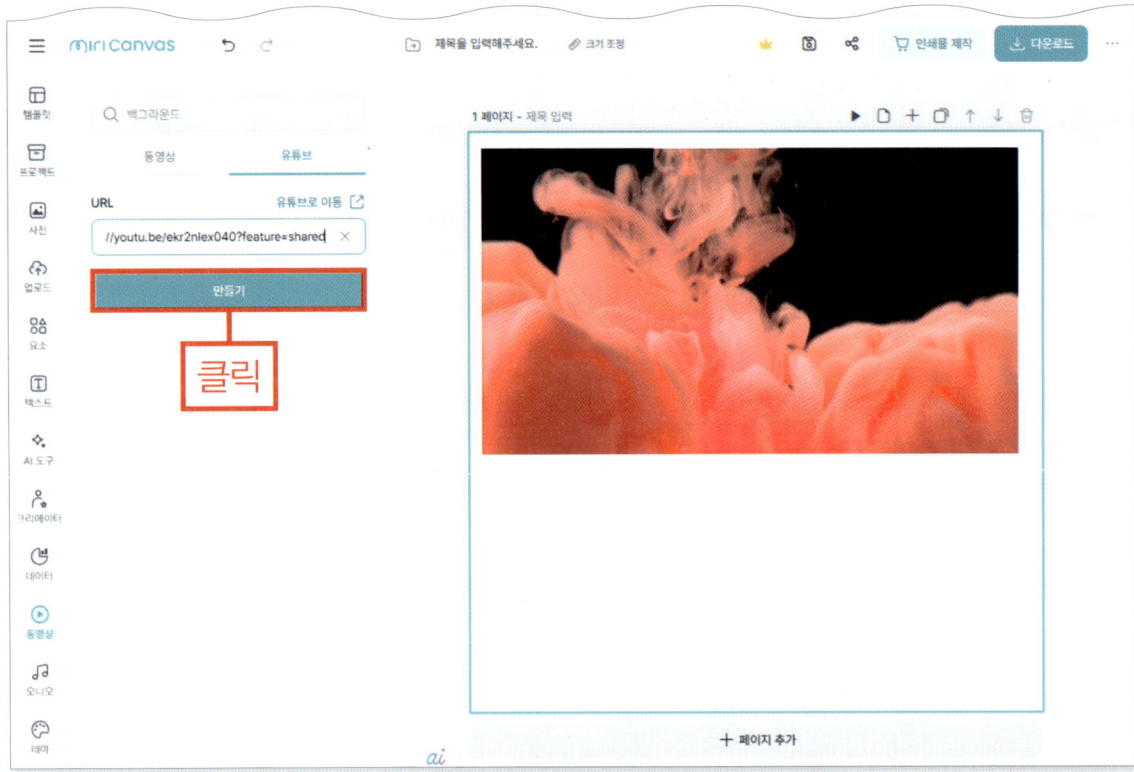

07 영상이 삽입되면 [재생]을 클릭하여 영상을 확인합니다.

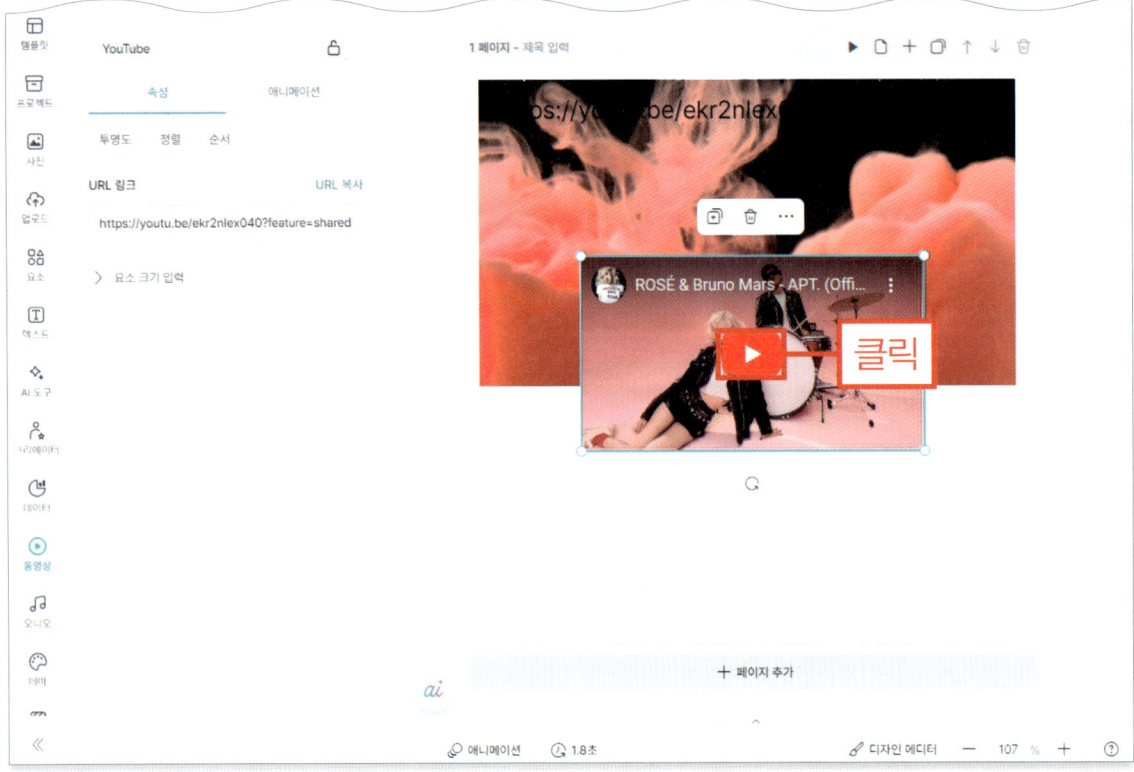

CHAPTER 08 디자인 느낌을 좌우하는 배경

POINT

디자인을 할 때 꽉 차 보이는 느낌을 주기 위해서는 배경을 잘 지정해야 합니다. 미리캔버스는 페이지의 배경을 제공합니다. 여기서는 배경을 삽입하고 설정하는 방법에 대해 알아봅니다.

완성 화면 미리 보기

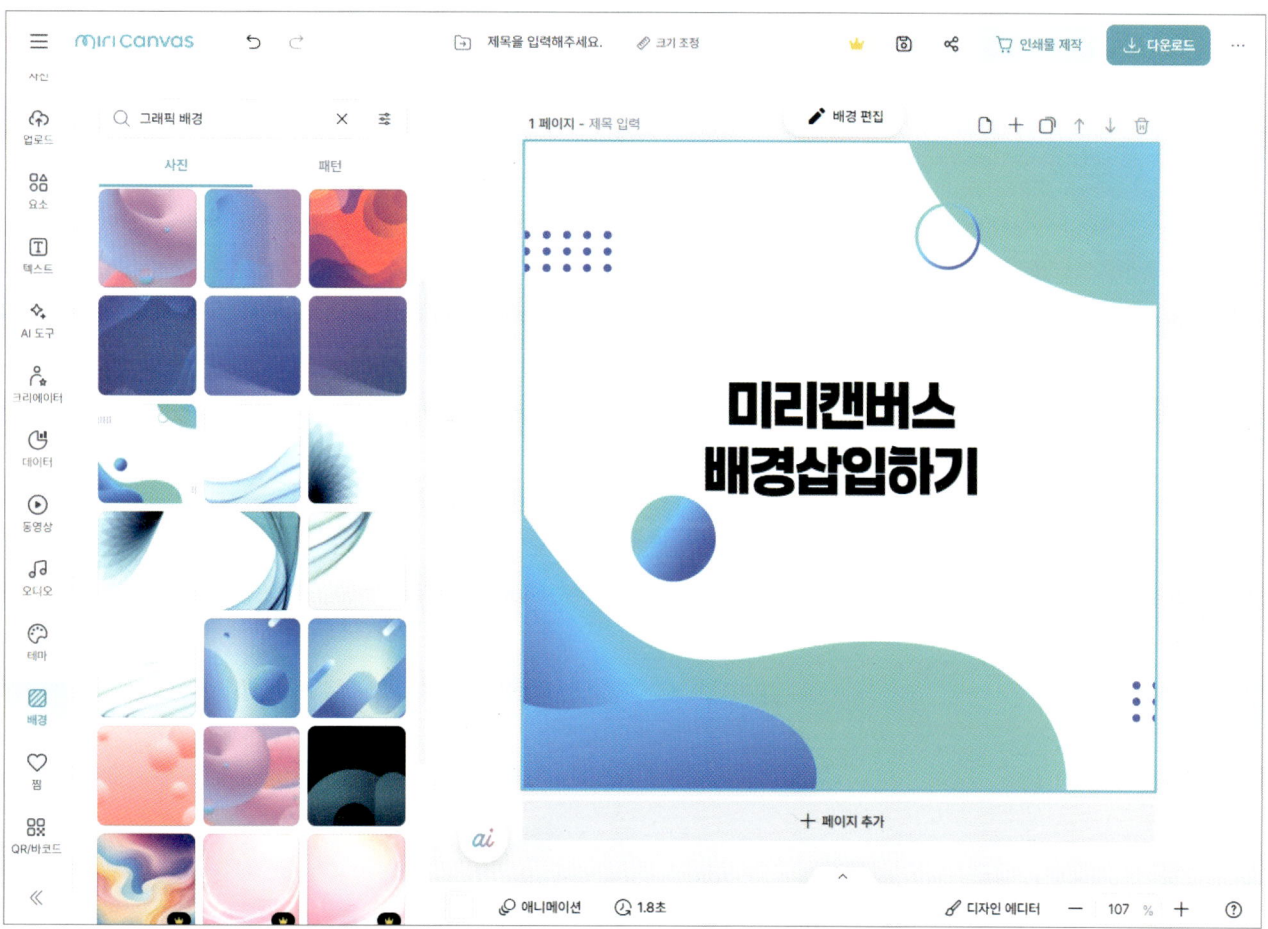

여기서 배워요!

배경 삽입하기 / 배경 편집하기

STEP 01 배경 삽입하기

01 미리캔버스에 로그인합니다. 배경을 삽입하기 전 텍스트를 삽입하기 위해 '도구 목록'에서 [텍스트]를 클릭합니다. [폰트] 탭에서 '저작원 안심글꼴'의 [더보기]를 클릭합니다.

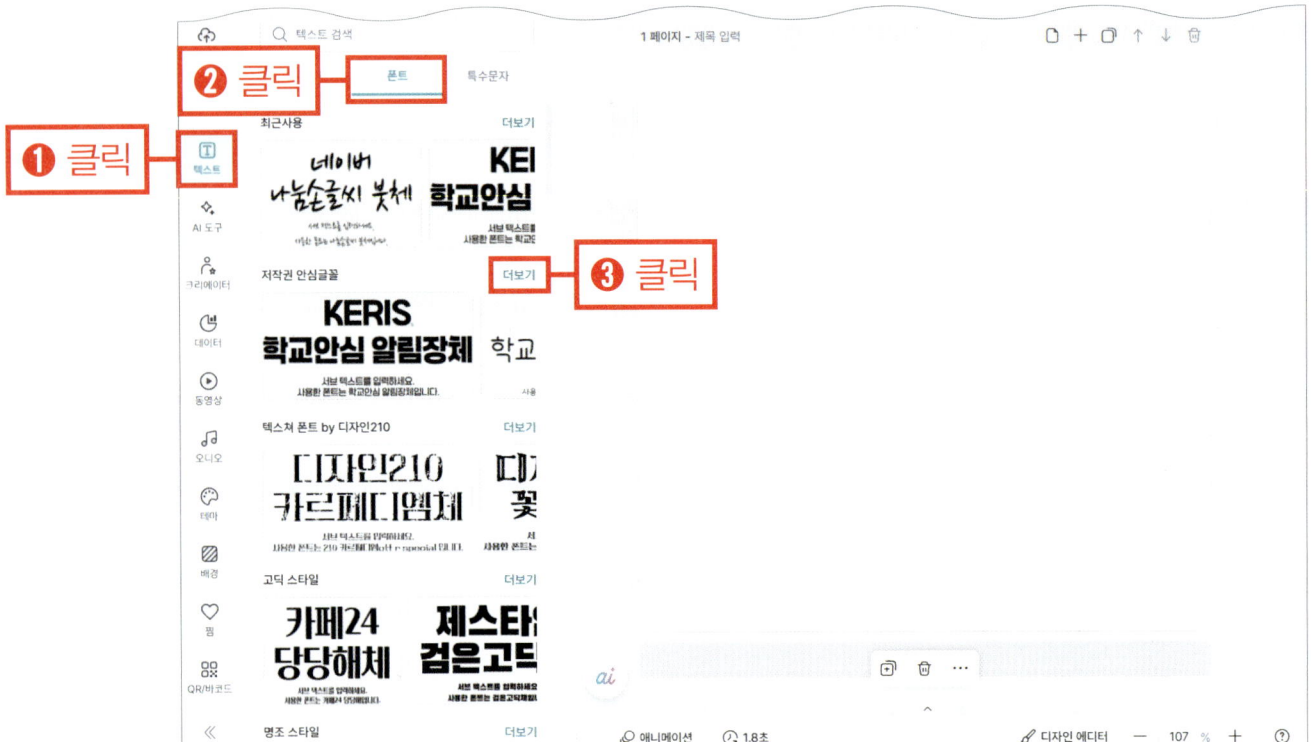

02 아래와 같은 폰트를 선택합니다.

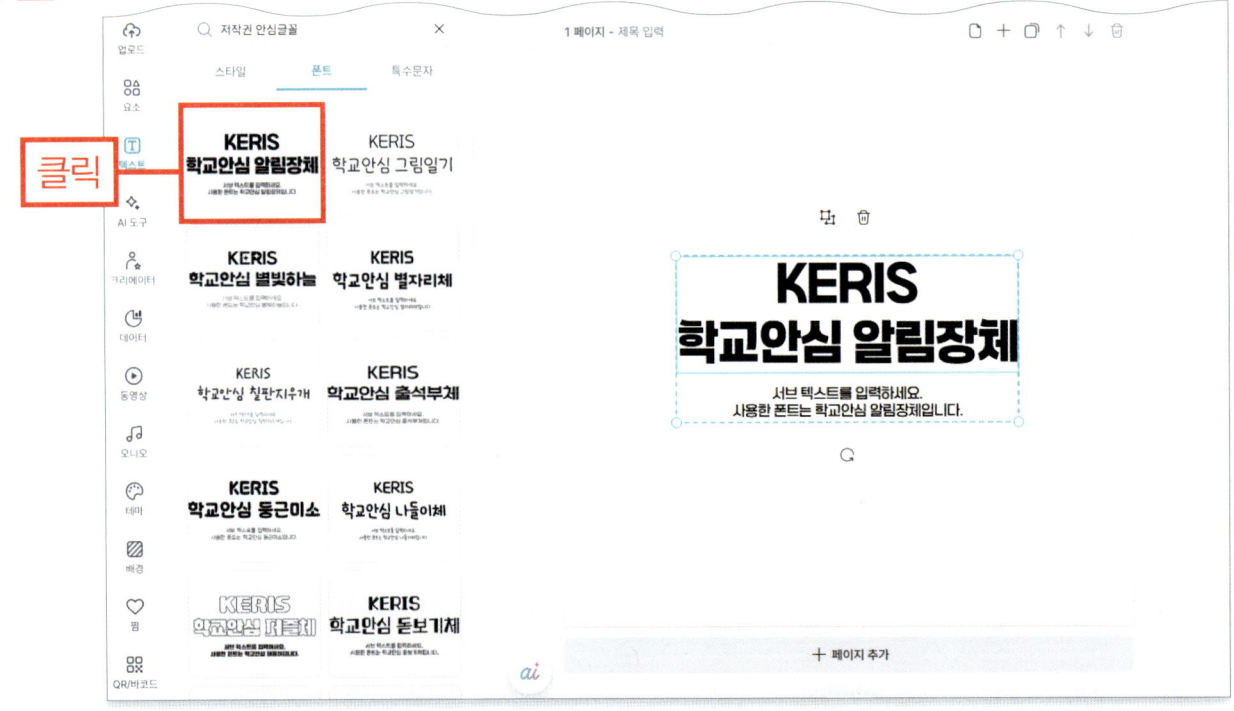

03 글자를 더블 클릭하여 '미리캔버스 배경삽입하기'라고 입력한 다음 빈 공간을 클릭합니다.

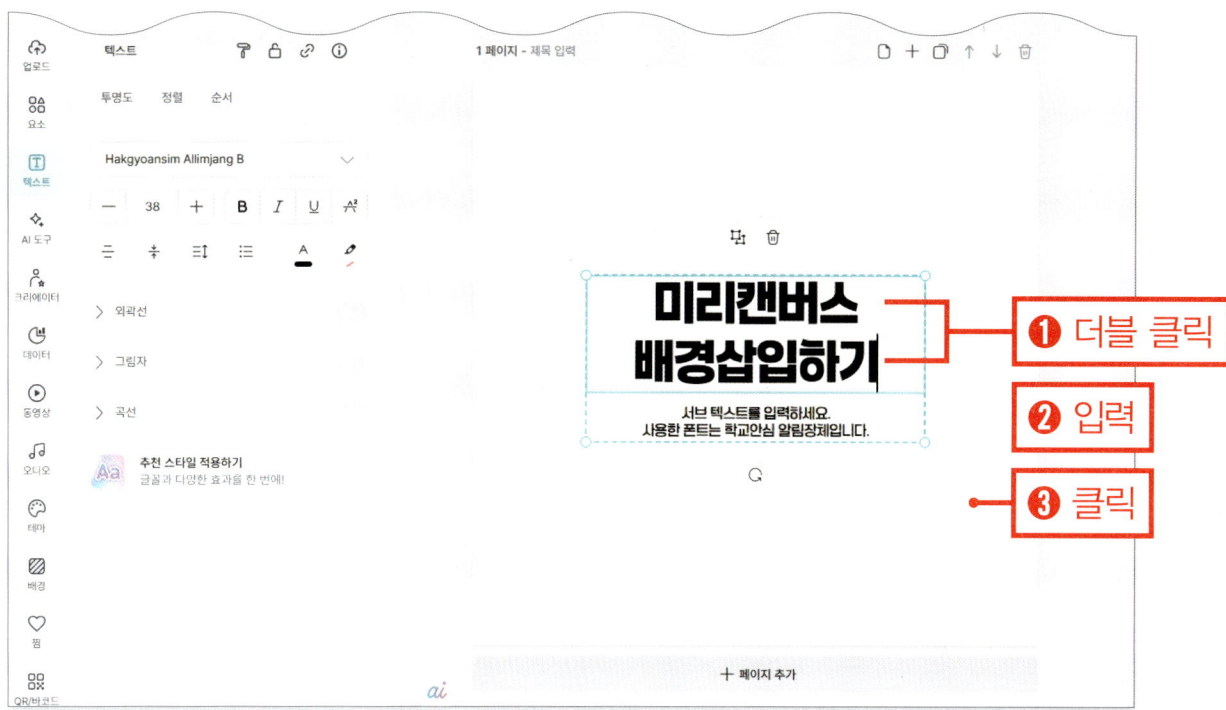

04 아래 서브 텍스트를 지우기 위해 글자 위에 마우스 오른쪽 버튼을 누른 후 [그룹해제]를 클릭합니다.

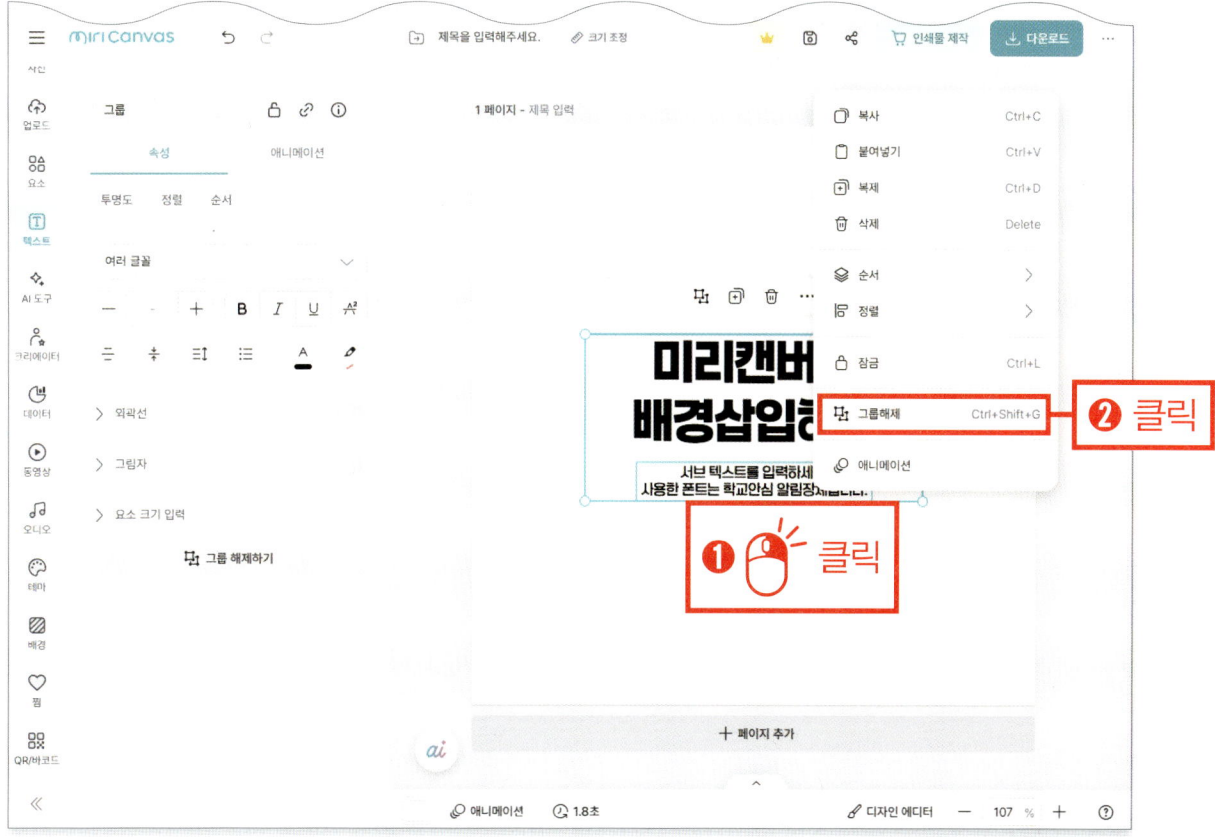

05 아래 서브 텍스트를 클릭한 후 [삭제](🗑) 버튼을 클릭합니다.

06 '도구 목록'에서 [배경]을 클릭합니다. '그래픽 배경'에서 [더보기]를 클릭합니다.

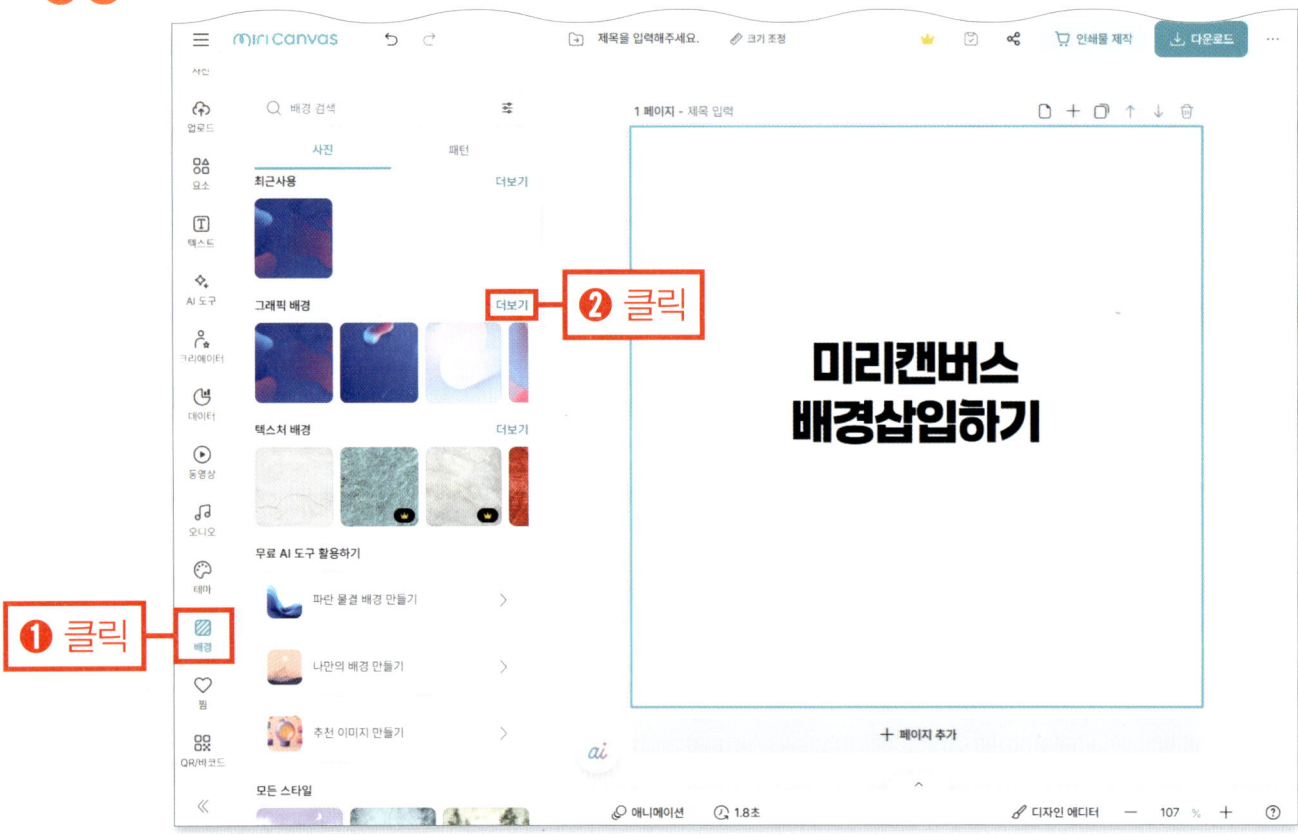

07 아래와 같은 배경을 클릭합니다.

STEP 02　배경 편집하기

01 배경을 편집하기 위해 배경을 클릭한 후 상단의 [배경 편집] 버튼을 클릭합니다.

CHAPTER 08　디자인 느낌을 좌우하는 배경

02 배경 뒤의 색상을 변경하기 위해 [색상]을 클릭한 후 마음에 드는 색상을 클릭합니다. [닫기](×) 버튼을 클릭합니다.

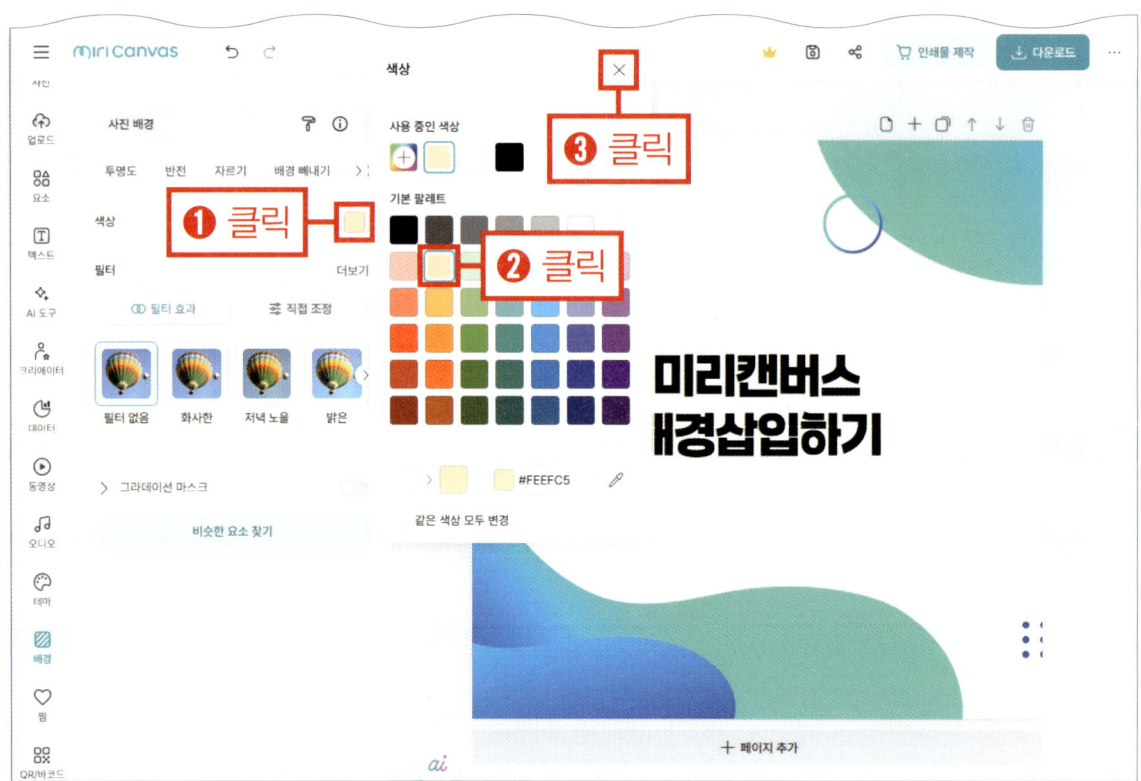

03 '필터'에서 [더보기]를 클릭한 다음 [몬스터]를 클릭합니다.

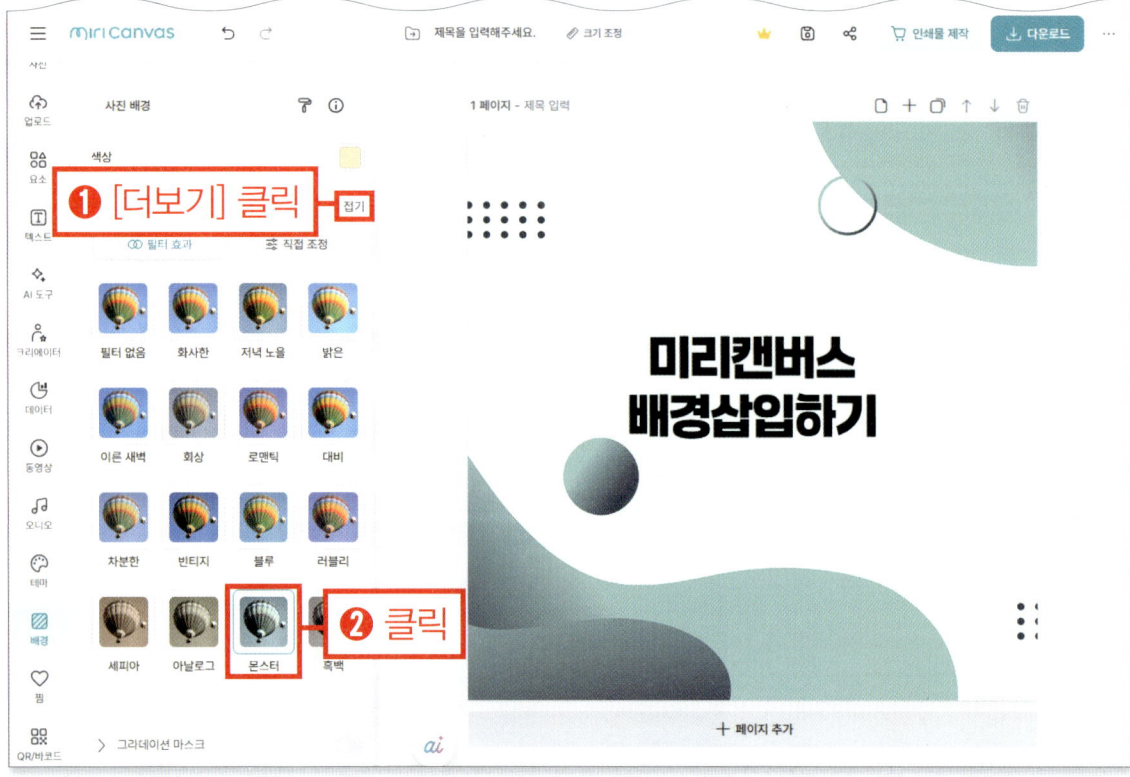

04 [그라데이션 마스크]를 클릭한 후 '타입'은 [타원], '범위'는 [23%]로 지정합니다.

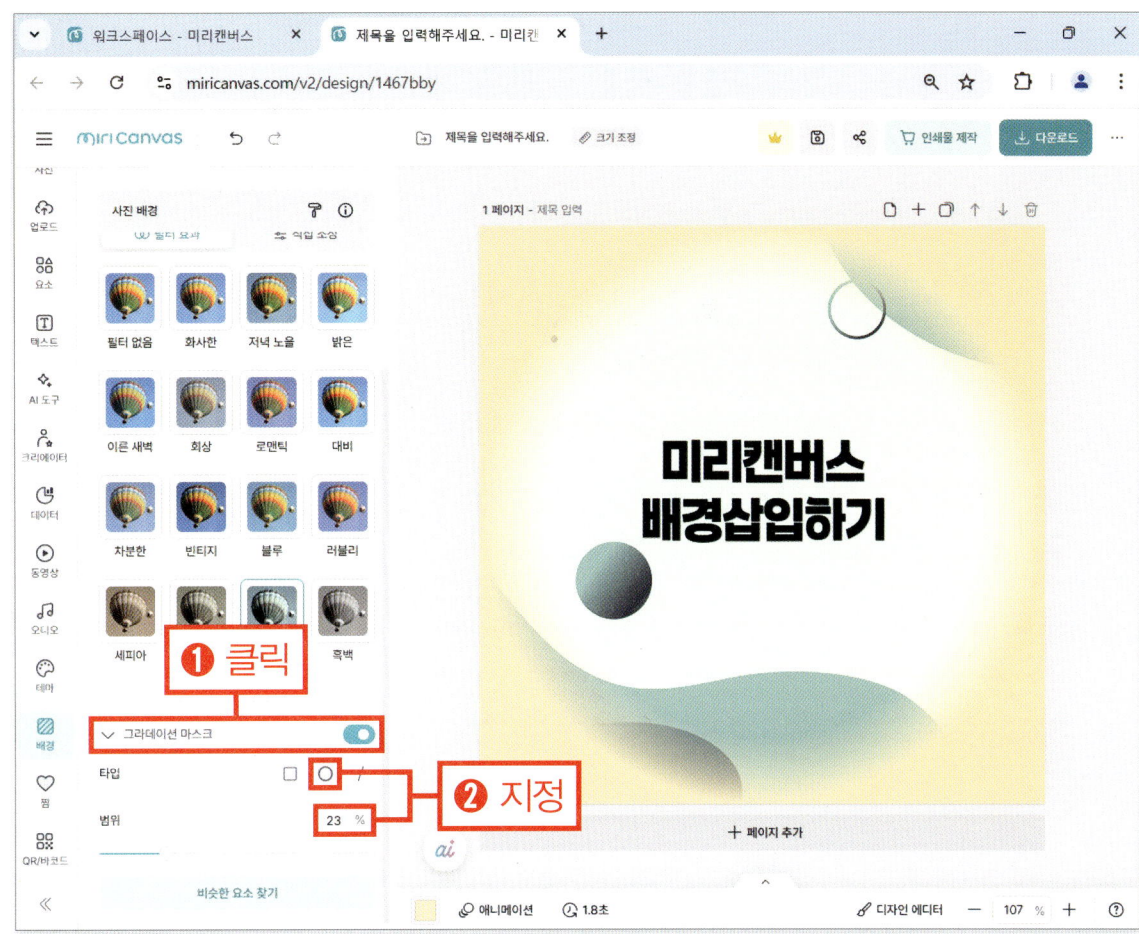

CHAPTER 09 내 컴퓨터 자료 업로드하기

POINT

미리캔버스는 자체적으로 제공해 주는 소스만 사용하는 것이 아니라 사용자가 가지고 있는 사진이나 동영상 등 여러 소스를 업로드하여 디자인에 적용할 수 있습니다. 3장의 워크스페이스 공간에서도 파일을 업로드할 수 있었는데요. 이번 시간에는 또 다른 방법으로 내 컴퓨터에 있는 자료를 업로드하는 방법에 대해 알아봅니다.

▌완성 화면 미리 보기

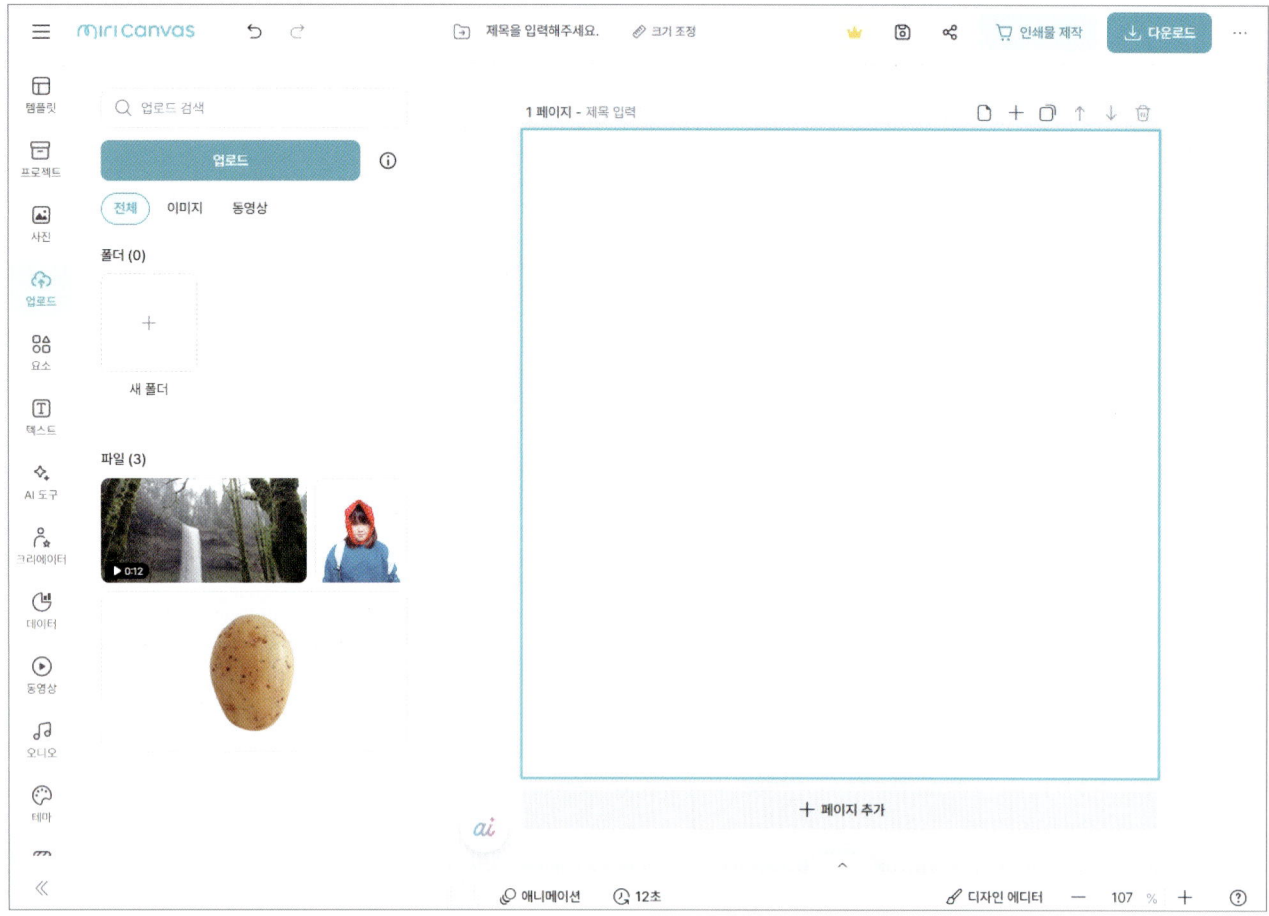

▌여기서 배워요!

파일 업로드하기 / 폴더 만들어 이동하기

STEP 01 파일 업로드하기

01 미리캔버스에 로그인합니다. '도구 목록'에서 [업로드]를 클릭한 다음 [업로드] 버튼을 클릭합니다.

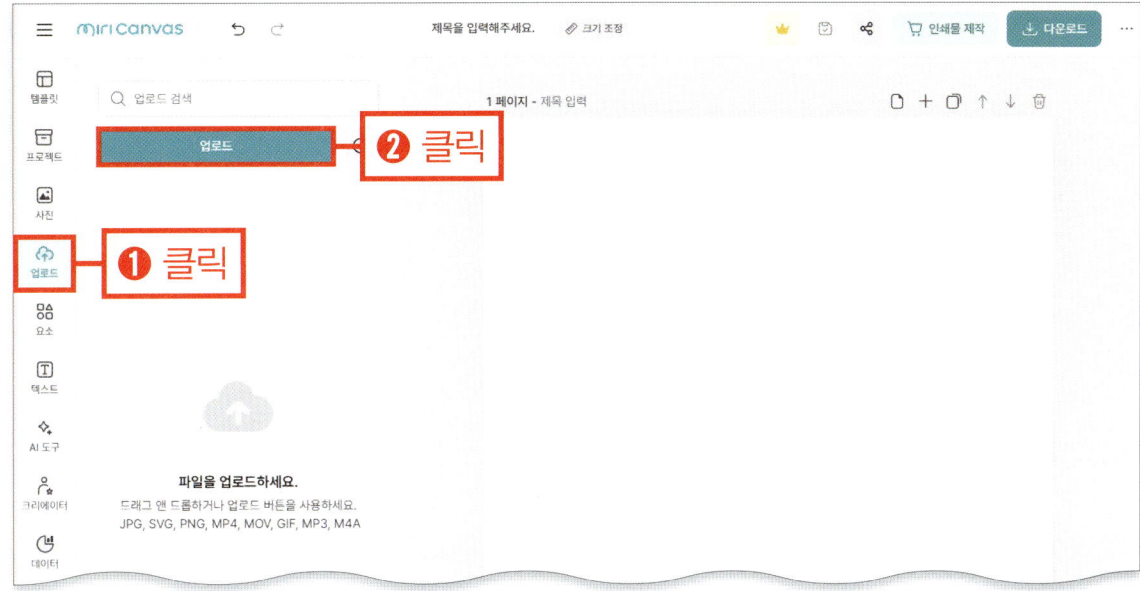

02 [미리캔버스]-[예제]-[9장]에서 [감자.png] 파일을 선택한 다음 [열기] 버튼을 클릭합니다.

조금 더 배우기

png, mp4, jpg와 같은 확장자는 이 파일이 어떤 파일인지 나타내는 표시입니다. 확장자가 보이지 않아도 파일 명을 클릭하여 업로드하면 됩니다. 혹, 확장자를 보이게 하고 싶다면 (윈도우 11기준) 특정 폴더를 연 후 상단 메뉴에서 [보기]-[표시]-[파일 확장명]을 클릭하여 체크하면 됩니다.

03 '감자.png' 파일이 업로드된 것을 확인할 수 있습니다. 다른 파일도 업로드하기 위해 다시 [업로드] 버튼을 클릭합니다.

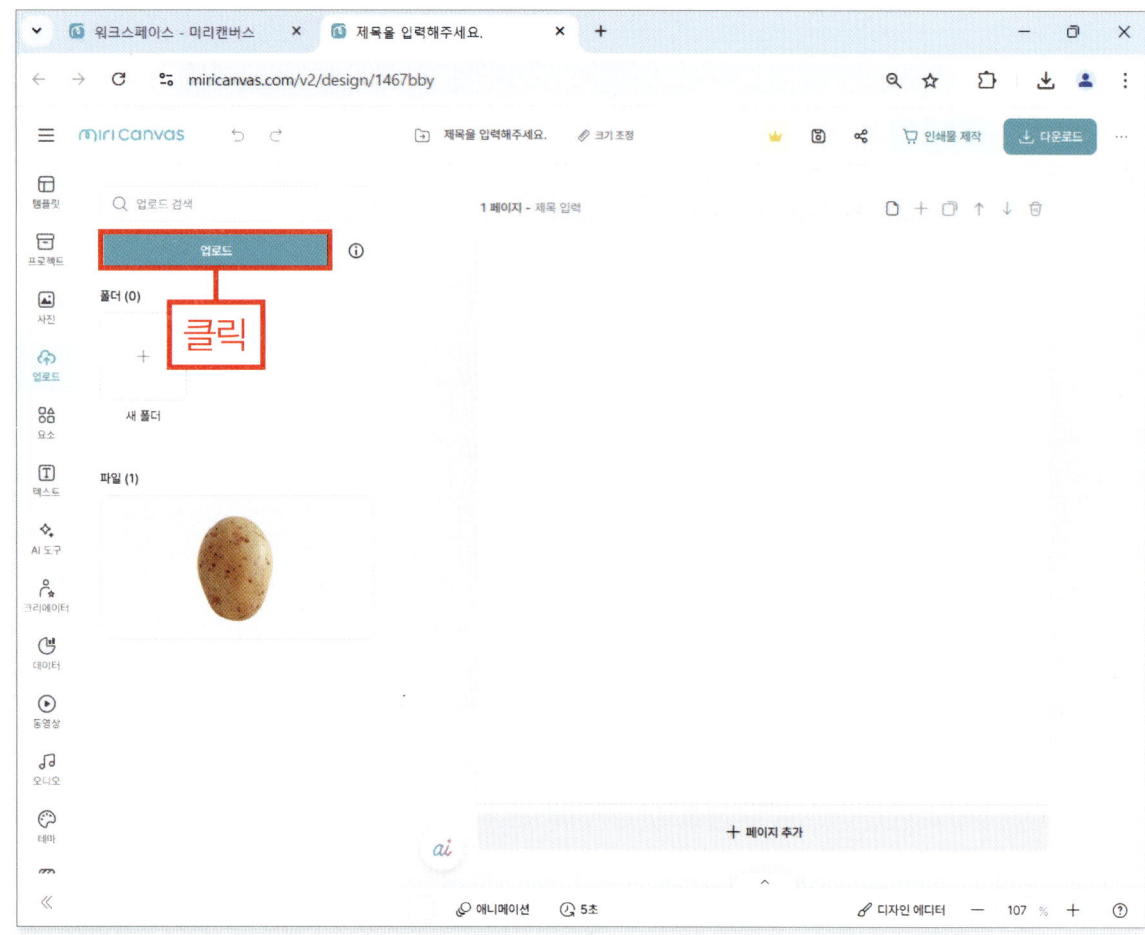

04 [미리캔버스]-[예제]-[9장]에서 [사진1.png]를 클릭한 다음 Ctrl을 누른 상태로 [자연.mp4] 파일을 같이 선택한 후 [열기] 버튼을 클릭합니다.

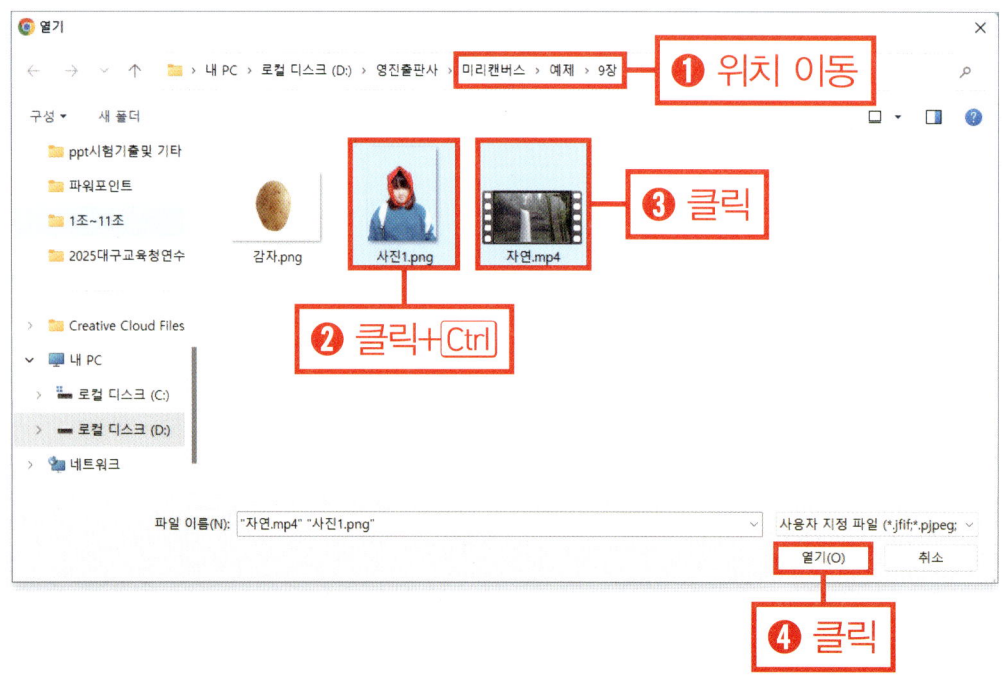

STEP 02 폴더 만들어 이동하기

01 각 파일의 속성에 맞춰 폴더를 만들어 정리하기 위해 '폴더'의 [새 폴더] 버튼을 클릭합니다.

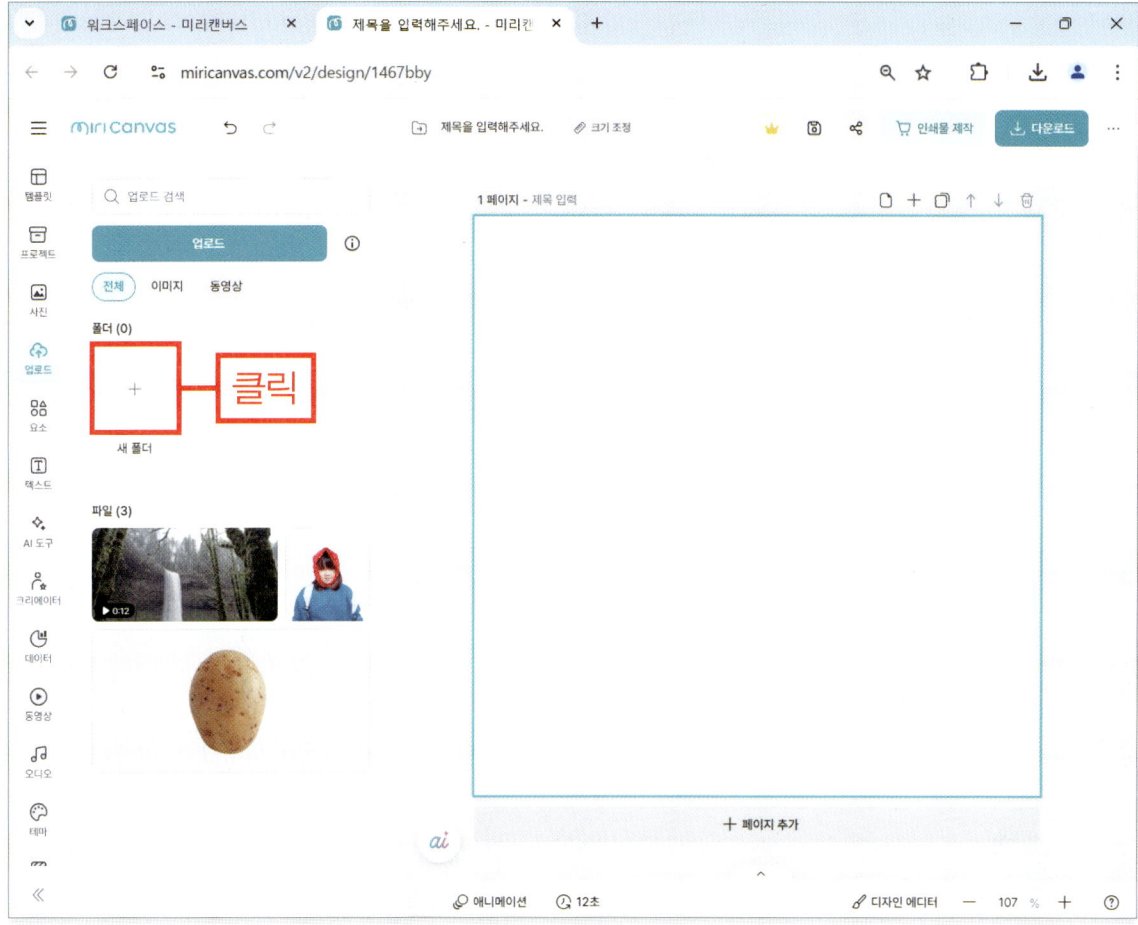

02 '폴더 만들기' 대화상자가 나타나면 '폴더 이름'에 '이미지'를 입력한 다음 [만들기] 버튼을 클릭합니다. 다시 [새 폴더] 버튼을 클릭합니다. '폴더 만들기' 대화상자가 나타나면 '동영상'을 입력한 후 [만들기] 버튼을 클릭합니다.

03 앞서 만든 두 개의 폴더 속성에 맞게 이미지와 영상을 이동하기 위해 '사진.png' 왼쪽 상단의 [더보기](…) 버튼을 클릭한 후 [이동]을 클릭합니다.

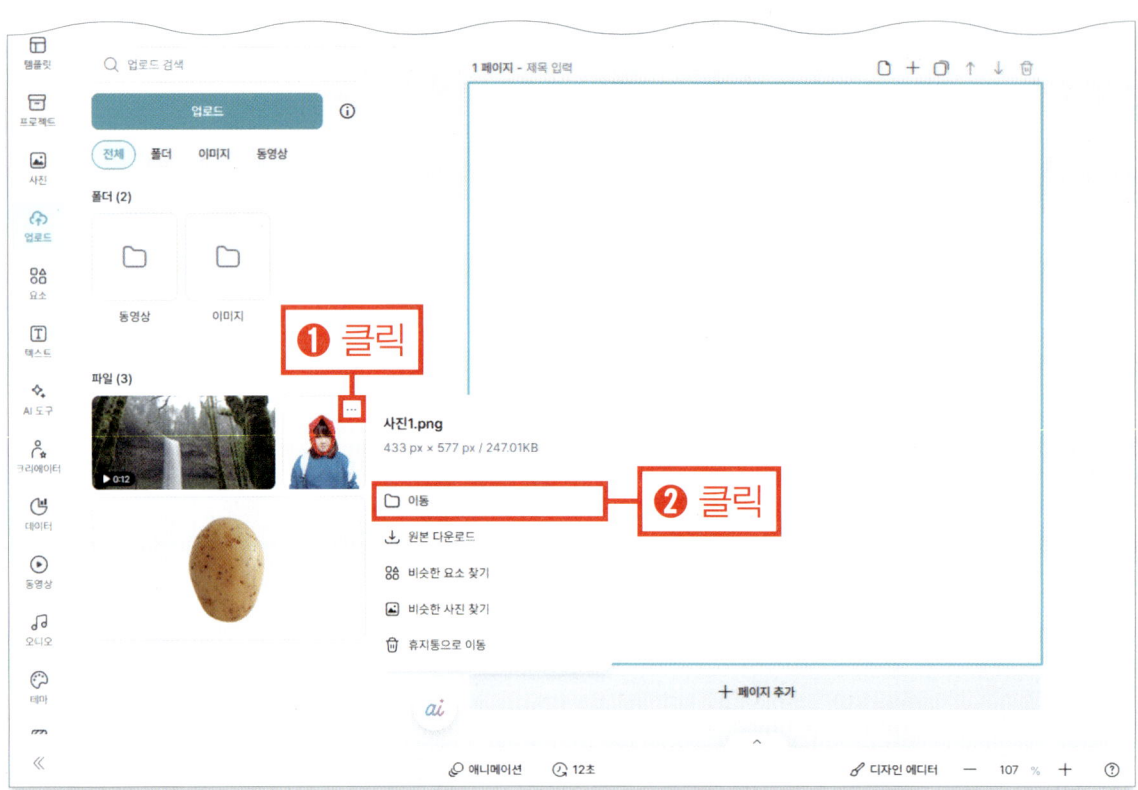

04 '내 드라이브' 대화상자가 나타나면 [이미지] 폴더를 선택한 후 [이동] 버튼을 클릭합니다. 나머지 '감자.png' 파일도 동일하게 이동시킵니다.

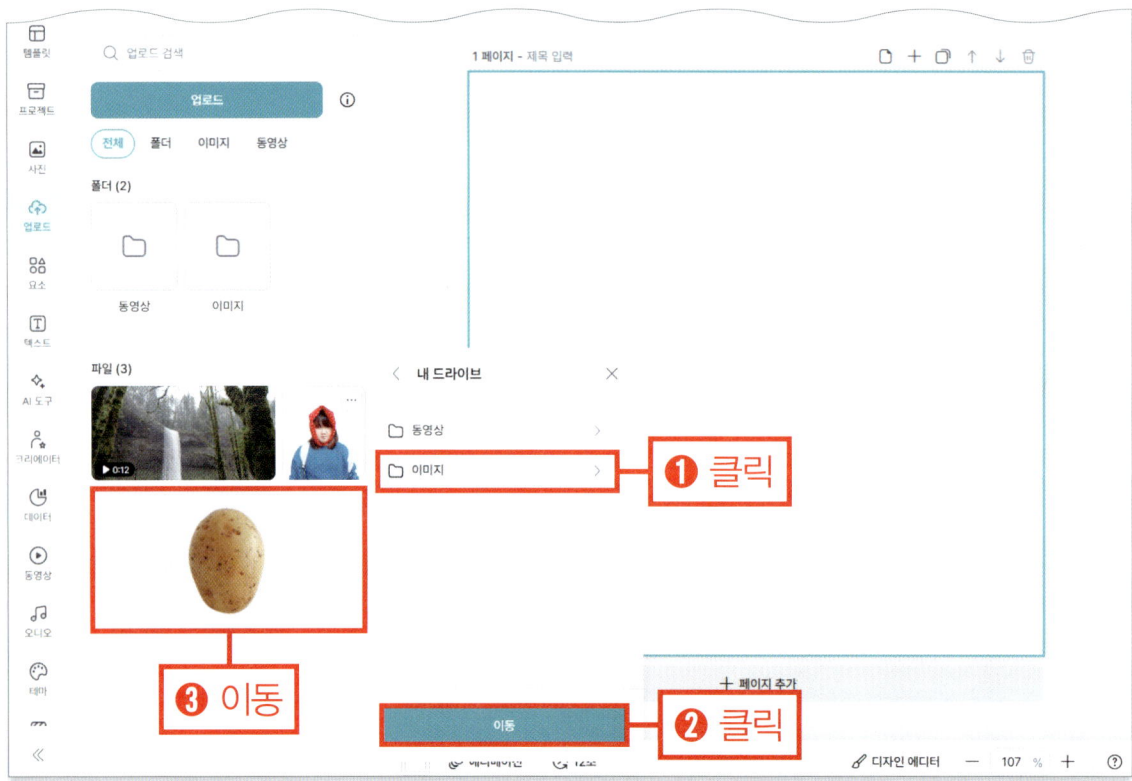

05 '자연.mp4' 파일의 [더보기](…) 버튼을 클릭한 후 [이동]을 클릭합니다. [동영상] 폴더를 선택한 후 [이동] 버튼을 클릭합니다.

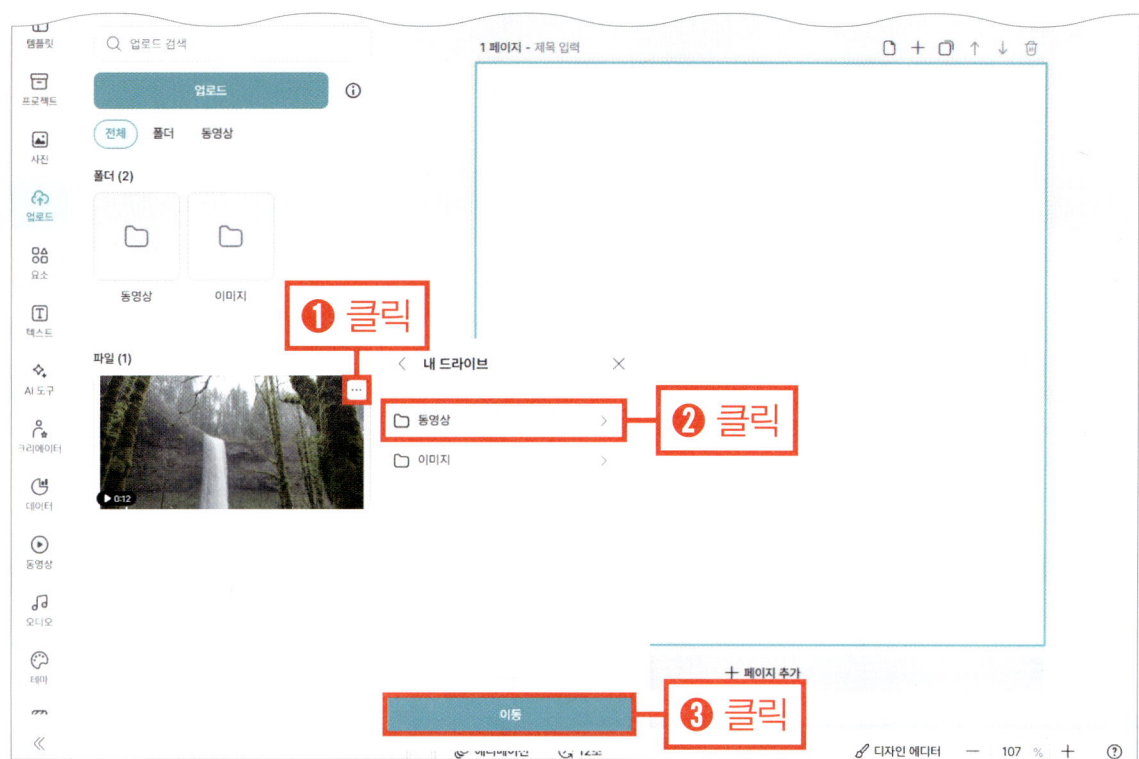

06 폴더로 이동이 되면 확인하기 위해 [이미지] 폴더를 클릭합니다. 두 개의 이미지가 이동된 것을 확인할 수 있습니다. 이미지 폴더를 빠져나가기 위해 [닫기](×) 버튼을 클릭합니다.

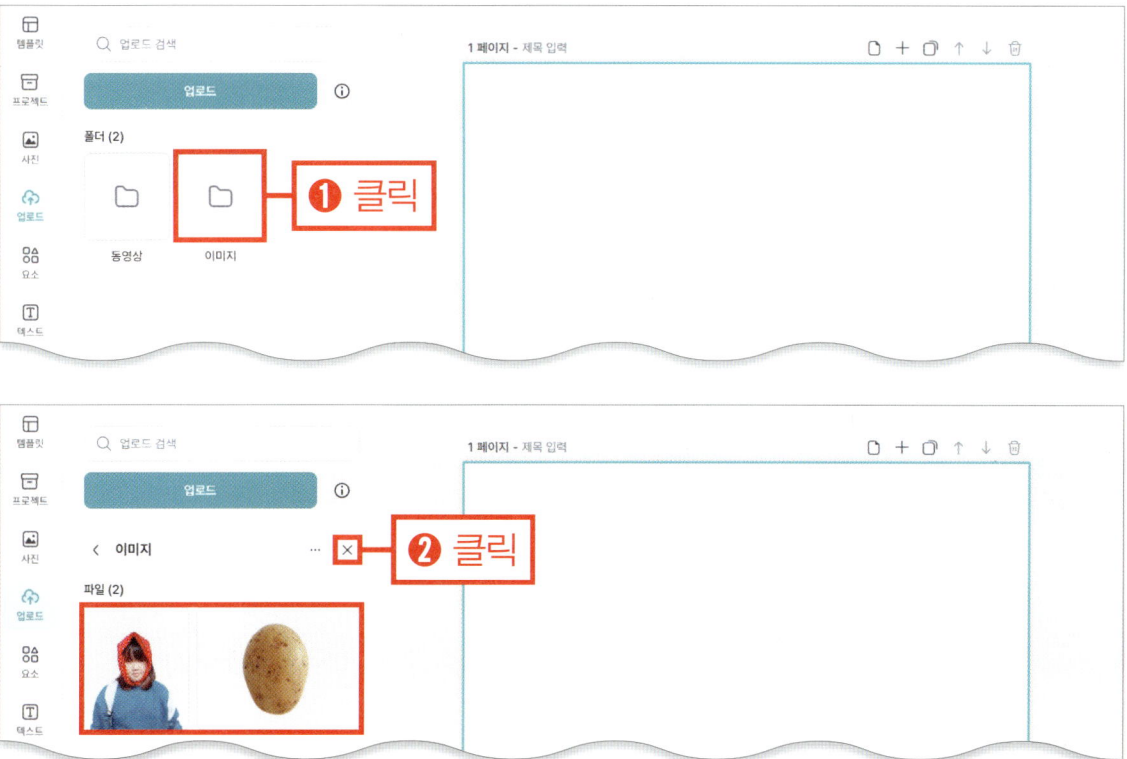

CHAPTER 10 템플릿 적용하기

POINT

미리캔버스는 디자인하기 편하도록 템플릿을 제공해줍니다. 기본 템플릿에서 글자와 이미지 색 등을 변경하면 디자인이 쉽게 만들어집니다. 이번에는 무료로 쓸 수 있는 기본 템플릿을 이용하여 간단한 디자인을 해봅니다.

▍완성 화면 미리 보기

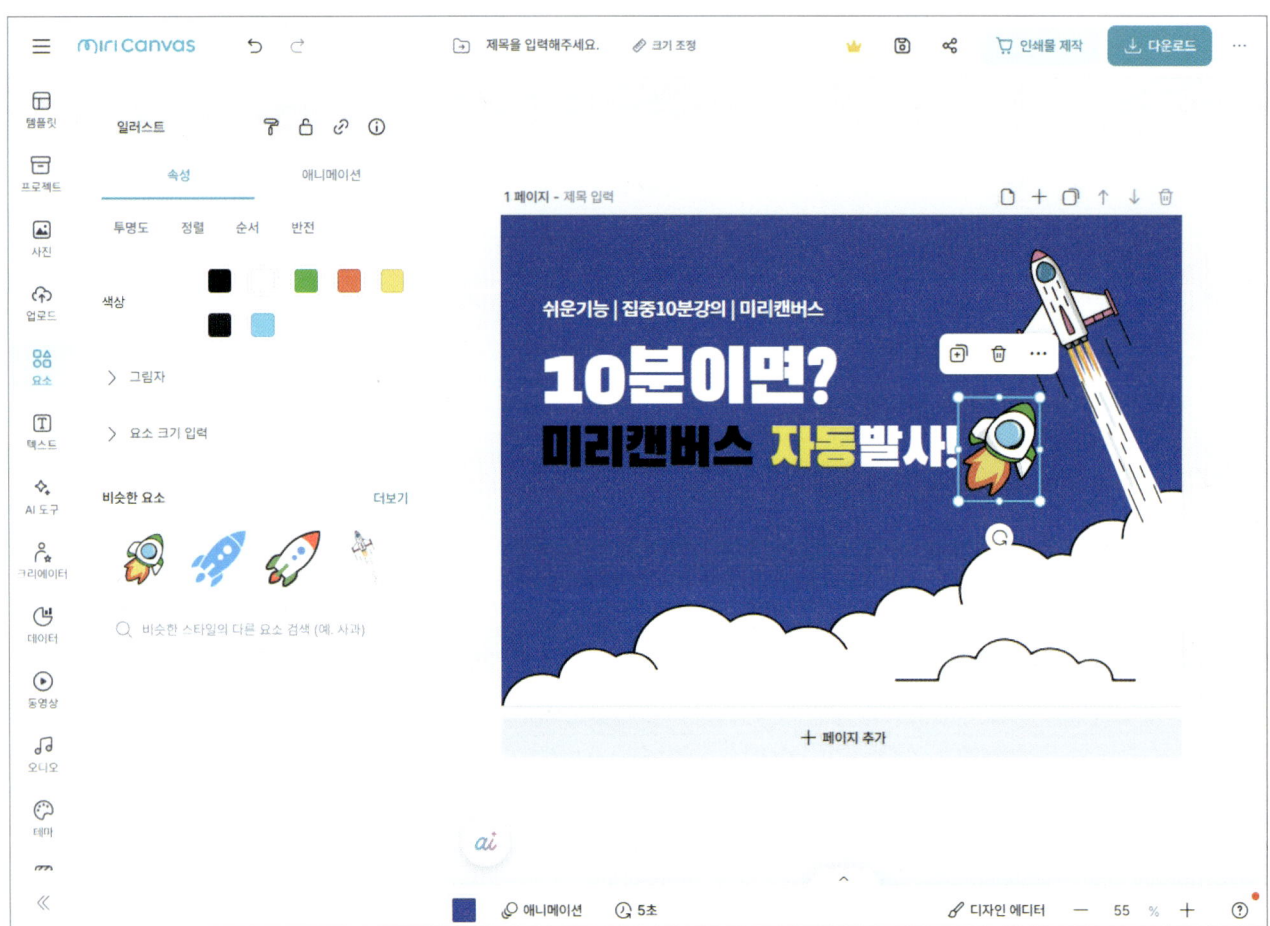

▍여기서 배워요!

템플릿 삽입하기 / 템플릿 편집하기

STEP 01 템플릿 삽입하기

01 미리캔버스에 로그인합니다. 상단의 [새 디자인 만들기]를 클릭한 후 [웹 포스터]-[가로형]을 차례대로 클릭합니다.

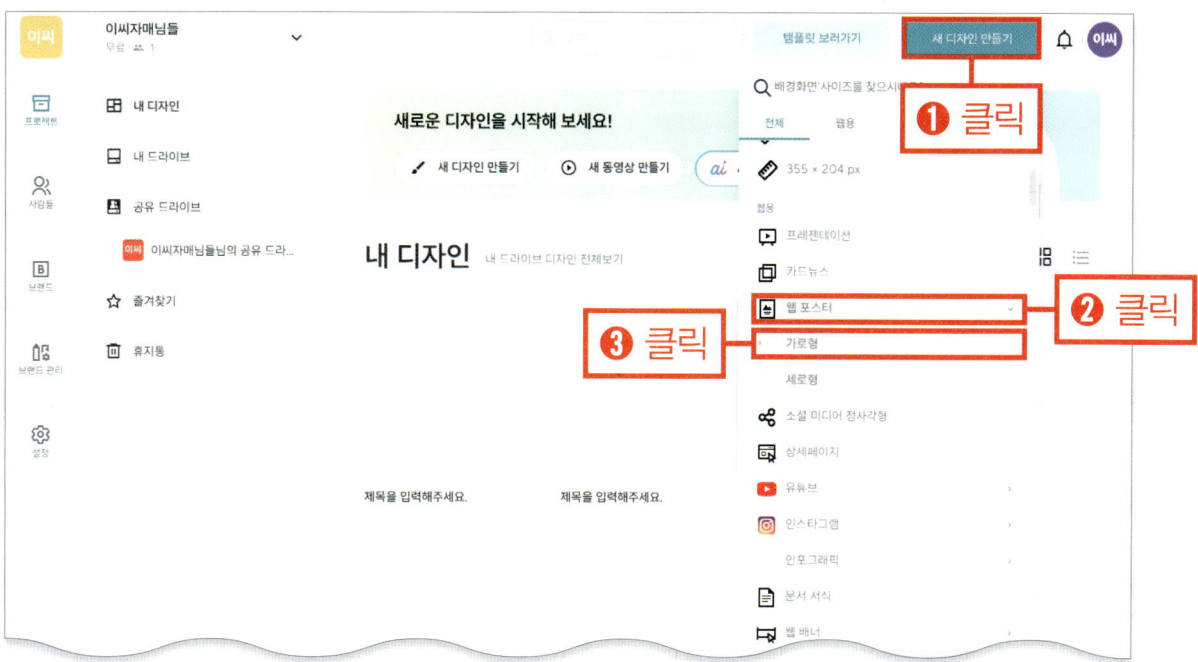

조금 더 배우기

편집하는 화면에서도 템플릿을 사용할 수 있습니다. '도구 목록'에서 [템플릿]을 클릭한 후 원하는 템플릿을 적용하면 됩니다. 하지만 편집 화면에서 템플릿을 사용하면 기본 페이지 크기가 정해진 상태로 적용됩니다. 원래 템플릿 사이즈로 작성하려면 워크스페이스 공간에서 디자인을 만드는 것을 추천합니다.

02 '교육/강의'에서 [더보기]를 클릭합니다.

CHAPTER 10 템플릿 적용하기 | **69**

03 아래와 같이 첫 번째 템플릿을 클릭합니다.

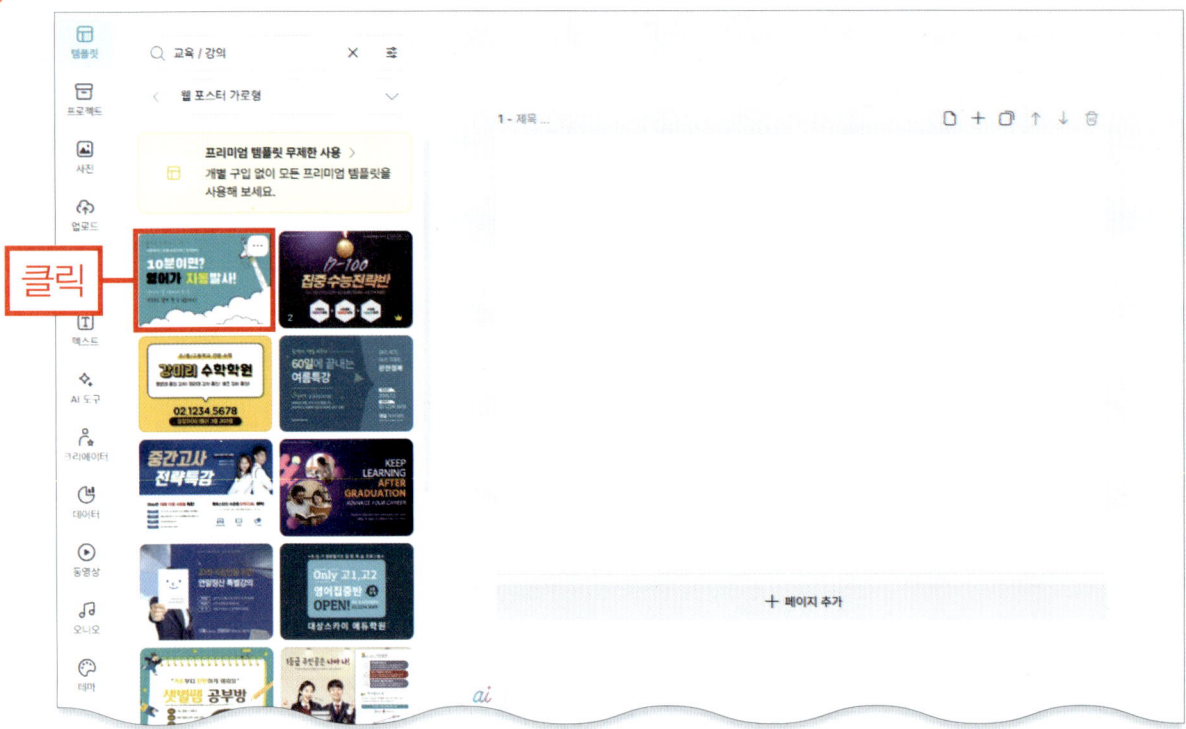

STEP 02 　 템플릿 편집하기

01 삽입된 템플릿에서 가운데 글자를 더블 클릭하여 '미리캔버스'를 입력한 후 빈 공간을 클릭합니다.

02 [조절점]을 드래그하여 크기를 조정합니다.

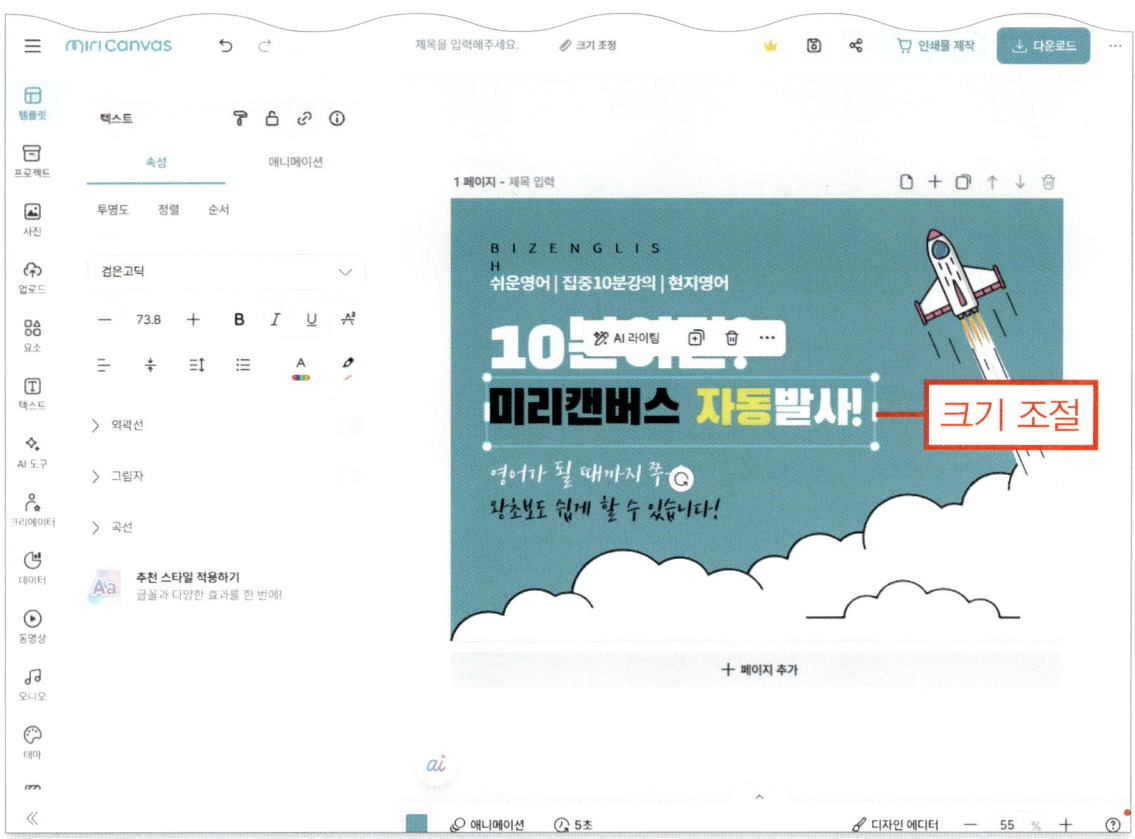

03 아래 글자를 클릭한 후 [삭제](🗑) 버튼을 클릭합니다. 상단의 글자를 클릭한 후 [삭제](🗑) 버튼을 클릭합니다.

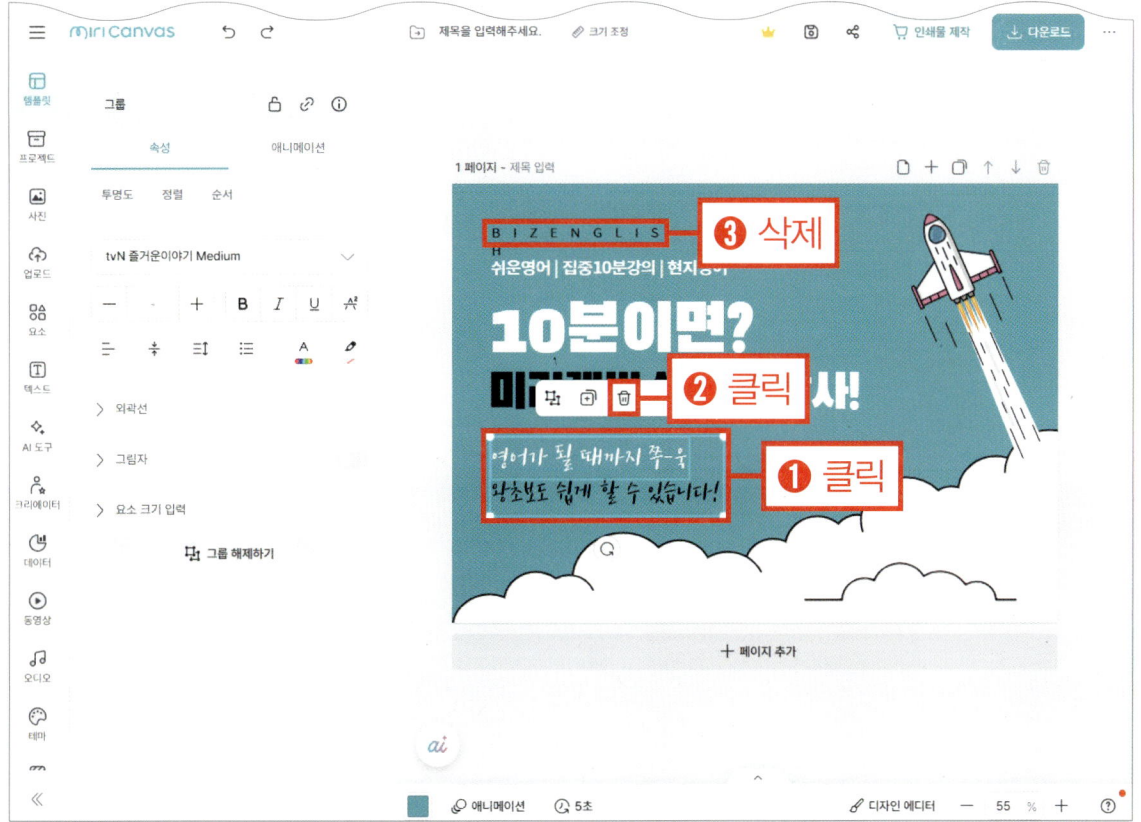

04 상단의 글자를 보기와 같이 더블 클릭하여 변경합니다.

05 배경색을 변경하기 위해 배경을 클릭한 후 하단 가운데의 [배경색] 버튼을 클릭합니다. 변경할 색상을 클릭한 후 [닫기](X) 버튼을 클릭합니다.

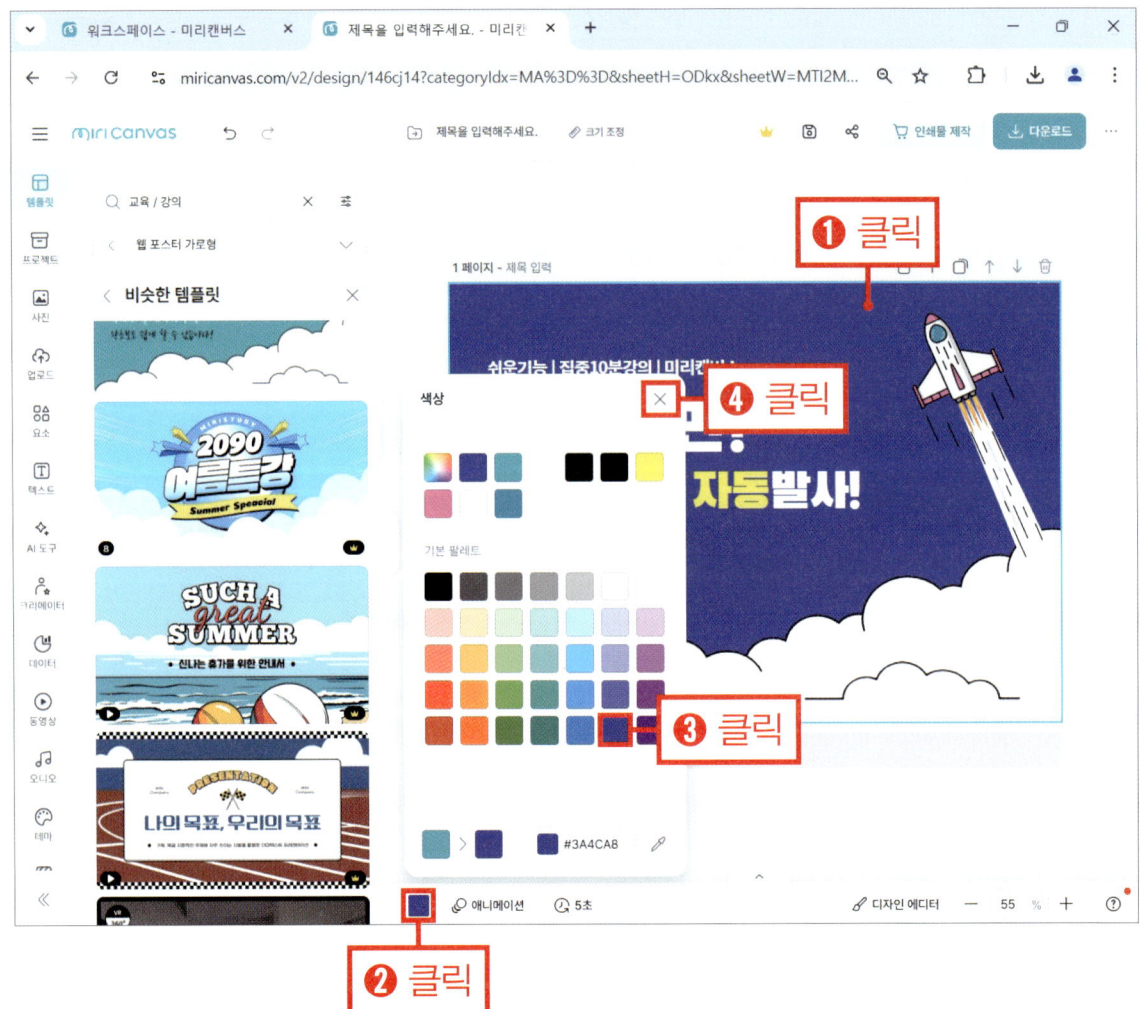

06 이미지를 더 삽입하기 위해 오른쪽에 삽입된 비행기 이미지를 클릭한 다음 [속성] 탭의 '비슷한 요소'에서 [더보기]를 클릭합니다.

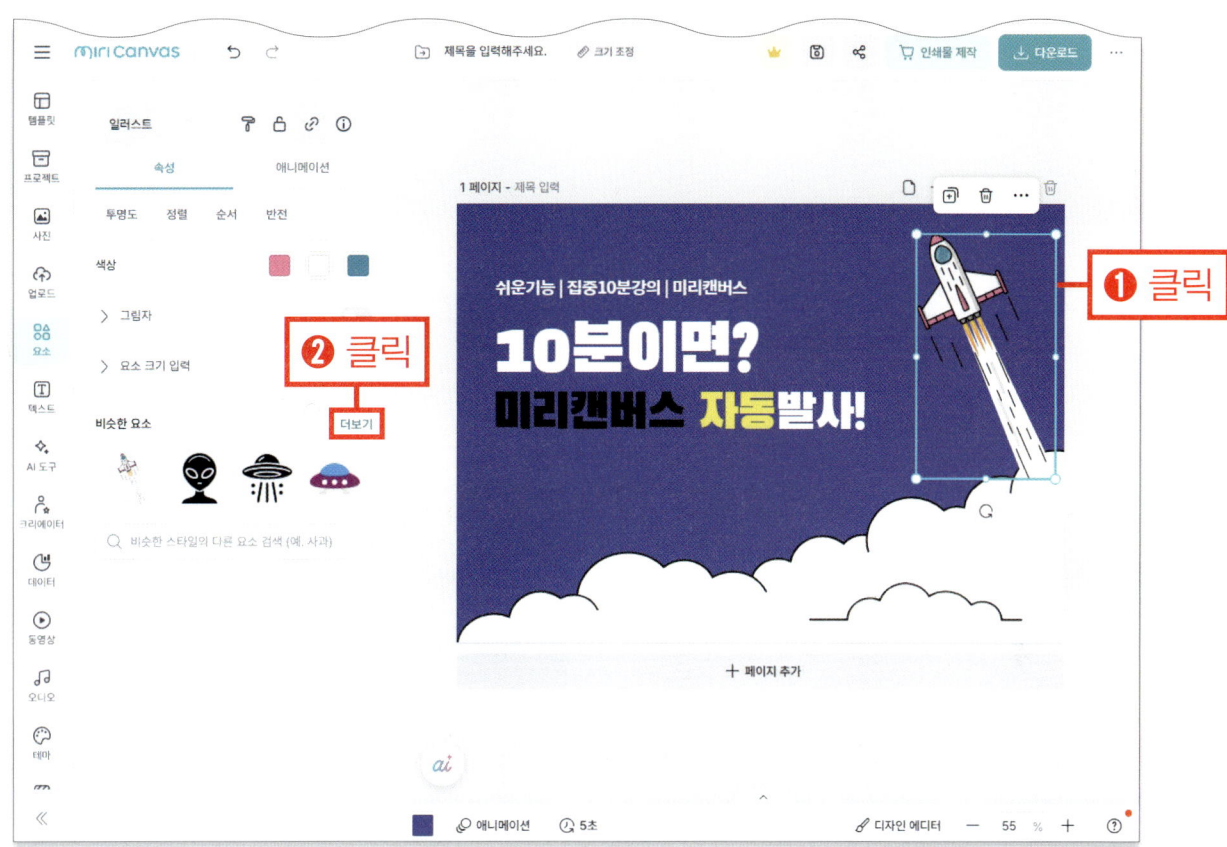

07 아래와 같이 [로켓] 이미지를 클릭합니다.

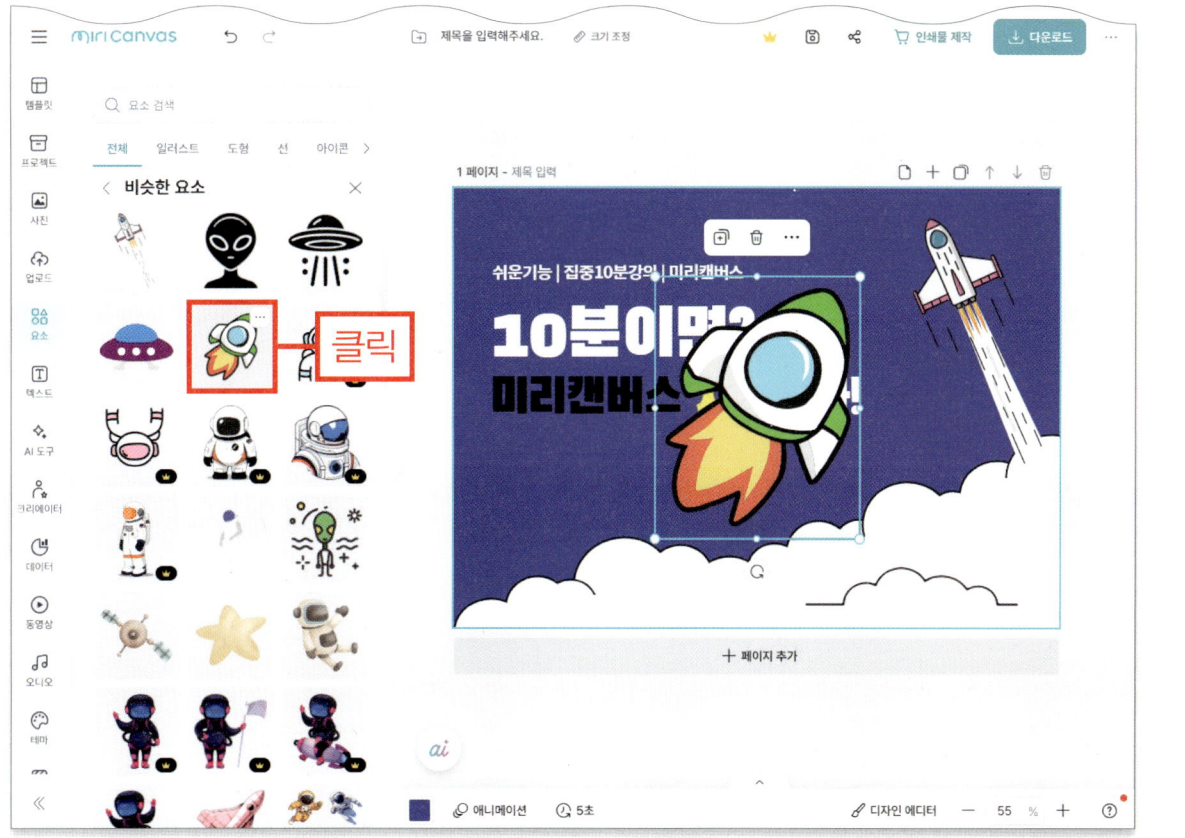

08 삽입된 이미지에 조절점을 이용하여 크기를 변경한 후 아래와 같이 배치합니다.

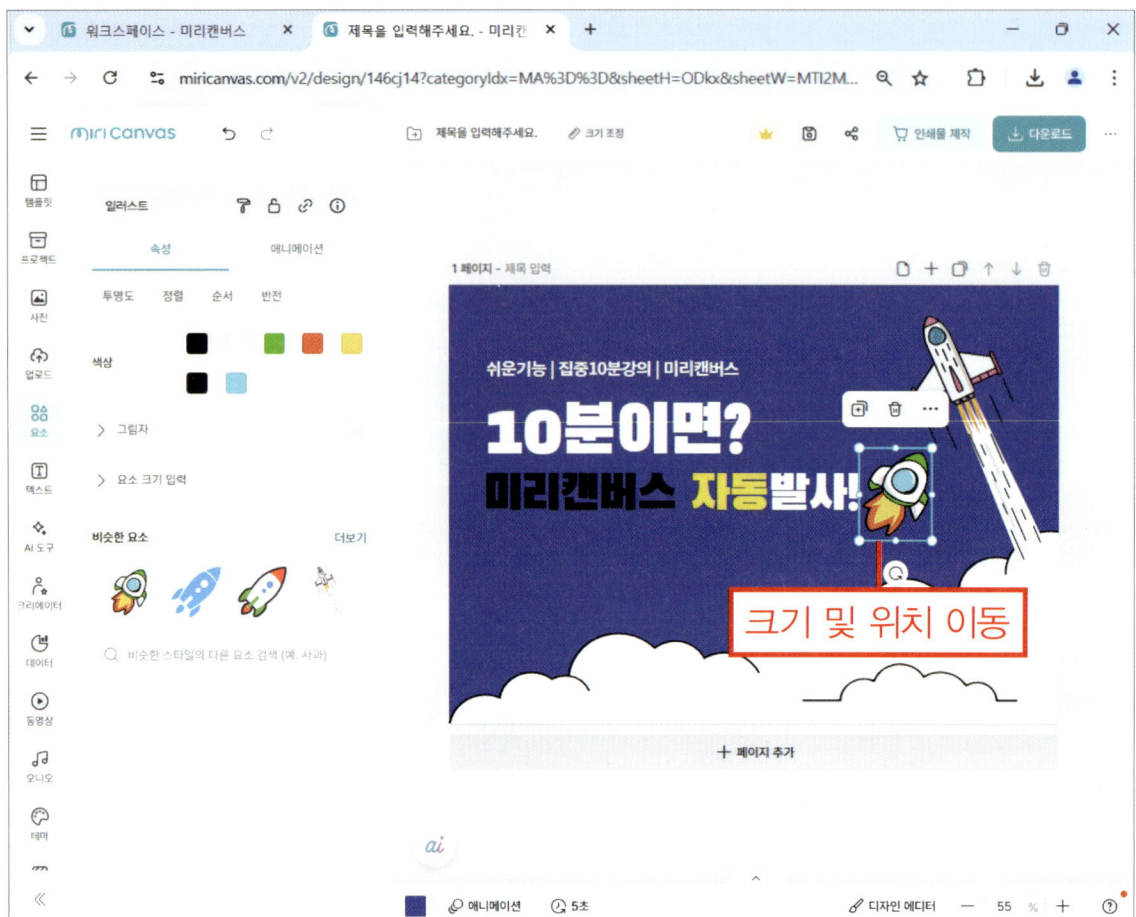

CHAPTER 11

II. 실전 만들기
유튜브 채널 로고 만들기

POINT

본격적으로 실제 디자인 자료들을 하나하나 완성해 봅니다. 이번 장에서는 유튜브에서 사용하는 채널 로고를 미리캔버스의 템플릿을 이용하여 만들어 봅니다.

▌완성 화면 미리 보기

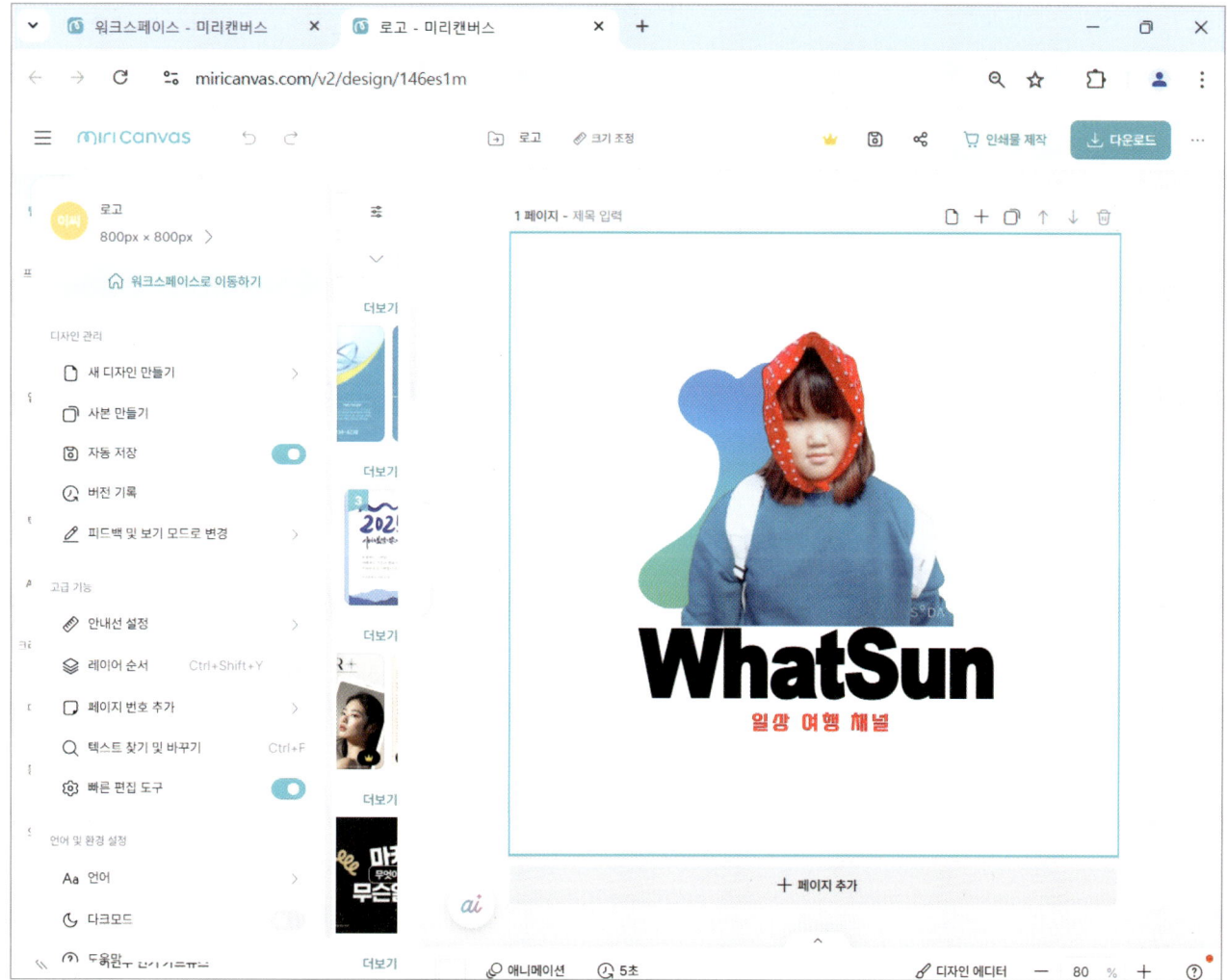

▌여기서 배워요!

채널 로고 만들기

STEP 01 채널 로고 만들기

01 미리캔버스에 로그인합니다. 워크스페이스 공간에서 [새 디자인 만들기] 버튼을 클릭한 후 [유튜브]-[채널 로고]를 차례대로 클릭합니다.

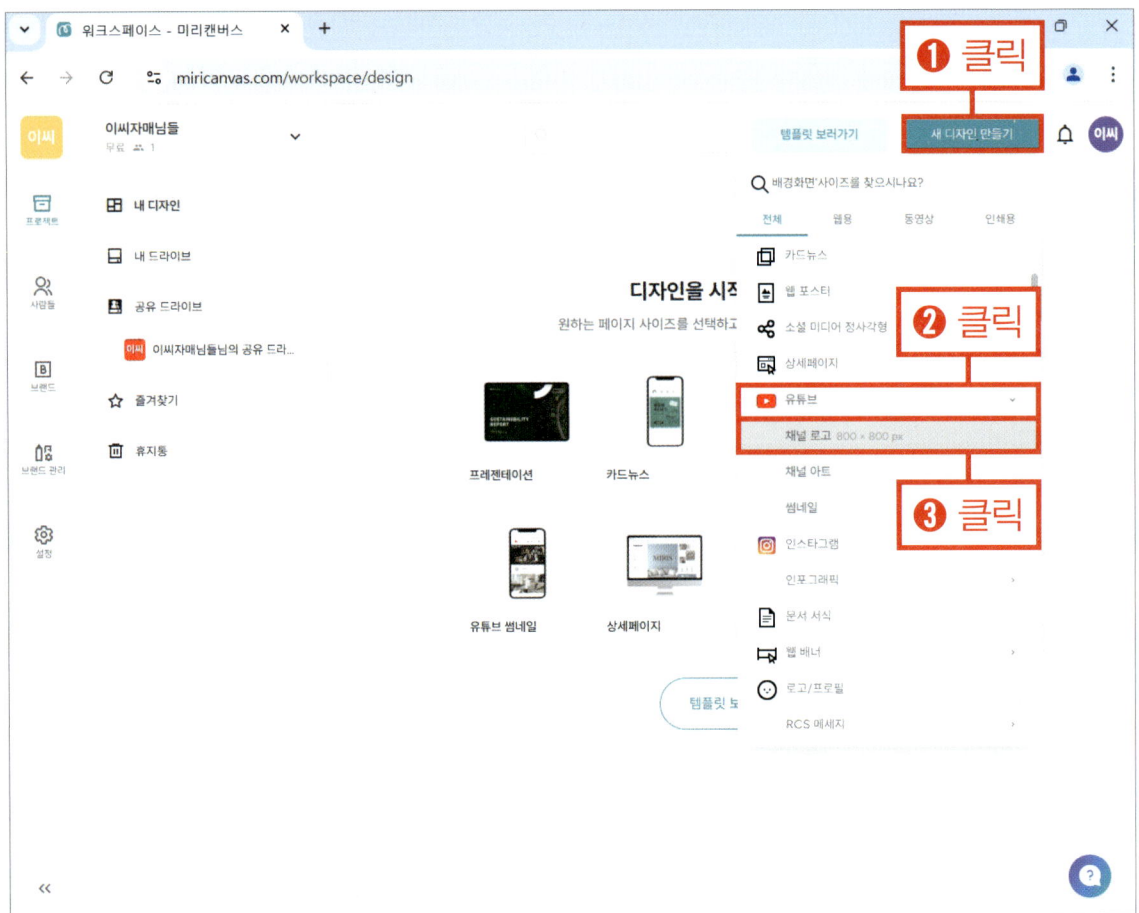

조금 더 배우기

[새 디자인 만들기]는 디자인을 만들 때 배경의 크기를 지정해 줍니다. 즉, 배경 화면 사이즈를 제공하는 공간입니다.

02 작업 화면이 나타나면 '도구 목록'에서 [모든 템플릿]을 클릭한 후 [로고/프로필]을 클릭합니다.

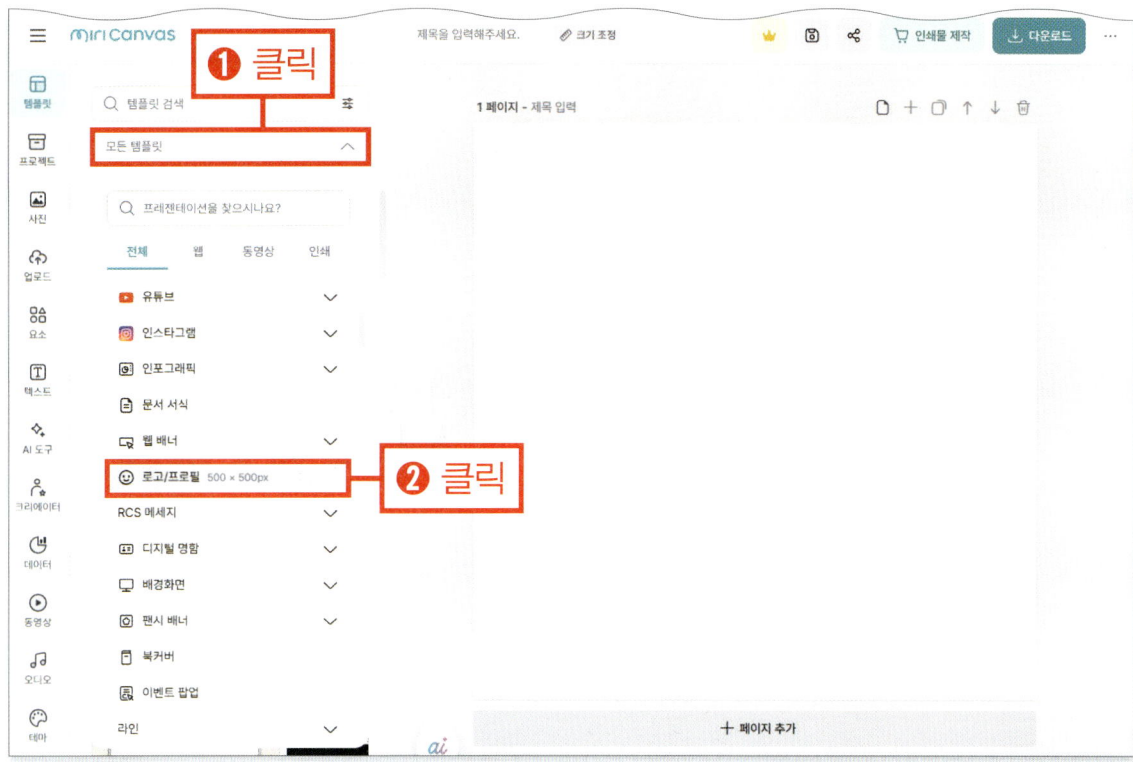

03 '로고/프로필' 템플릿 목록에서 아래와 같은 템플릿을 클릭합니다. 가운데 이미지를 클릭한 다음 [삭제](🗑) 버튼을 클릭합니다.

04 이미지가 삭제되면 '도구 목록'에서 [업로드]를 클릭한 후 [업로드] 버튼을 클릭합니다.

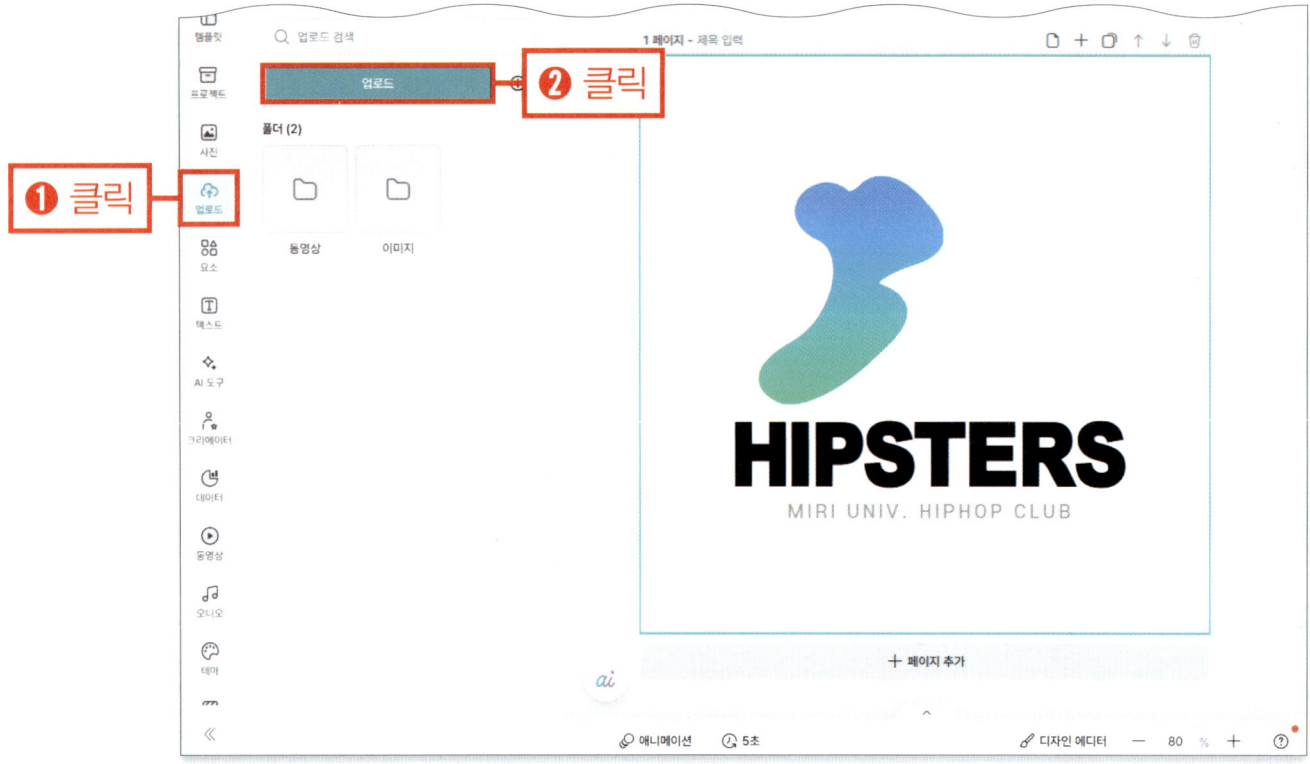

05 [미리캔버스]-[예제]-[11장]에서 [로고사진.jpg] 파일을 선택한 다음 [열기] 버튼을 클릭합니다.

06 '로고사진.jpg' 파일이 삽입되면 한 번 더 이미지를 클릭합니다.

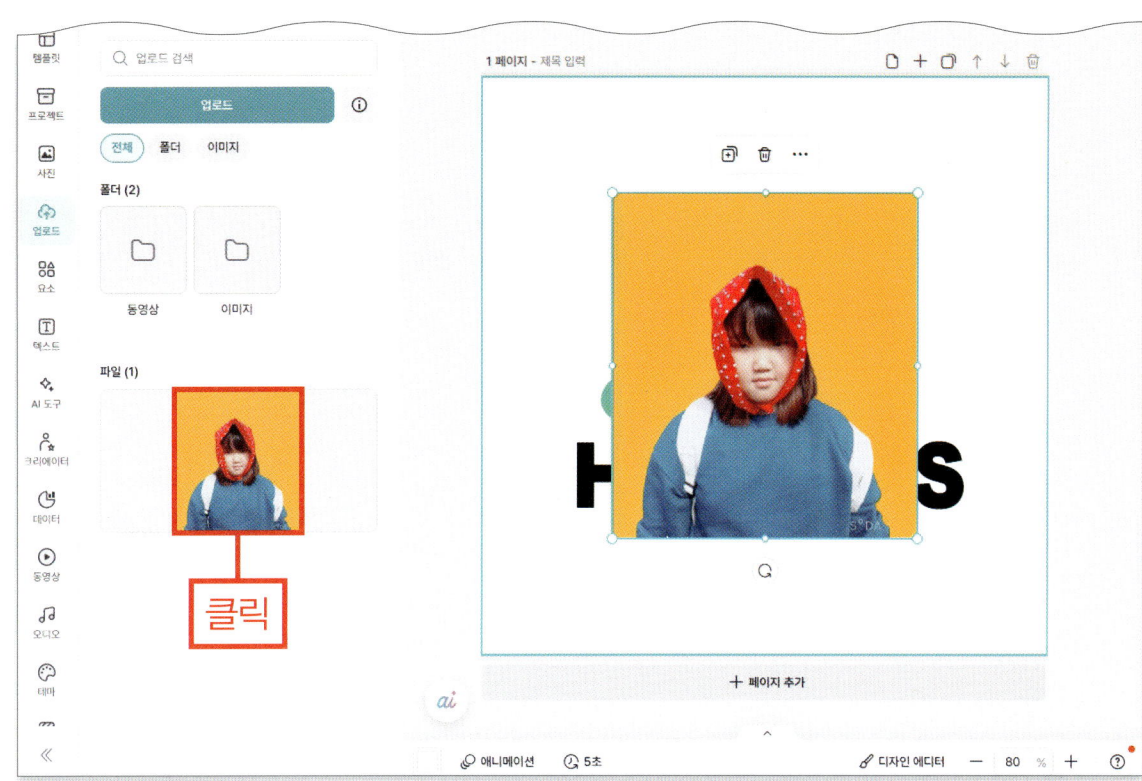

07 배경을 없애기 위해 사진을 클릭한 후 왼쪽의 '속성' 창에서 [배경 제거]를 클릭합니다.

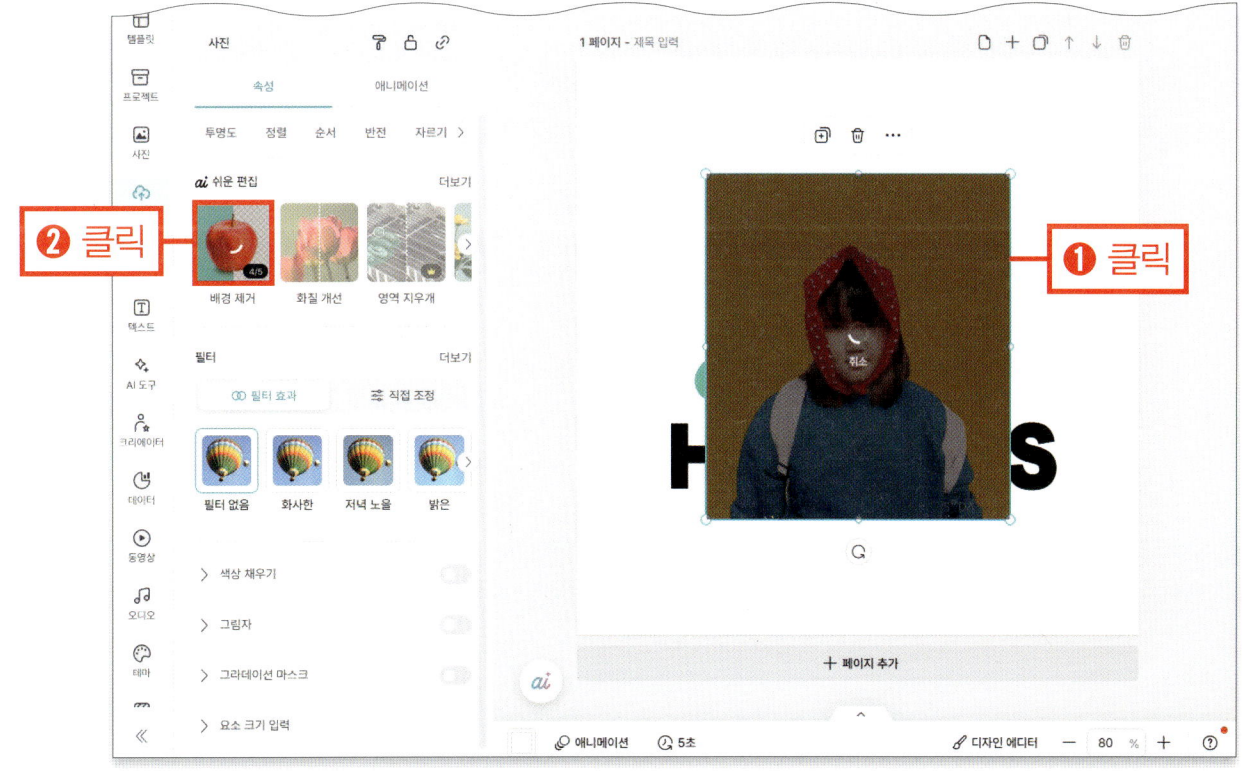

CHAPTER 11 유튜브 채널 로고 만들기

08 사진의 배경이 삭제되면 이미지의 위치를 이동시키고 아래의 글자를 보기와 같이 변경합니다.

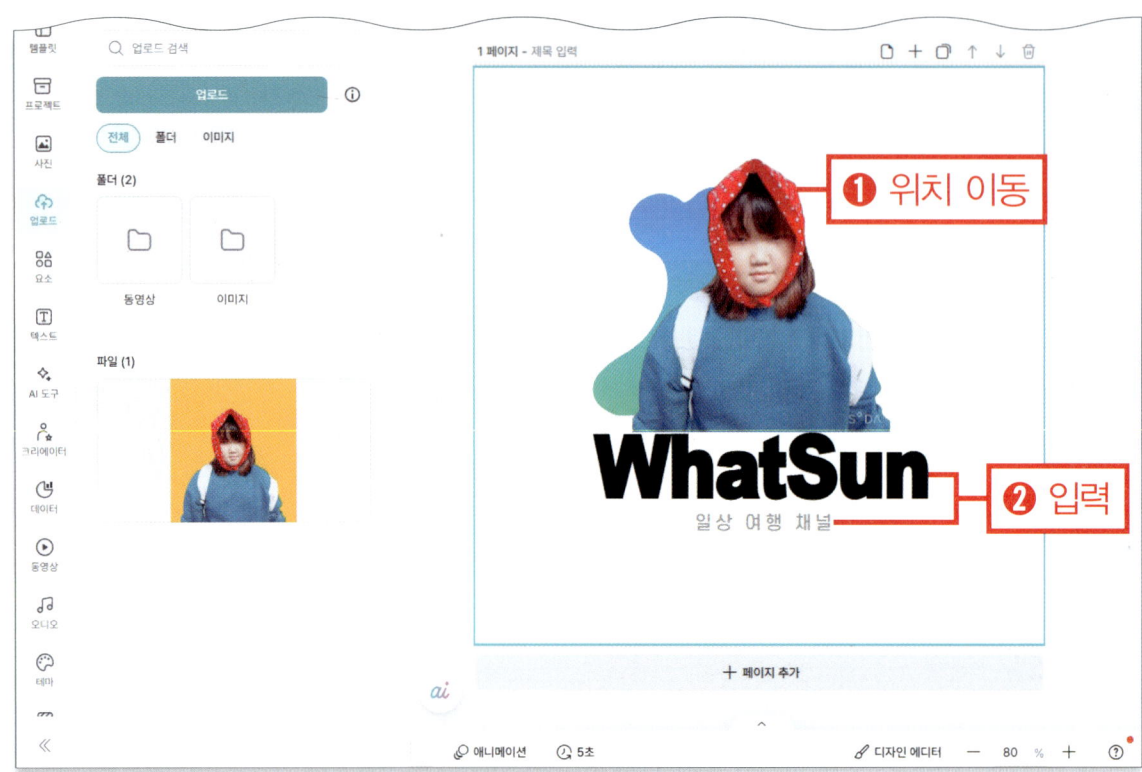

09 글자체를 변경하기 위해 두 번째 글자를 선택한 후 원하는 글자체를 클릭합니다.

10 글자색을 변경하기 위해 '속성' 창에서 [글자색]을 클릭한 다음 오른쪽 하단에 있는 [스포이드](🖋) 아이콘을 클릭합니다.

11 사진의 두건 위에 마우스 포인터를 올린 후 클릭합니다.

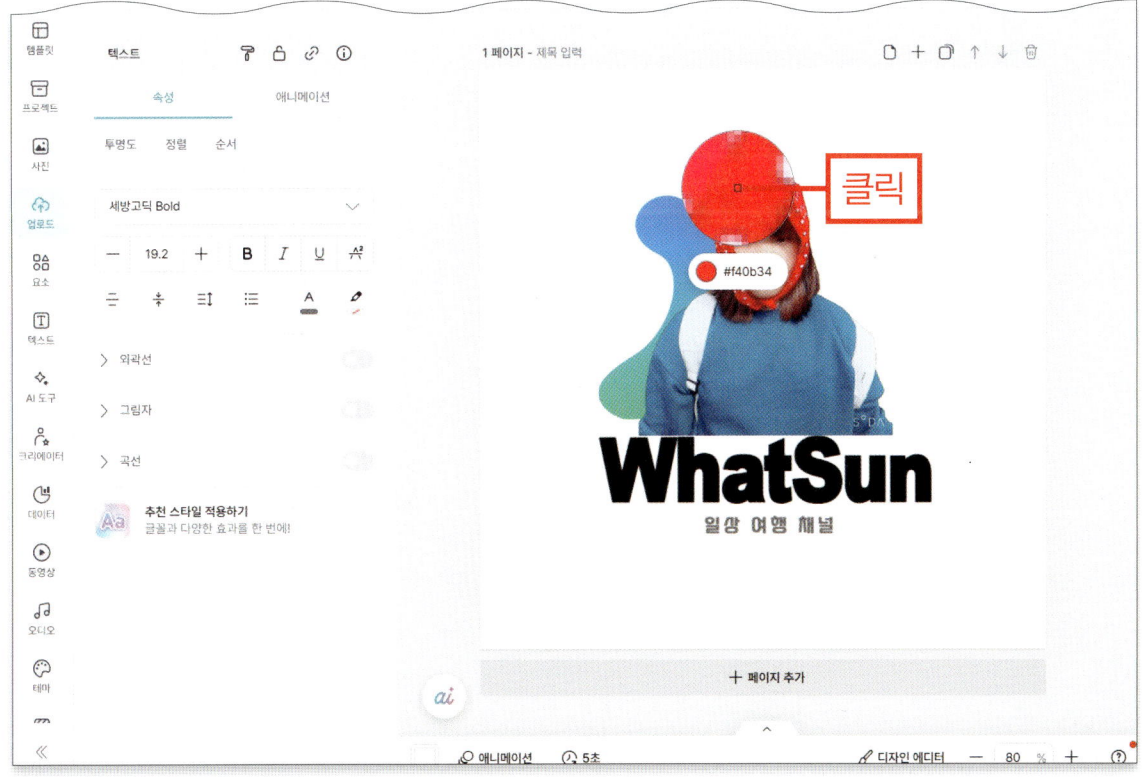

12 두건의 색상으로 변경됩니다. [닫기](❌) 버튼을 클릭합니다.

13 로고가 다 만들어지면 상단의 [제목을 입력해 주세요]를 클릭한 후 '로고'를 입력합니다. [저장](💾) 버튼을 클릭합니다.

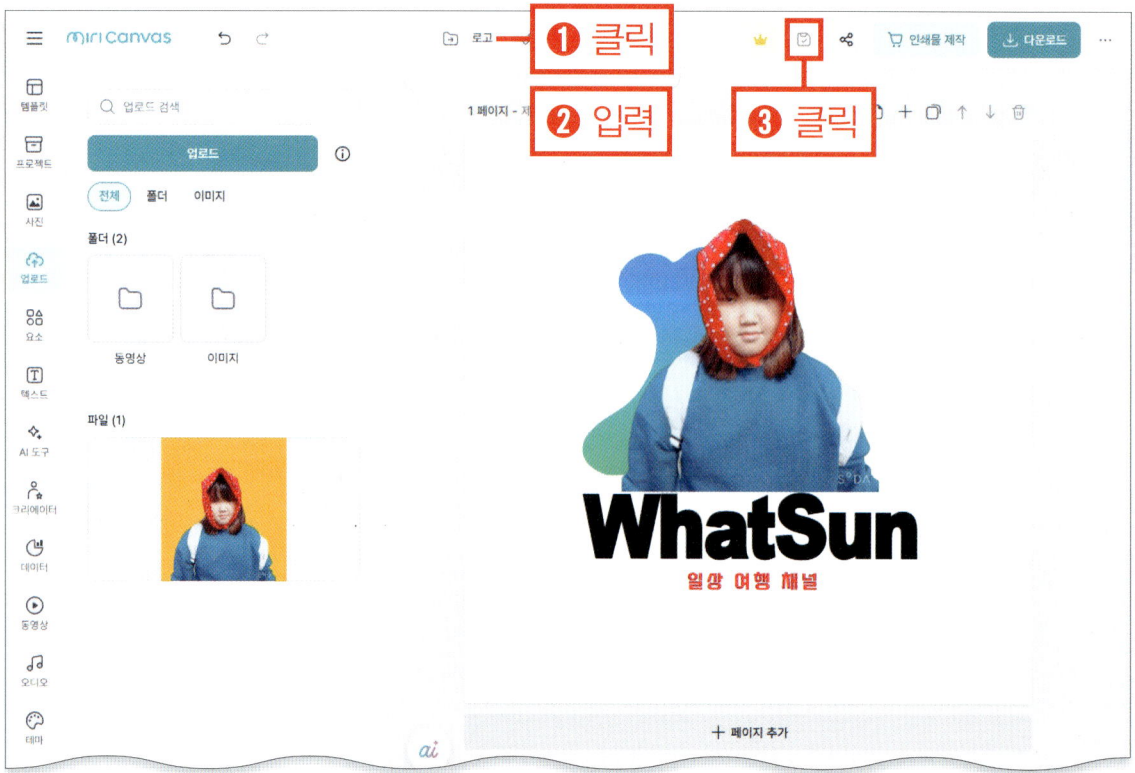

14 왼쪽 상단의 [전체 메뉴](≡) 버튼을 클릭한 다음 [워크스페이스로 이동하기] 버튼을 클릭합니다.

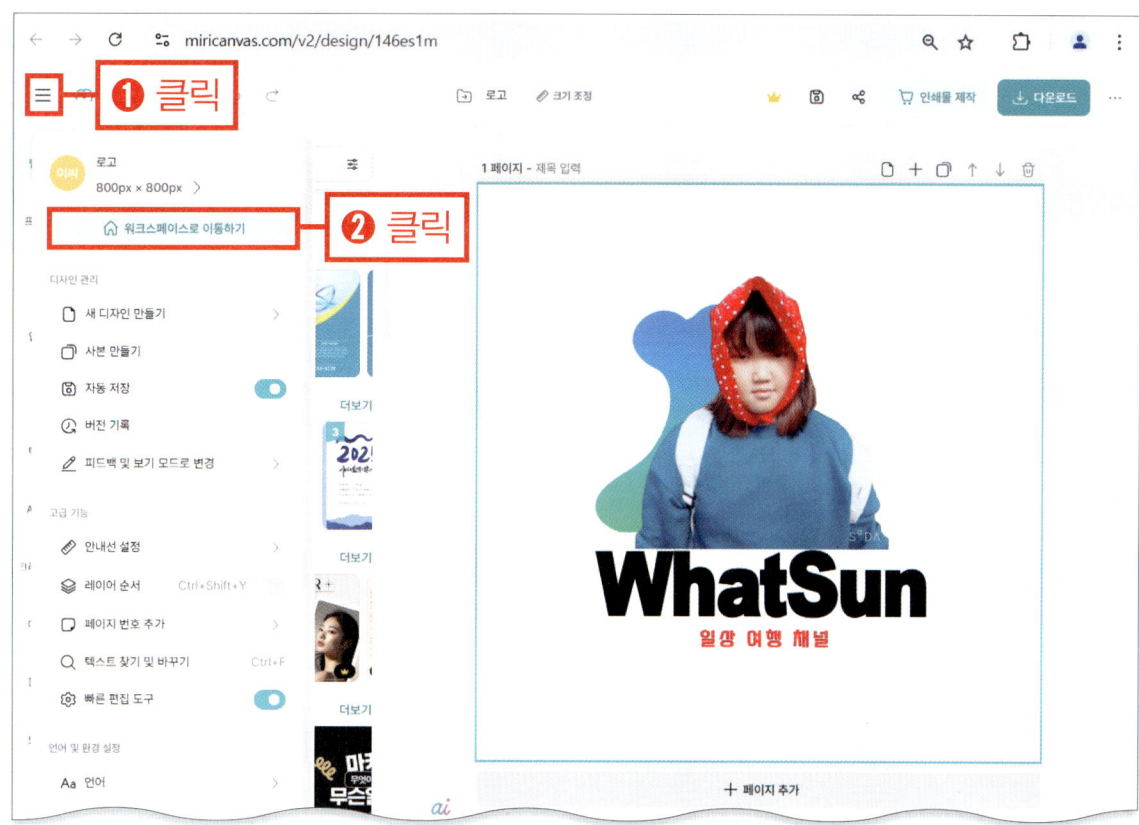

15 로고 디자인이 저장된 것을 확인할 수 있습니다.

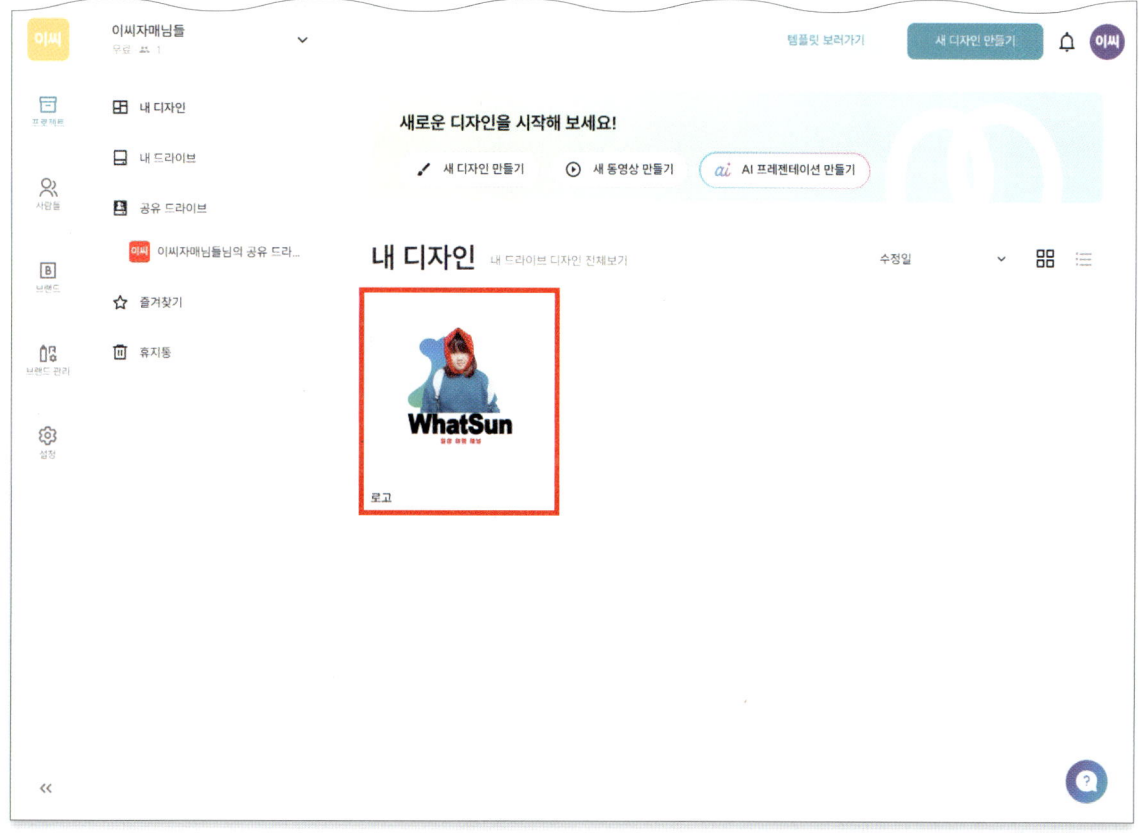

혼자서도 만들 수 있어요!

1 템플릿을 이용하여 로고 배경을 디자인해 보세요.

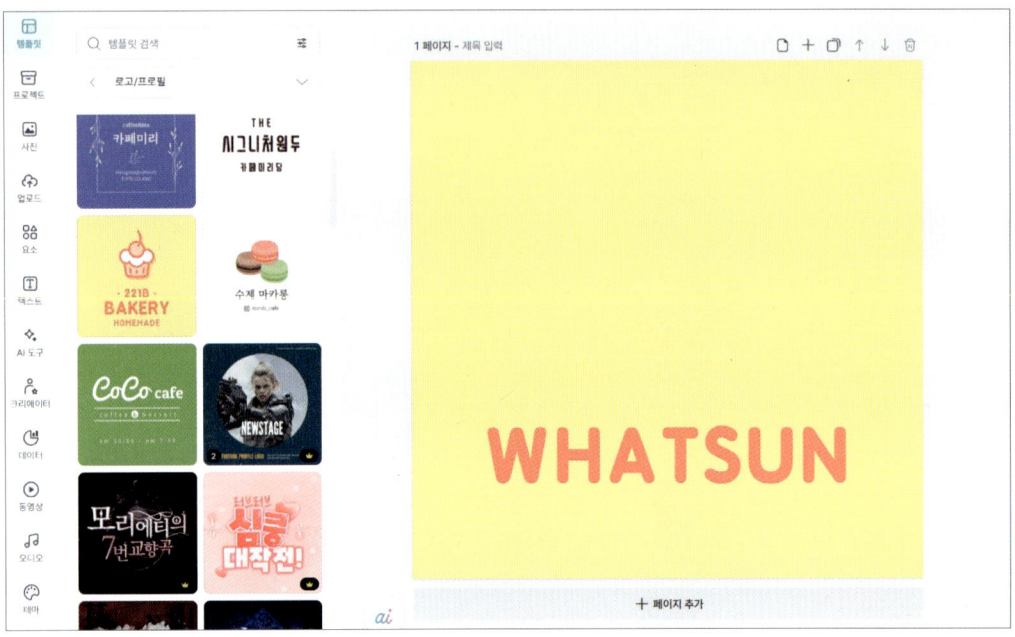

> **hint** 워크스페이스 공간에서 [새 디자인 만들기] 버튼을 클릭한 후 [유튜브]–[채널 로고]를 클릭 → [모든 템플릿]에서 [BAKERY] 디자인 클릭 → 이미지와 작은 글자 [삭제] → 'WHATSUN'으로 텍스트 수정

2 사진을 이용하여 로고 디자인을 완성해 보세요.

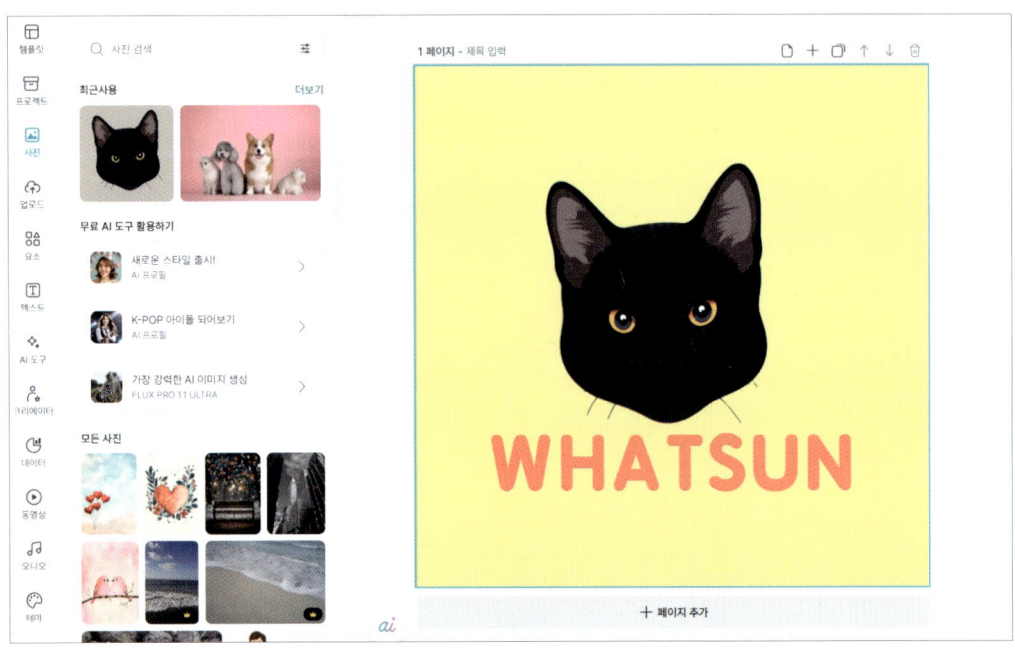

> **hint** '도구 목록'에서 [사진] 클릭 → 검색 란에 '고양이' 검색한 후 무료 이미지 삽입 → '속성' 창에서 [배경 제거] 클릭 → 크기 조절 및 배치

CHAPTER 12 만든 디자인 다운로드하기

POINT

미리캔버스는 저장 버튼을 누르지 않아도 시간이 지나면 자동으로 워크스페이스에 저장이 됩니다. 하지만 내 컴퓨터에 저장하려면 다운로드를 해야 합니다. 여기서는 여러 디자인을 다운로드하는 방법을 알아봅니다.

완성 화면 미리 보기

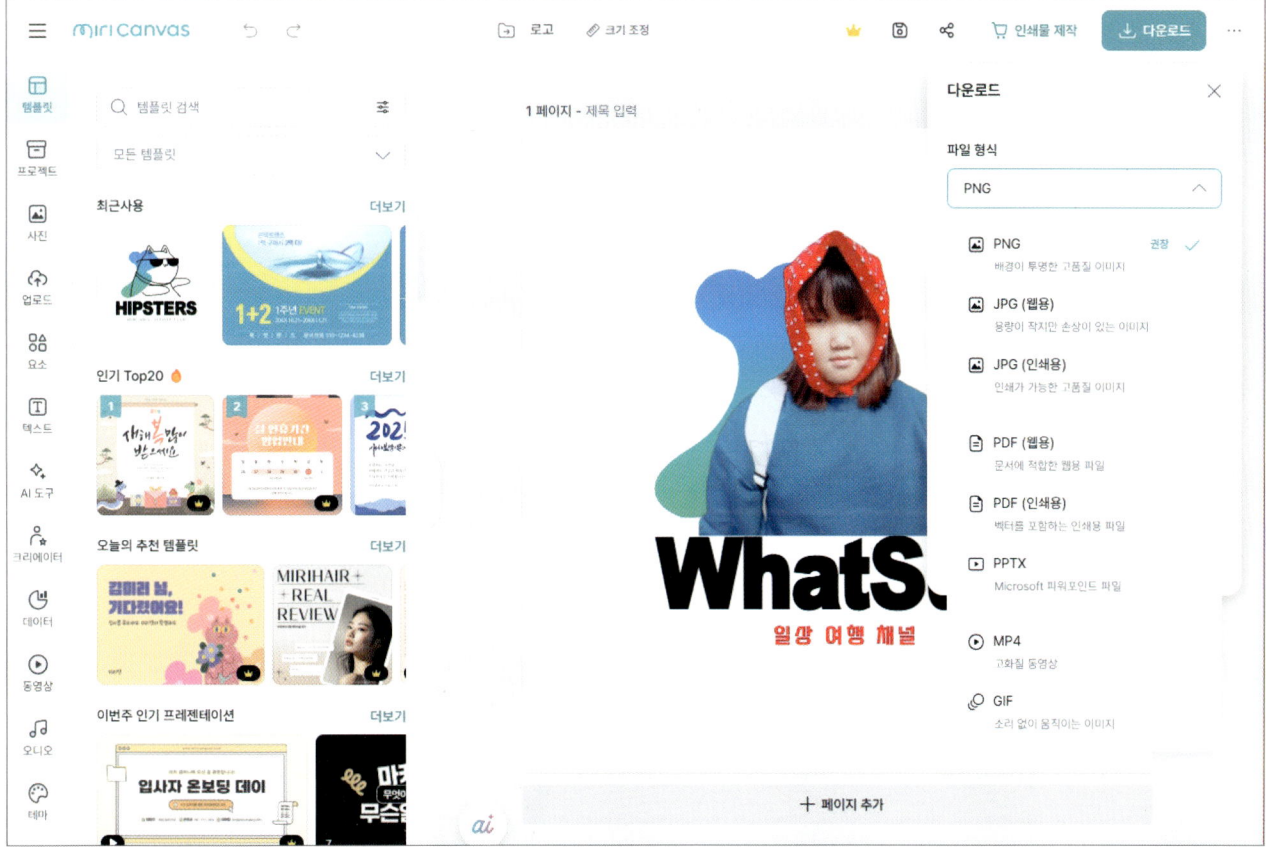

여기서 배워요!

이미지 다운로드하기 / 동영상 다운로드하기

STEP 01 이미지 다운로드하기

01 미리캔버스에 로그인합니다. 워크스페이스에서 내 디자인을 클릭합니다.

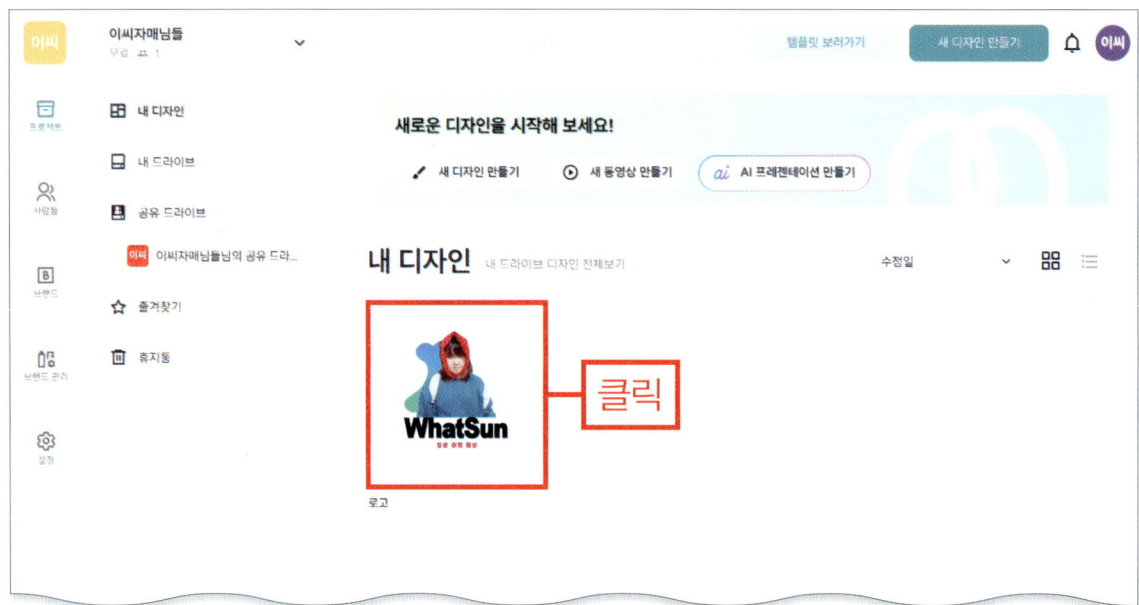

02 편집 화면이 나타나면 오른쪽 상단의 [다운로드] 버튼을 클릭합니다. '파일 형식'에서 [JPG(웹용)]을 클릭합니다.

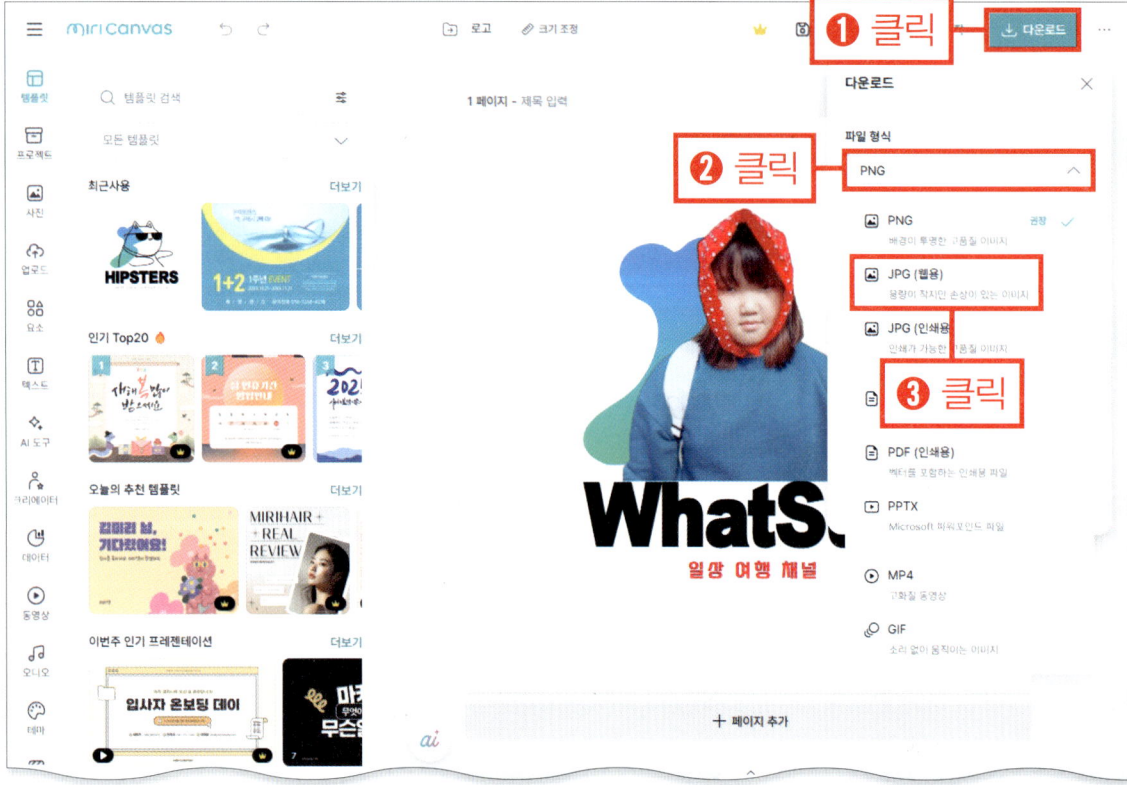

03 [고해상도 다운로드]를 클릭합니다.

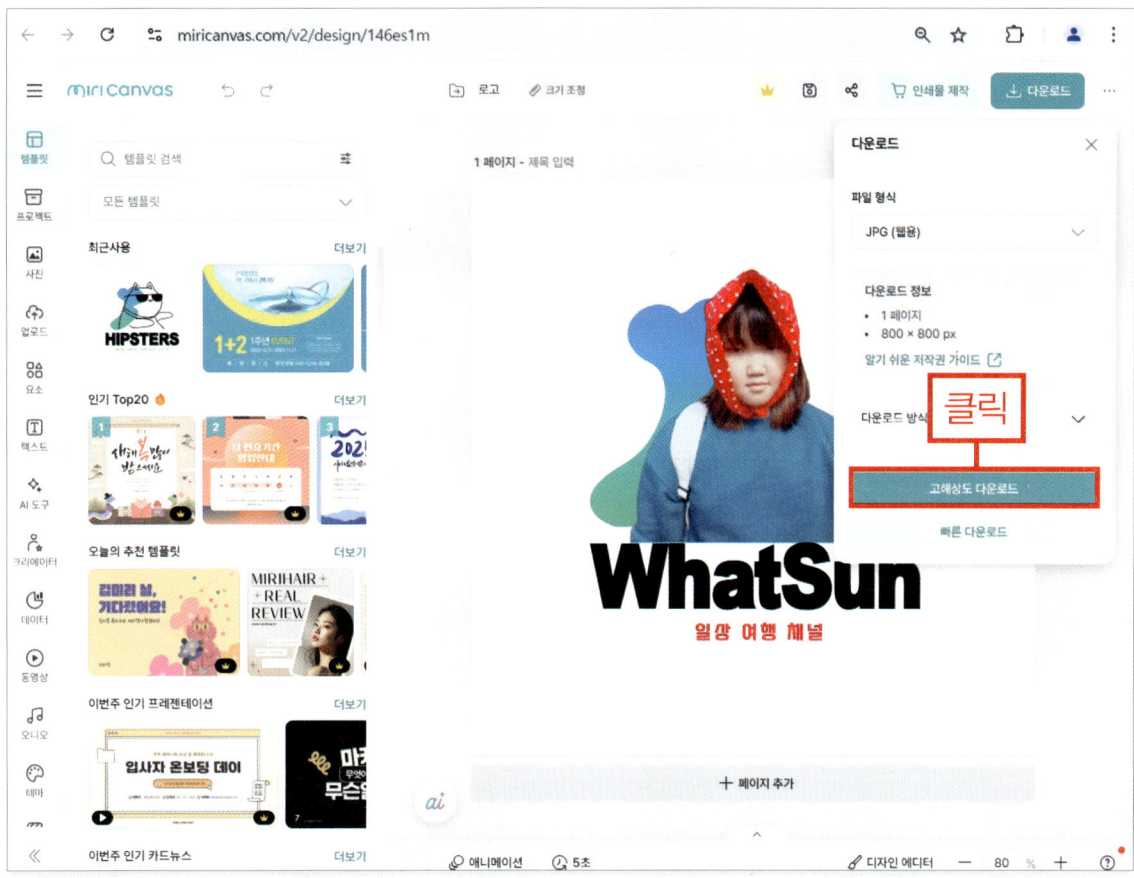

조금 더 배우기

- **고해상도 다운로드** : 크기가 큰 디자인 문서이면서 큰 이미지 포함, 고품질로 다운로드
- **빠른 다운로드** : 크기가 작은 디자인 문서, 빠르고 효율적으로 다운로드

위 사항을 보면 빠른 다운로드를 사용해야 맞겠지만 고해상도가 더 선명하고 해상도가 좋으므로 사용자가 보고 선택하여 다운로드합니다.

04 다운로드 작업 창이 나오면 기다립니다.

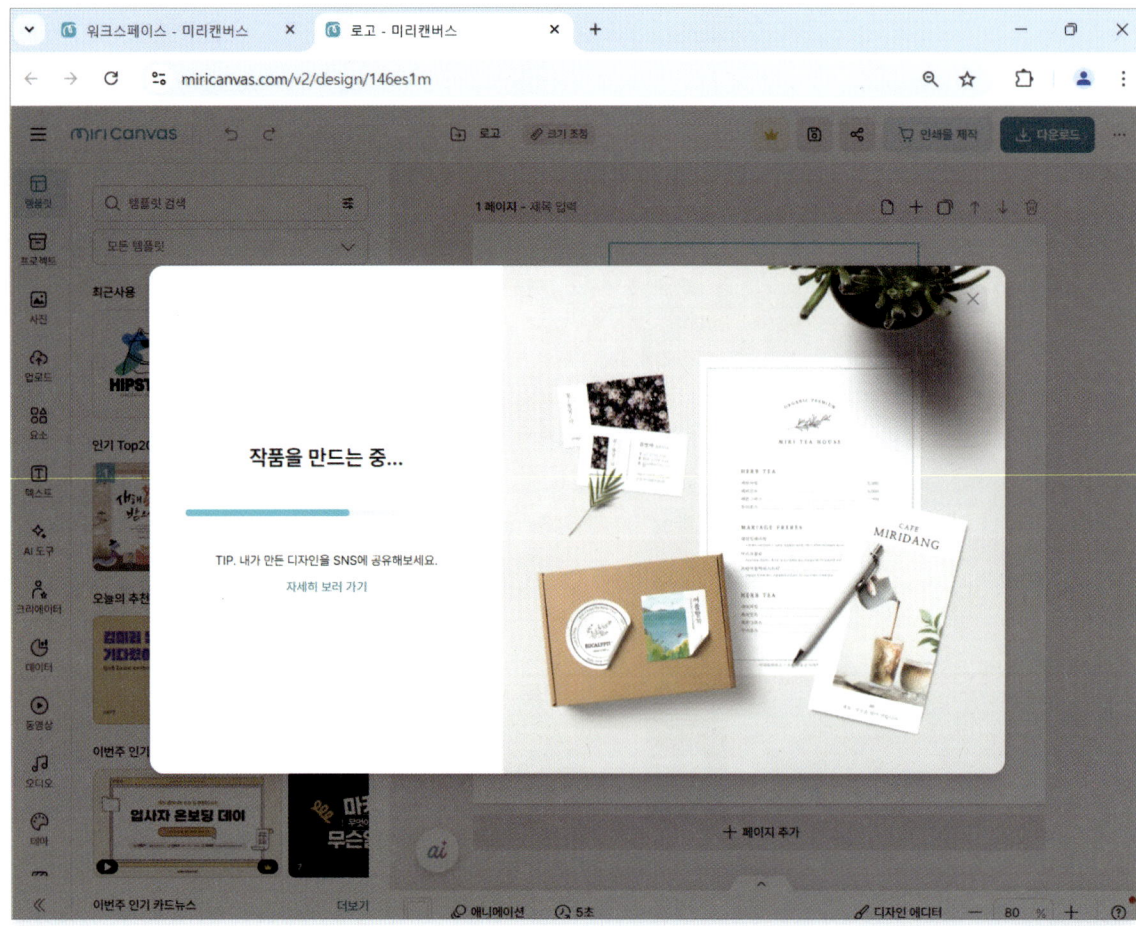

05 '다른 이름으로 저장' 대화상자가 나타나면 위치는 [바탕화면], '파일 이름'은 '채널로고'라고 입력한 후 [저장] 버튼을 클릭합니다.

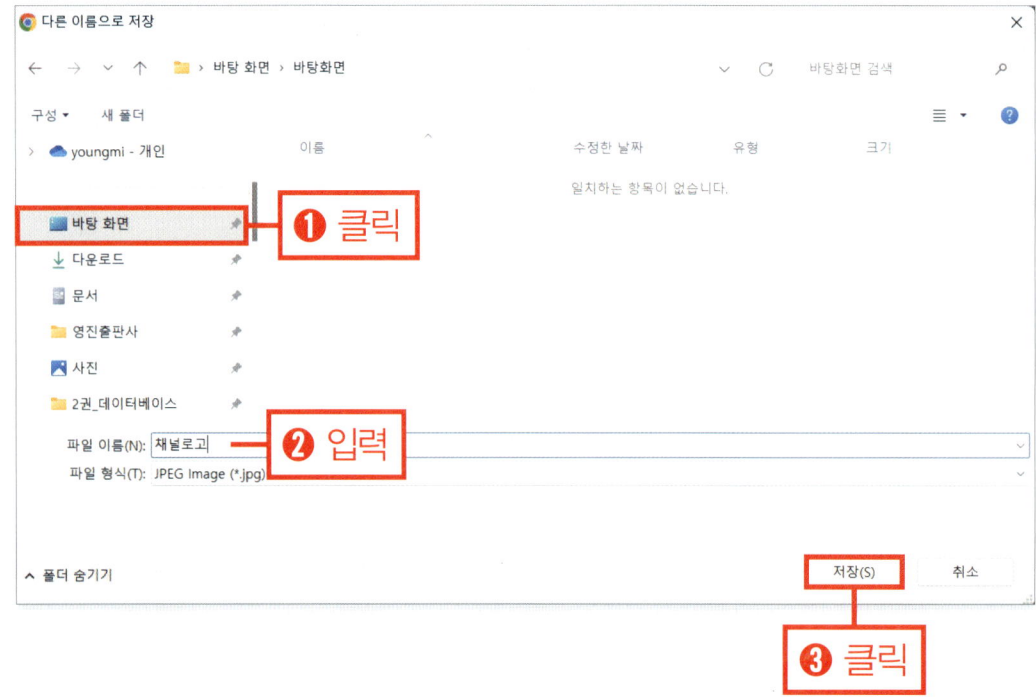

06 저장이 완료되면 광고 창 오른쪽 상단의 [닫기](X) 버튼을 클릭합니다.

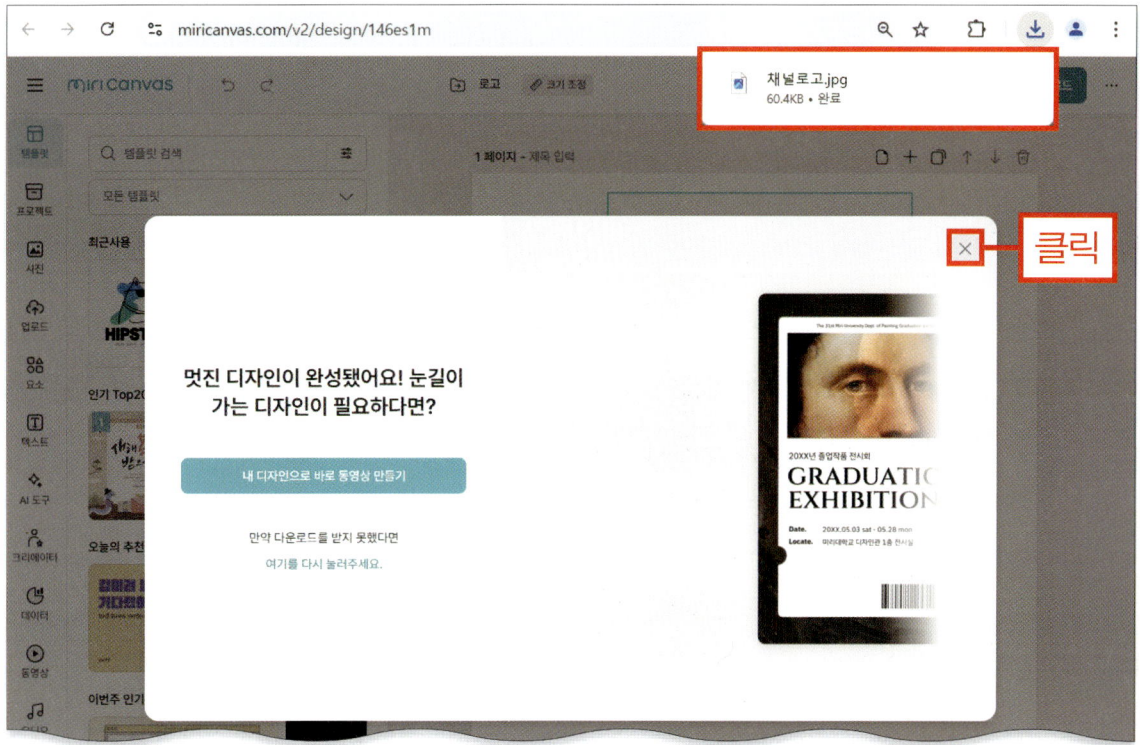

07 저장되었는지 확인하기 위해 바탕화면으로 이동하여 '채널로고.jpg'를 확인합니다.

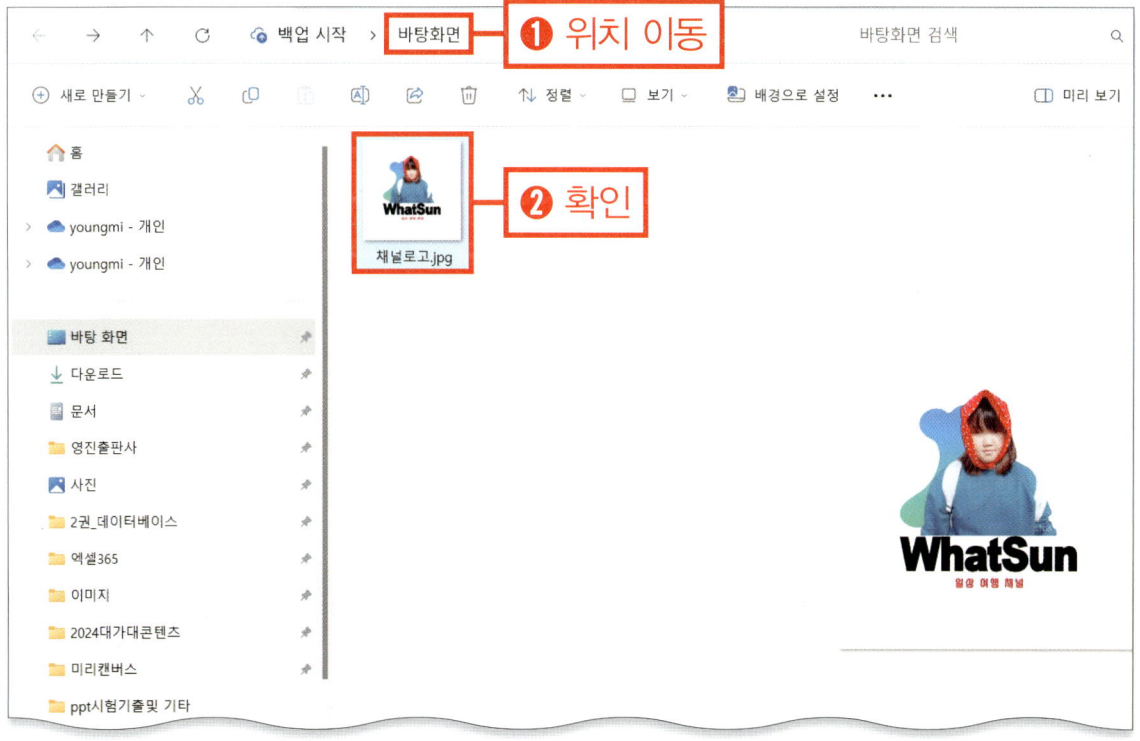

이렇게 만든 채널 로고는 유튜브에서 채널을 만들 때 사용하면 됩니다.

STEP 02 동영상 다운로드하기

01 동영상으로 다운로드하기 위해 7장에서 만든 영상을 배경으로 삽입하도록 하겠습니다. '도구 목록'에서 [동영상]을 클릭한 후 아래와 같이 영상을 삽입합니다.

02 영상의 크기를 변경한 후 '속성' 창에서 [순서]를 클릭한 다음 [맨 뒤로]를 클릭합니다.

03 오른쪽 상단에서 [다운로드] 버튼을 클릭합니다. '파일 형식'을 [mp4]로 선택한 후 [다운로드] 버튼을 클릭합니다.

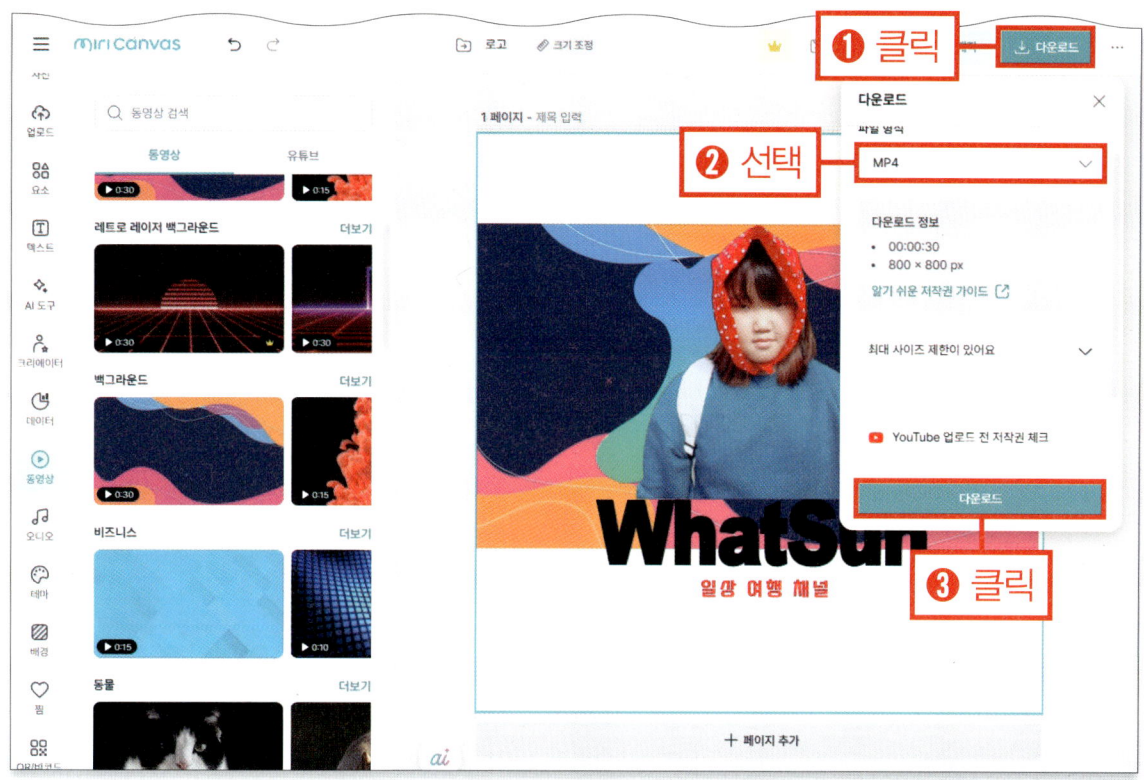

조금 더 배우기

동영상 저장은 하루 7회만 무료로 다운로드 가능합니다.

04 '다른 이름으로 저장' 대화상자가 나타나면 위치는 [바탕화면], '파일 이름'은 '채널로고'라고 입력한 후 [저장] 버튼을 클릭합니다.

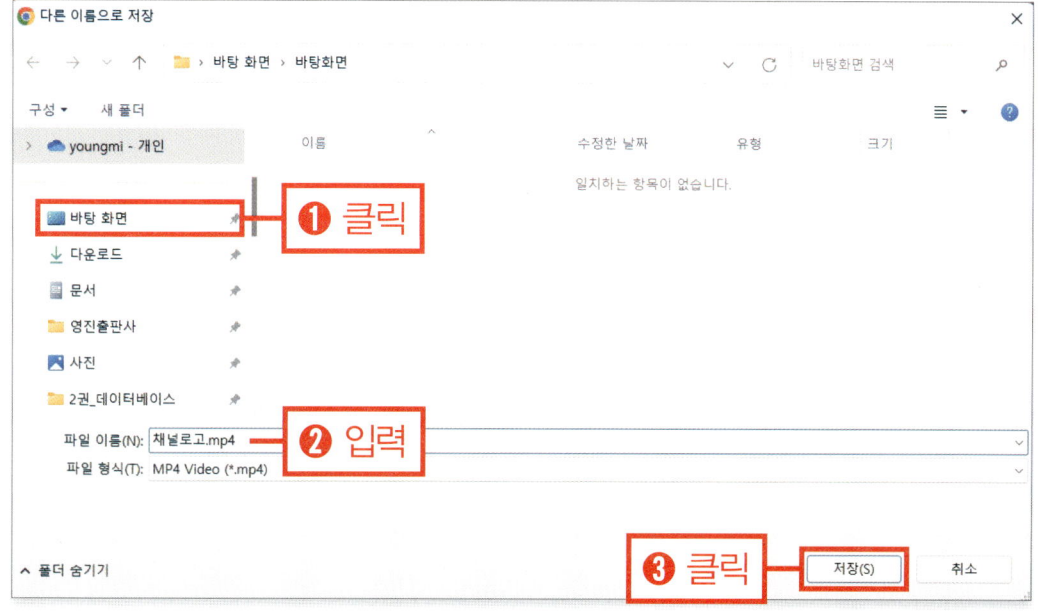

CHAPTER 12 만든 디자인 다운로드하기 | 91

05 저장되었는지 확인하기 위해 바탕화면으로 이동한 후 '채널로고.mp4'를 더블 클릭하여 확인합니다.

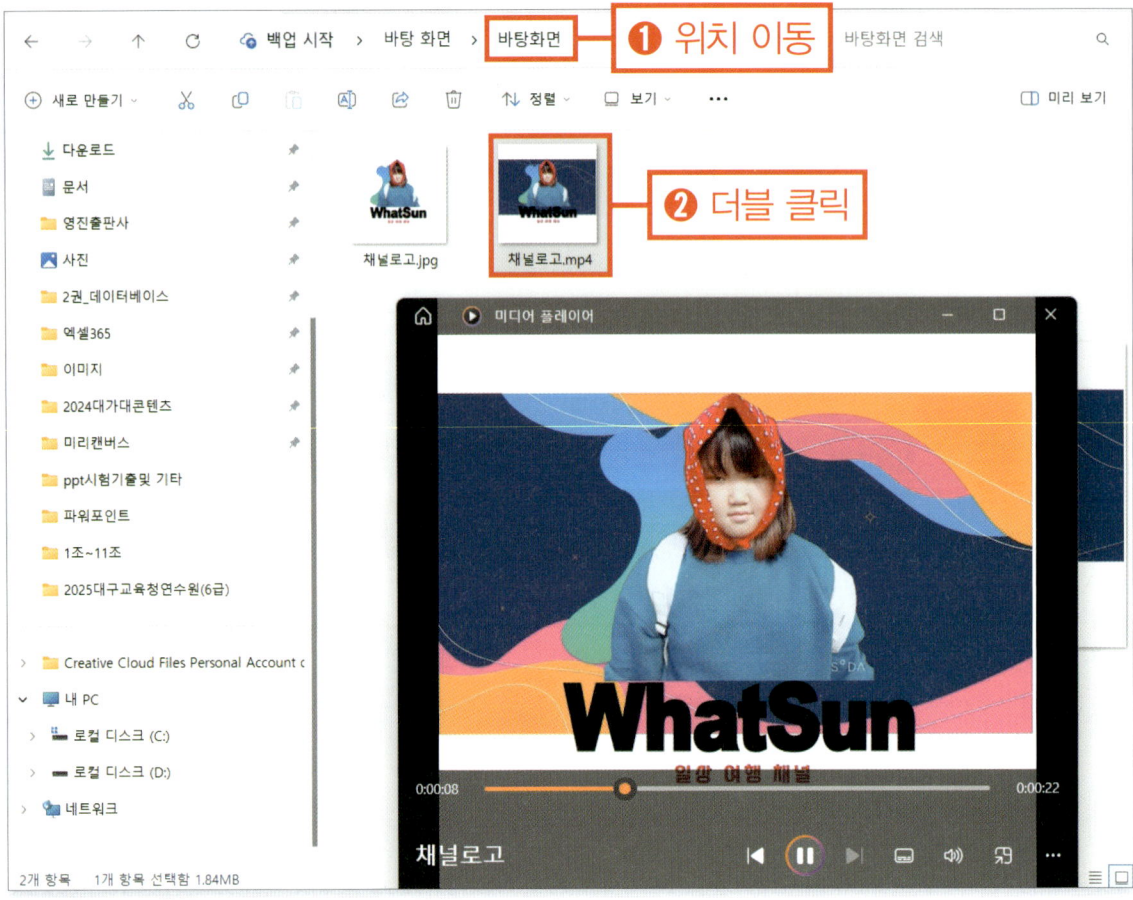

CHAPTER 13 유튜브 섬네일 만들기

POINT

유튜브에서 영상을 시청하기 전 미리 그 영상을 확인하는 작은 이미지를 섬네일이라고 합니다. 시청자들은 이런 섬네일을 보고 영상을 눌러 확인하기 때문에 유튜브에서는 섬네일이 중요한 요소 중 하나입니다. 여기서는 섬네일 만드는 방법을 알아봅니다.

완성 화면 미리 보기

여기서 배워요!

이미지 업로드하기 / 섬네일 만들기 / 섬네일 저장하기

STEP 01 이미지 업로드하기

01 미리캔버스에 로그인합니다. 워크스페이스에서 [새 디자인 만들기] 버튼을 클릭합니다. [유튜브]-[썸네일]을 차례대로 클릭합니다.

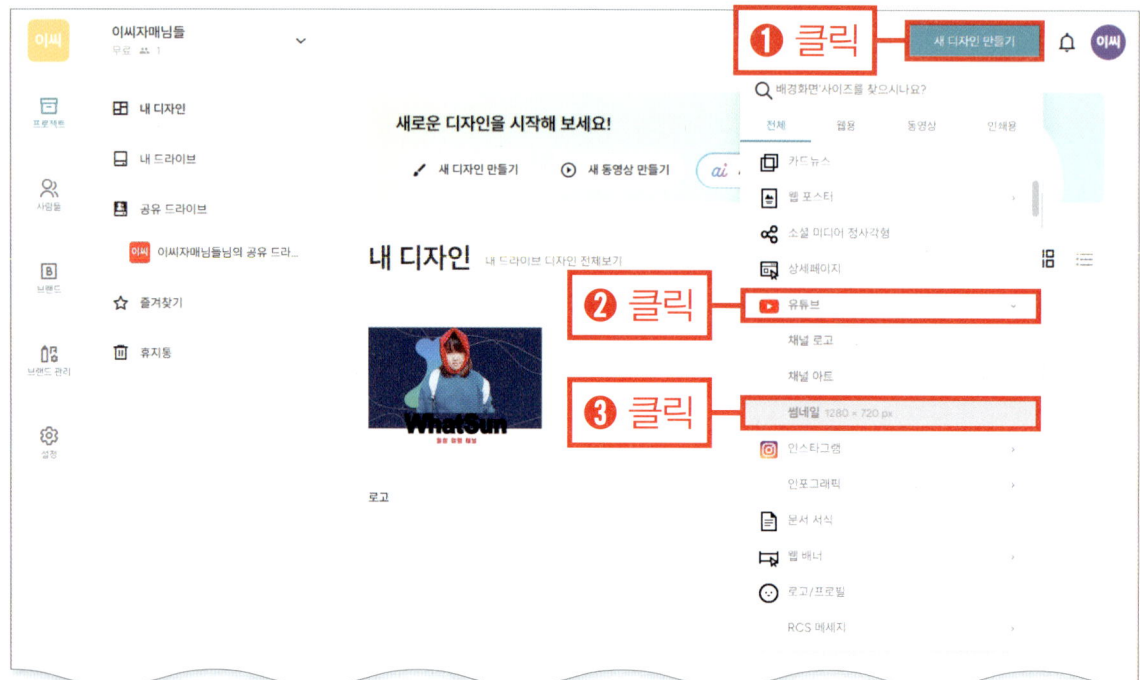

02 '도구 목록'에서 [업로드]를 클릭한 다음 [업로드] 버튼을 클릭합니다.

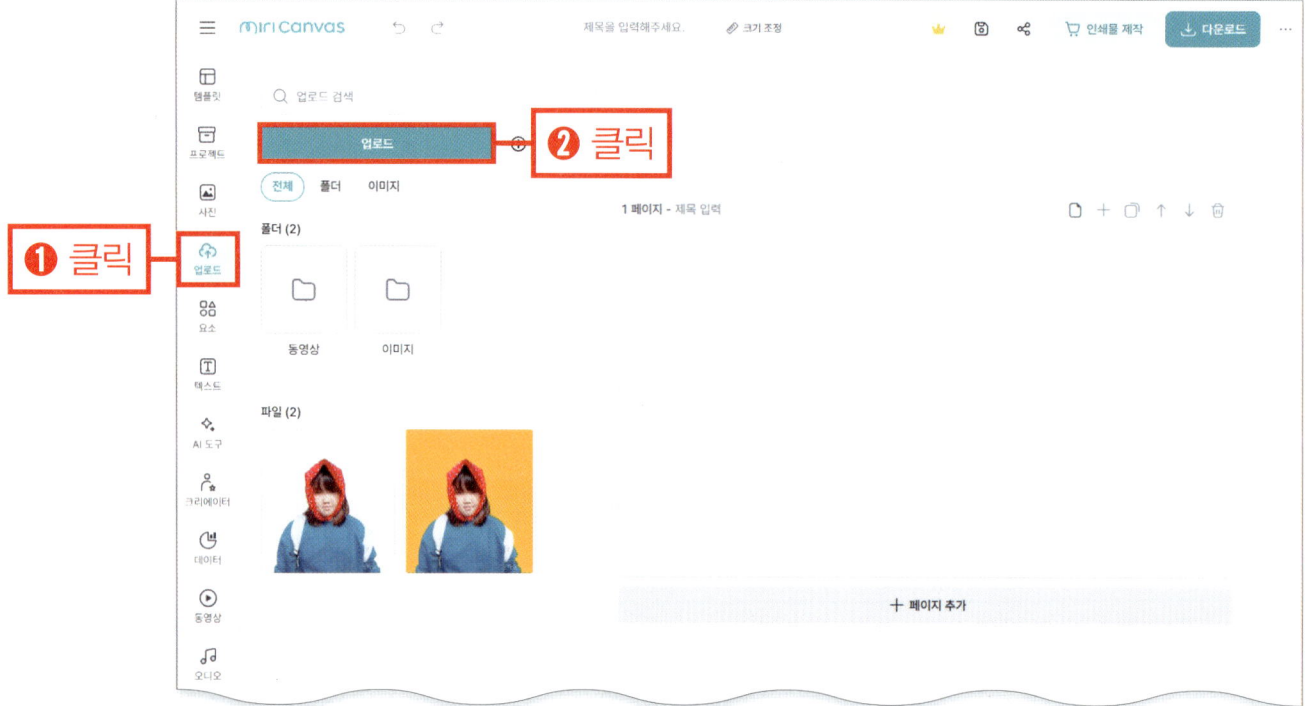

03 '열기' 대화상자가 나타나면 [미리캔버스]-[예제]-[13장]에서 [인도.png]를 클릭한 후 Shift 를 누른 상태로 [인도4.png]를 클릭하고 [열기] 버튼을 클릭합니다.

STEP 02 섬네일 만들기

01 아래와 같은 이미지를 배경으로 지정하기 위해 페이지 화면으로 이미지를 드래그합니다. 마우스 오른쪽 버튼을 누른 후 [배경으로 만들기]를 클릭합니다.

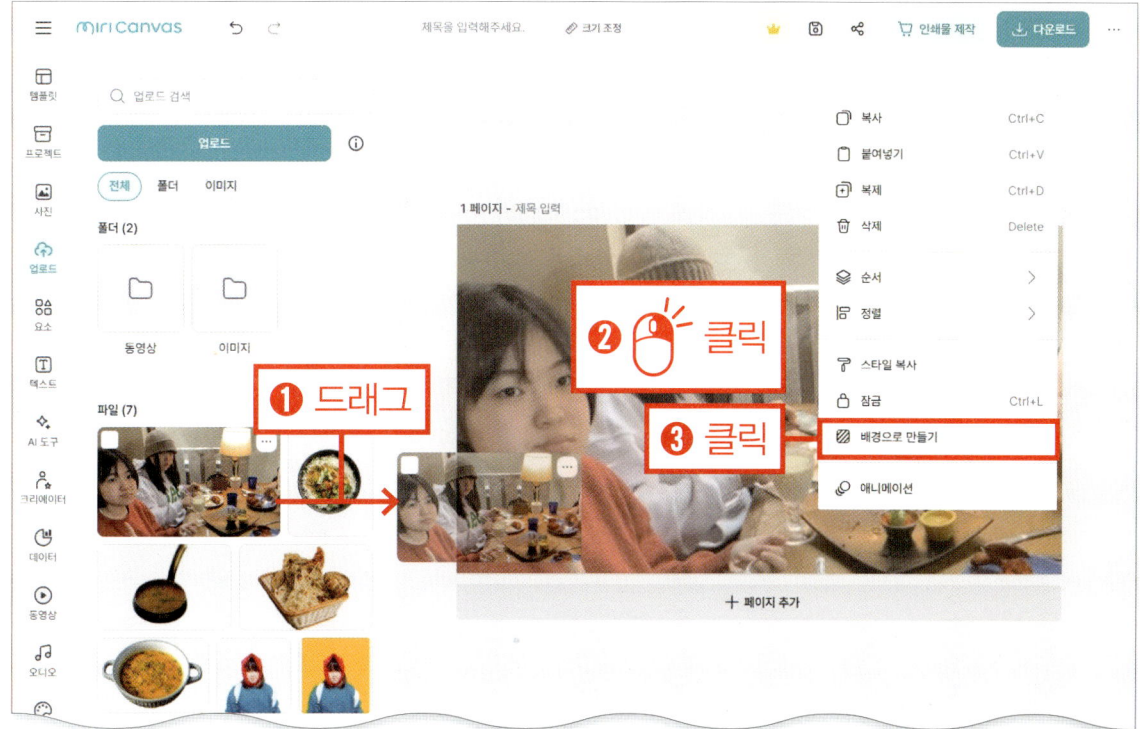

02 배경으로 지정된 이미지를 클릭한 후 [배경 편집]을 클릭합니다. [필터]의 [더보기]를 클릭합니다.

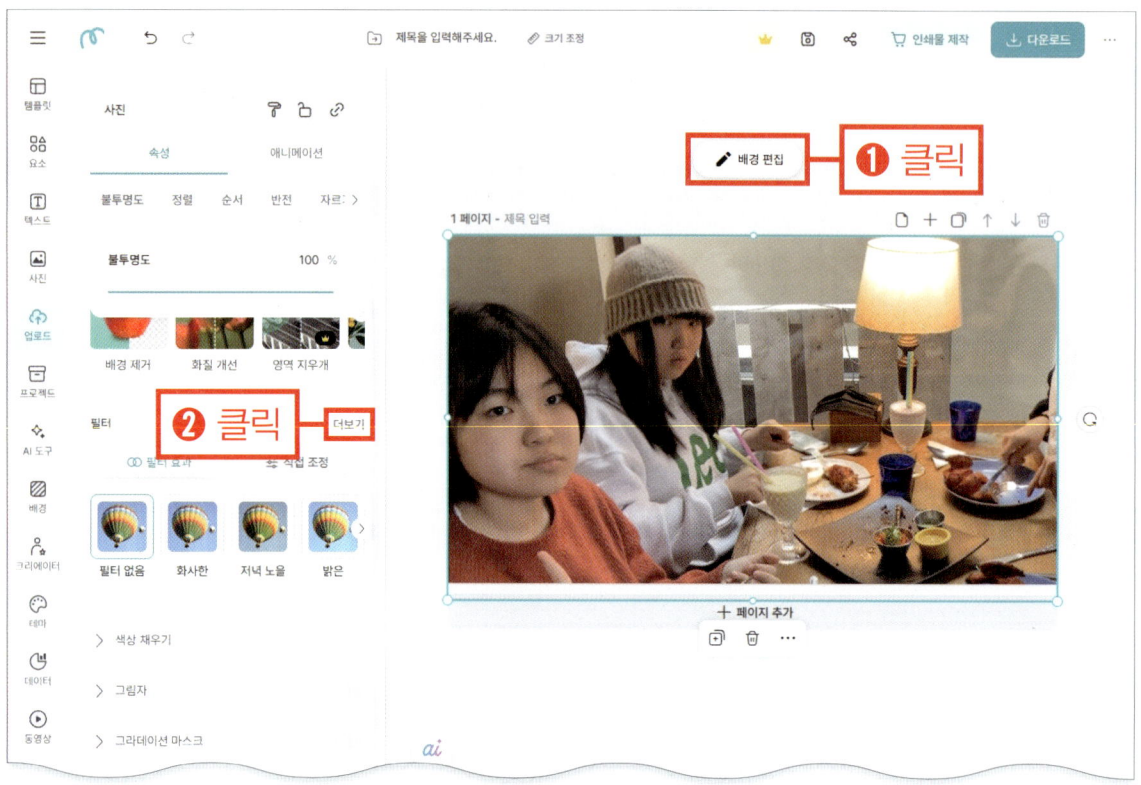

03 배경 이미지를 조금 더 선명하게 하기 위해 [대비]를 클릭합니다.

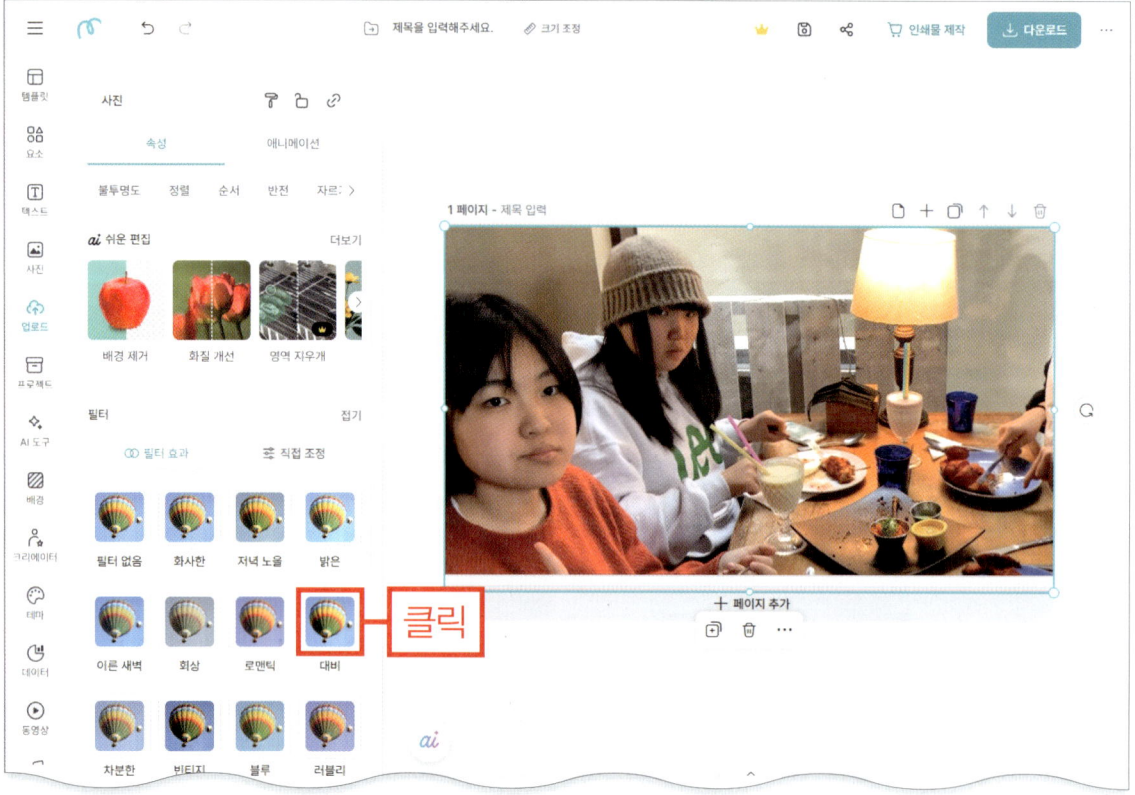

04 배경에 테두리를 넣기 위해 '도구 목록'에서 [요소]를 클릭합니다. [도형]을 클릭한 후 '기본 도형'에서 [사각형] 모양을 클릭합니다.

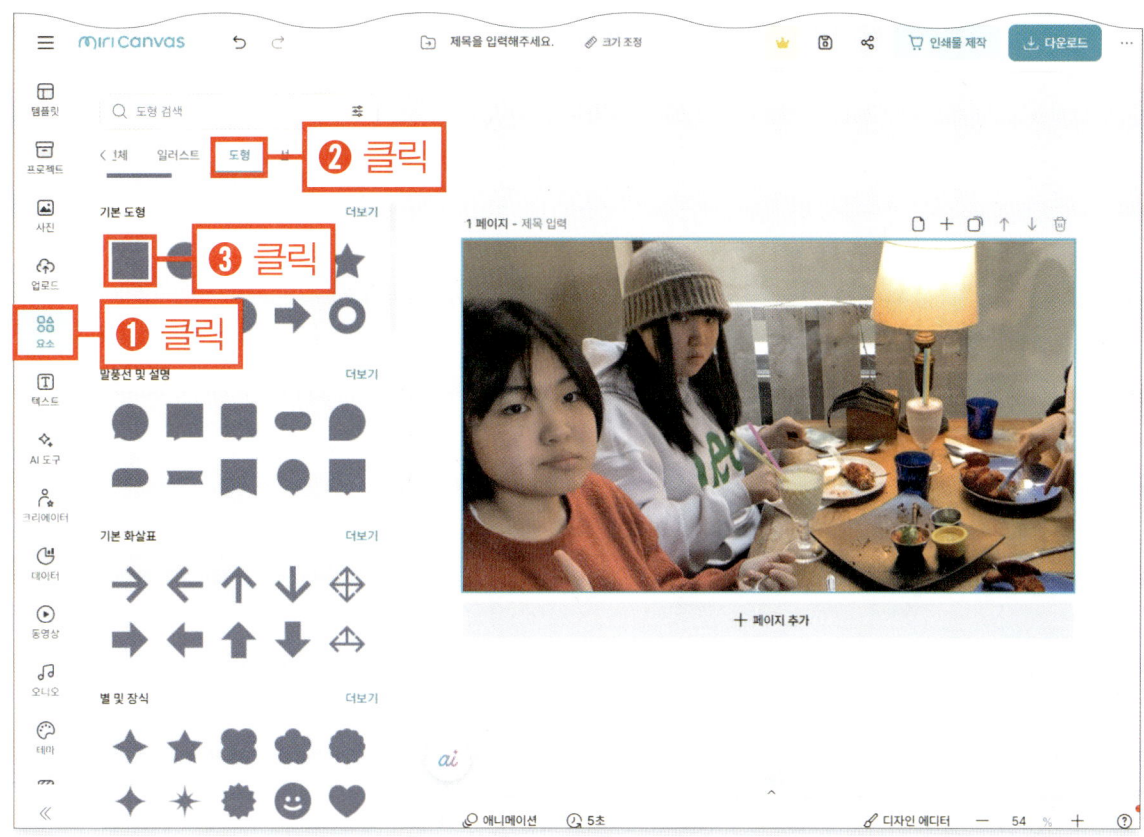

05 보기와 같이 조절점을 이용하여 페이지 화면과 동일하게 조절합니다.

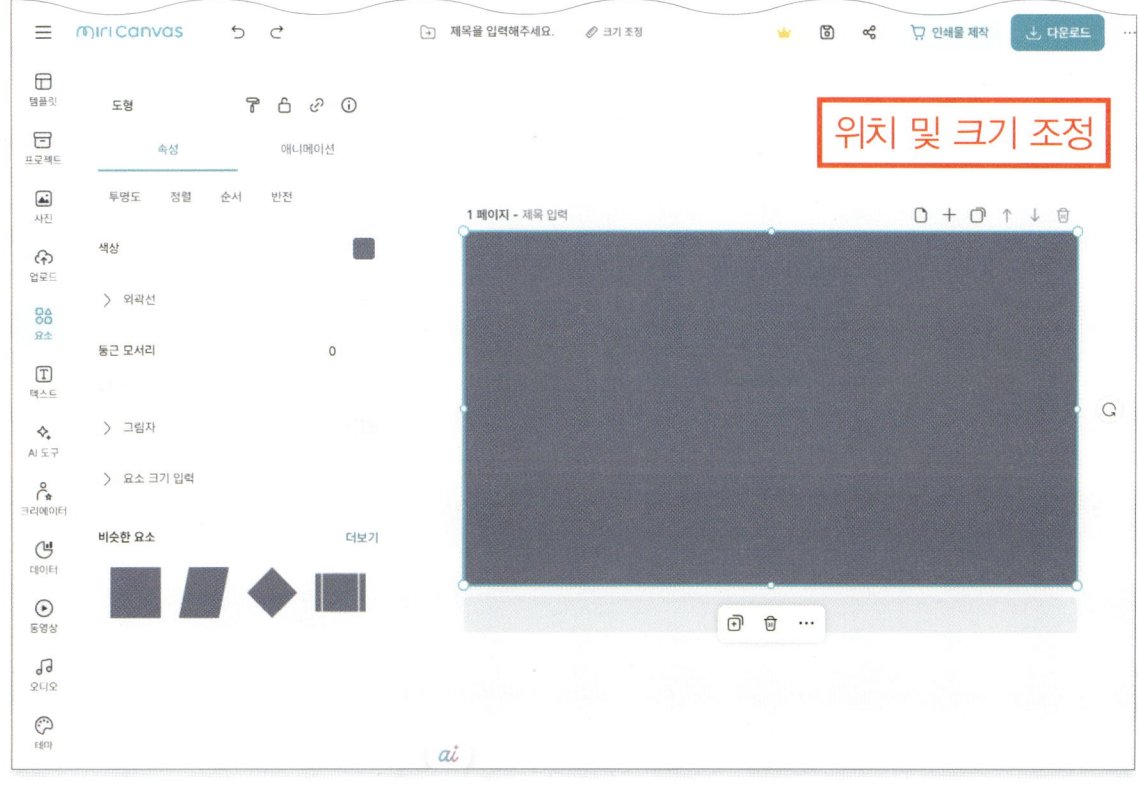

06 [색상]을 클릭한 후 '기본 팔레트'에서 [색 없음] 버튼을 클릭합니다. [닫기] (☒) 버튼을 클릭합니다.

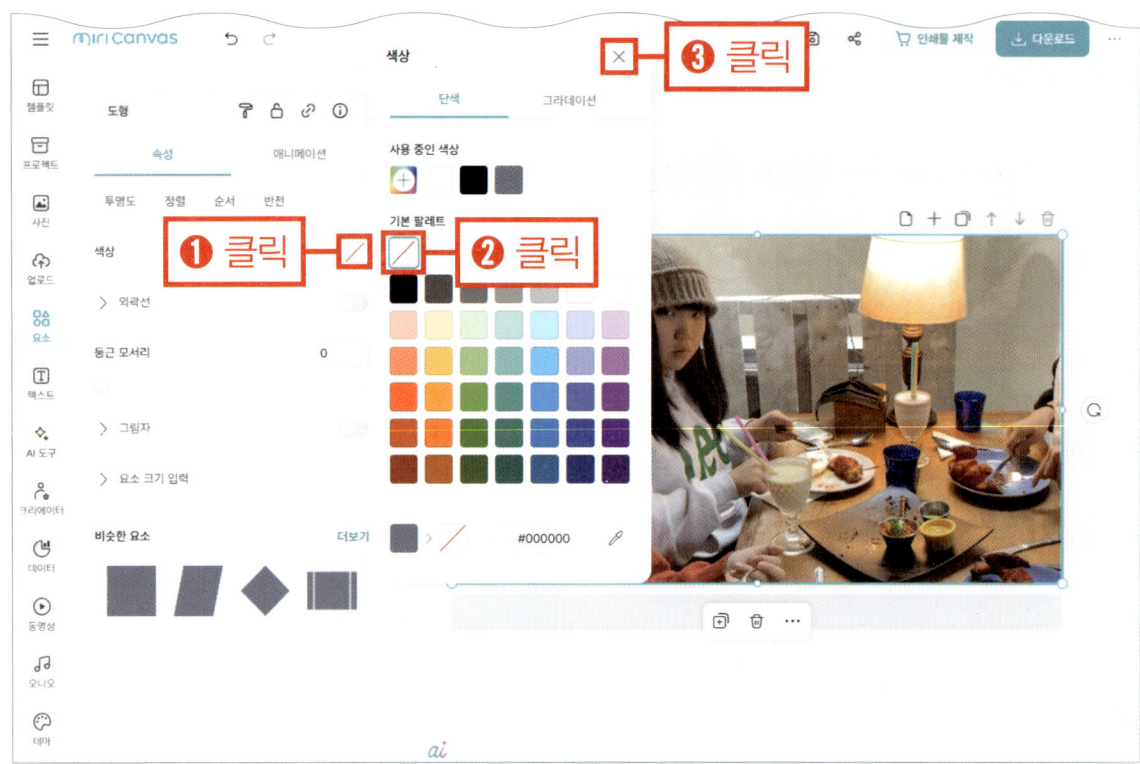

07 [외곽선]을 클릭한 다음 원하는 색상을 선택합니다. 두께는 '30'으로 지정합니다.

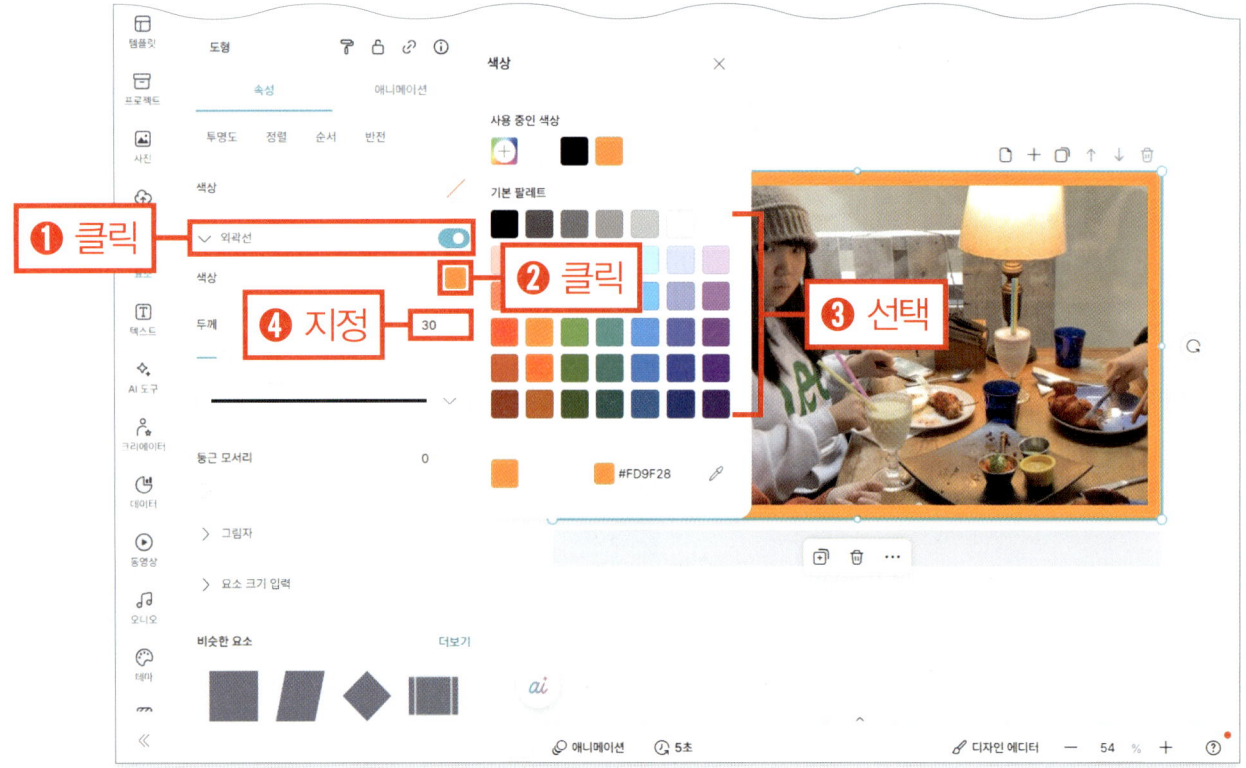

08 '도구 목록'에서 [업로드]를 클릭합니다. 아래와 같이 그림을 드래그하여 배치합니다.

09 나머지 이미지도 아래와 같이 배치한 후 조절점을 이용하여 크기를 조절합니다.

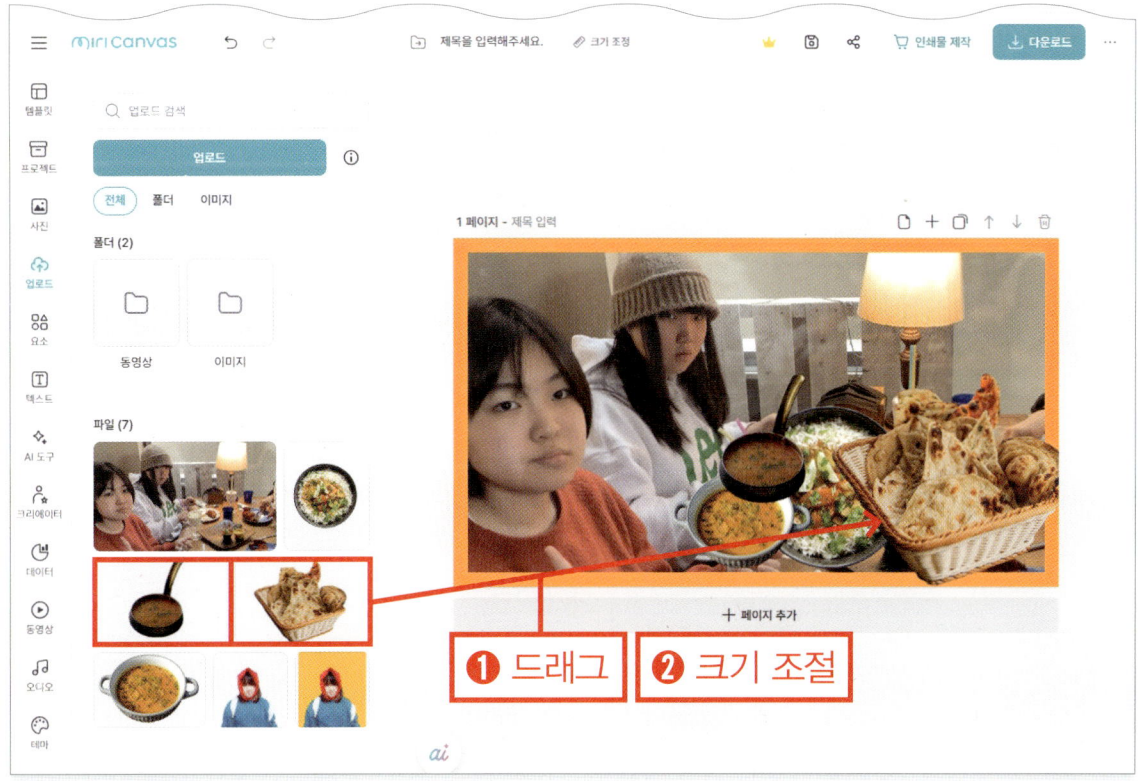

10 테두리가 입혀진 사각형을 클릭한 후 '속성' 창에서 [순서]를 클릭합니다. [맨 앞으로]를 클릭합니다.

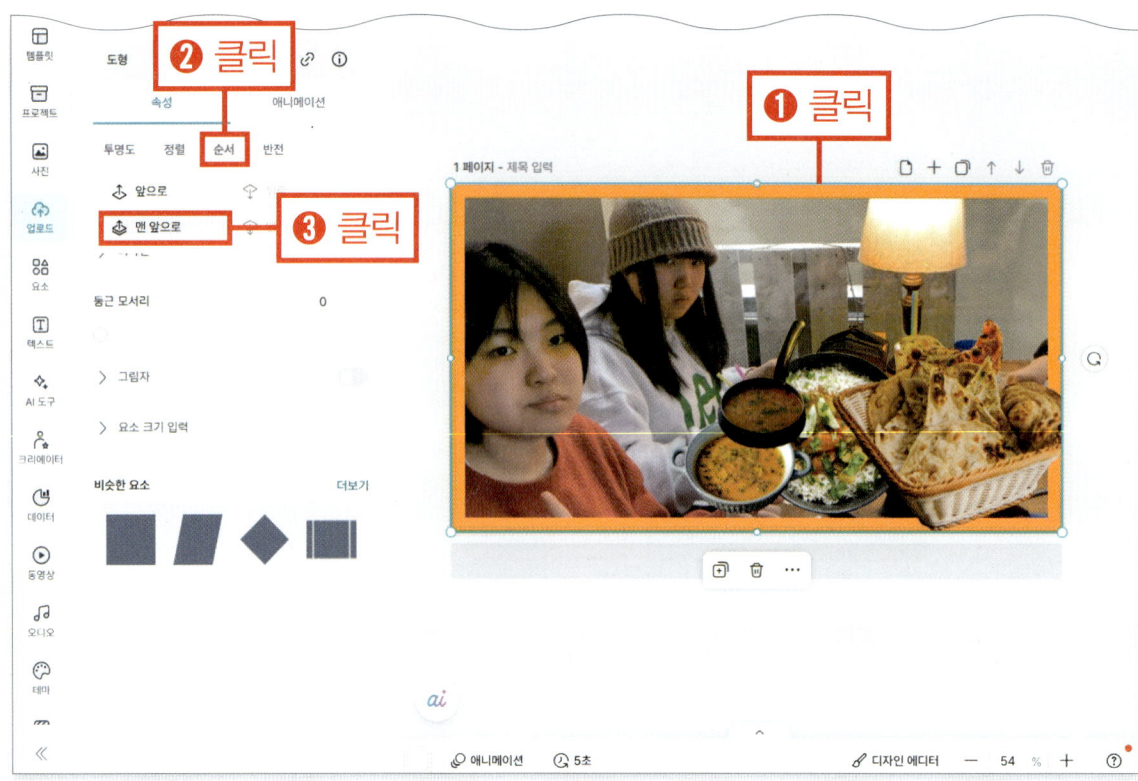

11 '도구 목록'에서 [텍스트]를 클릭한 다음 '로고/타이틀'에서 [더보기]를 클릭합니다. 아래와 같은 글자 포맷을 클릭하여 삽입합니다.

12 위치를 적절하게 이동시킨 후 글자의 그룹을 해제하기 위해 글자 위에서 마우스 오른쪽 버튼을 누른 다음 [그룹해제]를 클릭합니다.

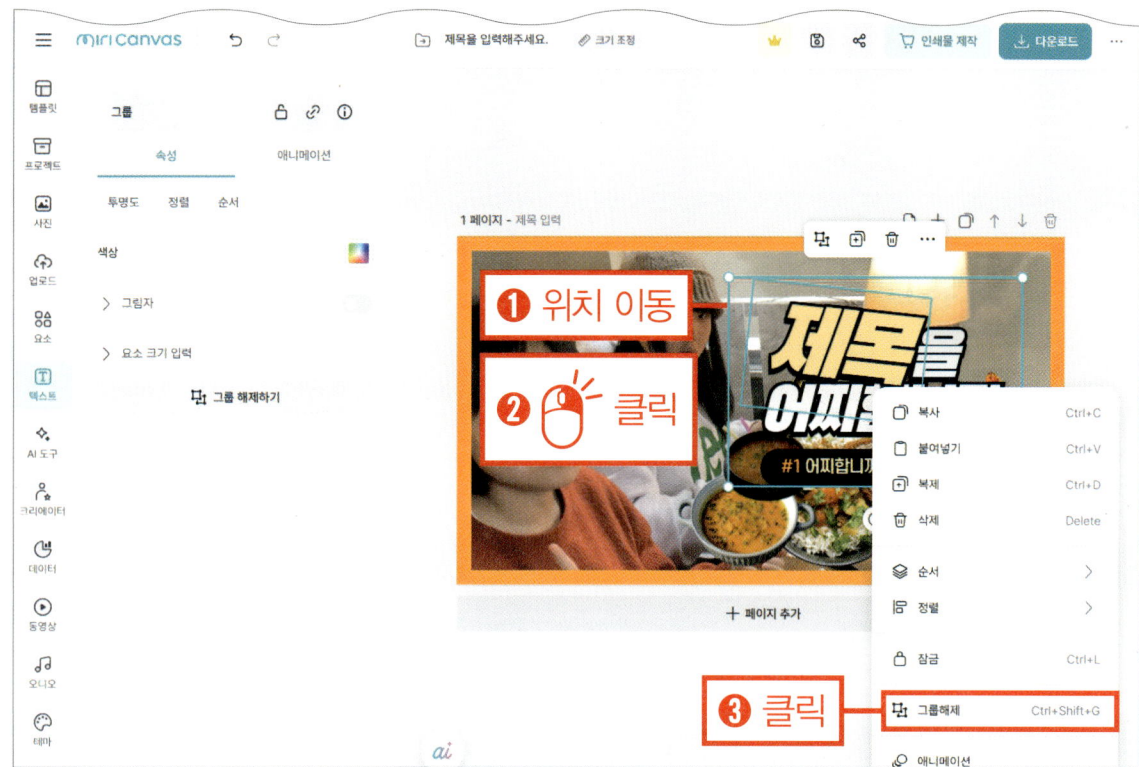

13 아래와 같이 글자를 더블 클릭하여 수정한 후 크기와 위치를 조절합니다.

14 '인도음식' 글자를 클릭한 후 [글자색]을 클릭합니다. [그라데이션] 탭을 클릭한 후 '기본 팔레트'에서 마음에 드는 색을 선택합니다. [닫기](×) 버튼을 클릭합니다.

STEP 03 썸네일 저장하기

01 상단의 [제목을 입력해주세요.]를 클릭한 후 '썸네일'이라고 입력한 다음 [저장](💾) 버튼을 눌러 워크스페이스에 저장합니다.

02 작성한 디자인을 다운로드하기 위해 오른쪽 상단의 [다운로드] 버튼을 클릭합니다. '파일 형식'은 [JPG(웹용)]으로 선택한 후 [빠른 다운로드] 버튼을 클릭합니다.

03 '다른 이름으로 저장' 대화상자가 나타나면 위치는 [바탕화면], '파일 이름'은 썸네일.jpg'로 입력한 후 [저장] 버튼을 클릭합니다.

04 저장되었는지 확인하기 위해 바탕화면으로 이동한 후 [썸네일.jpg]를 더블 클릭하여 확인합니다.

혼자서도 만들 수 있어요!

1 이미지와 도형을 이용하여 배경을 만들어 보세요.

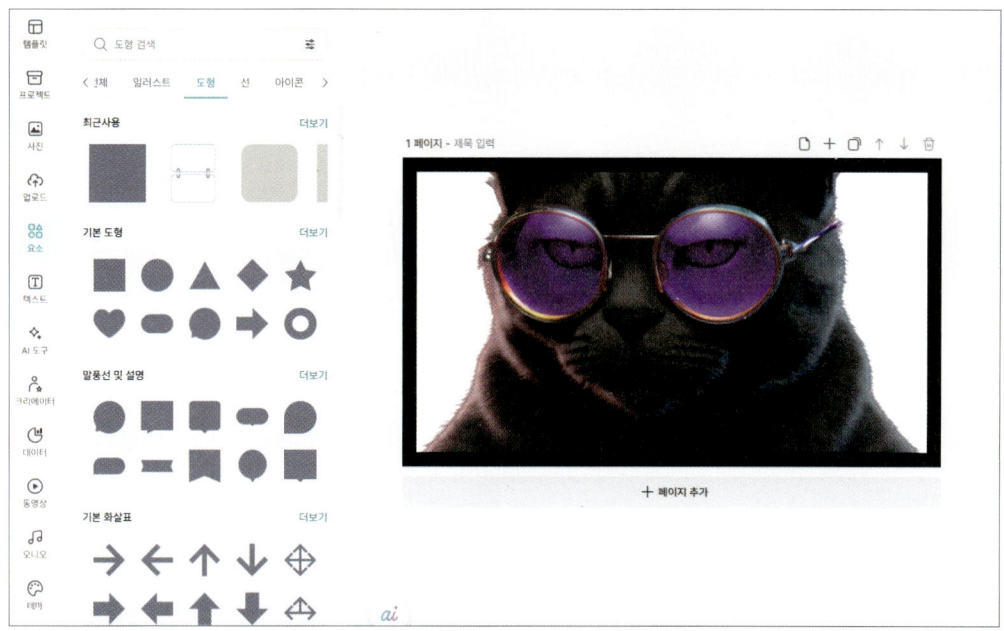

> **hint** 워크스페이스에서 [새 디자인 만들기] 버튼을 클릭한 후 [유튜브]-[썸네일]을 클릭 → 도구 목록에서 [사진]을 클릭하고 검색 란에 '고양이'를 검색한 후 배경에 넣을 이미지를 배경으로 드래그 → 상단에 [배경 편집] 버튼 클릭 → 도구 목록에서 [요소]를 클릭하고 '도형'에서 [사각형] 클릭 → 배경 없애고 테두리 두께 '33'으로 지정

2 텍스트와 이미지를 이용하여 섬네일을 완성해 보세요.

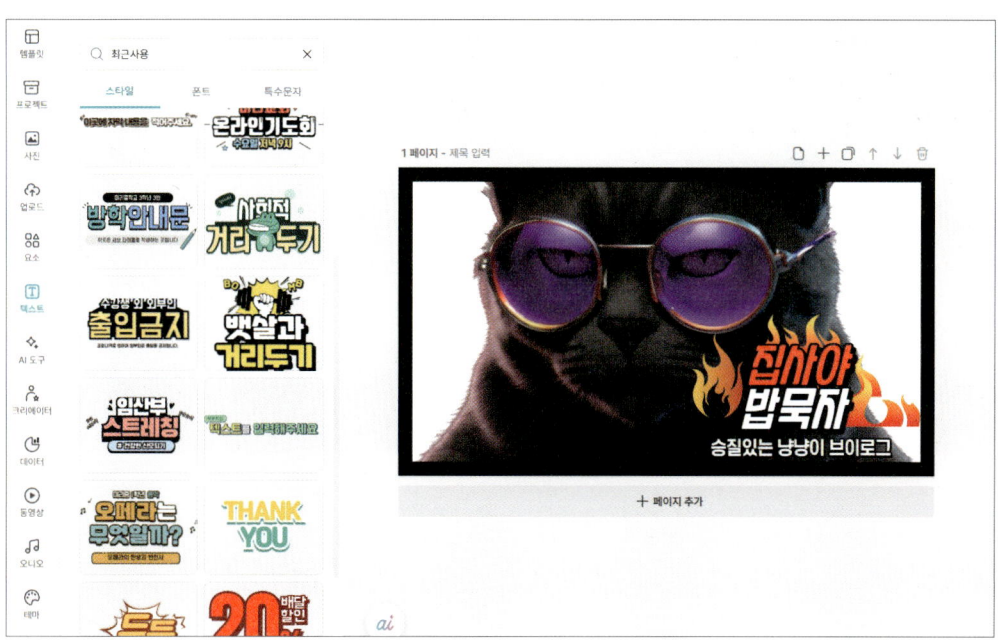

> **hint** 도구 목록에서 [텍스트]를 클릭한 다음 '로고/타이틀'에서 [더보기] 클릭 → 위와 같은 디자인 클릭 → 글자 더블 클릭하여 수정한 후 배치

CHAPTER

14 카드 뉴스 만들기

POINT

카드 뉴스는 정보를 카드 형태로 간단하고 시각적으로 전달하는 콘텐츠 형식입니다. 주로 이미지와 짧은 텍스트로 구성되며, SNS에서 많이 사용됩니다. 여기서는 카드 뉴스를 간단히 만들어 봅니다.

▌완성 화면 미리 보기

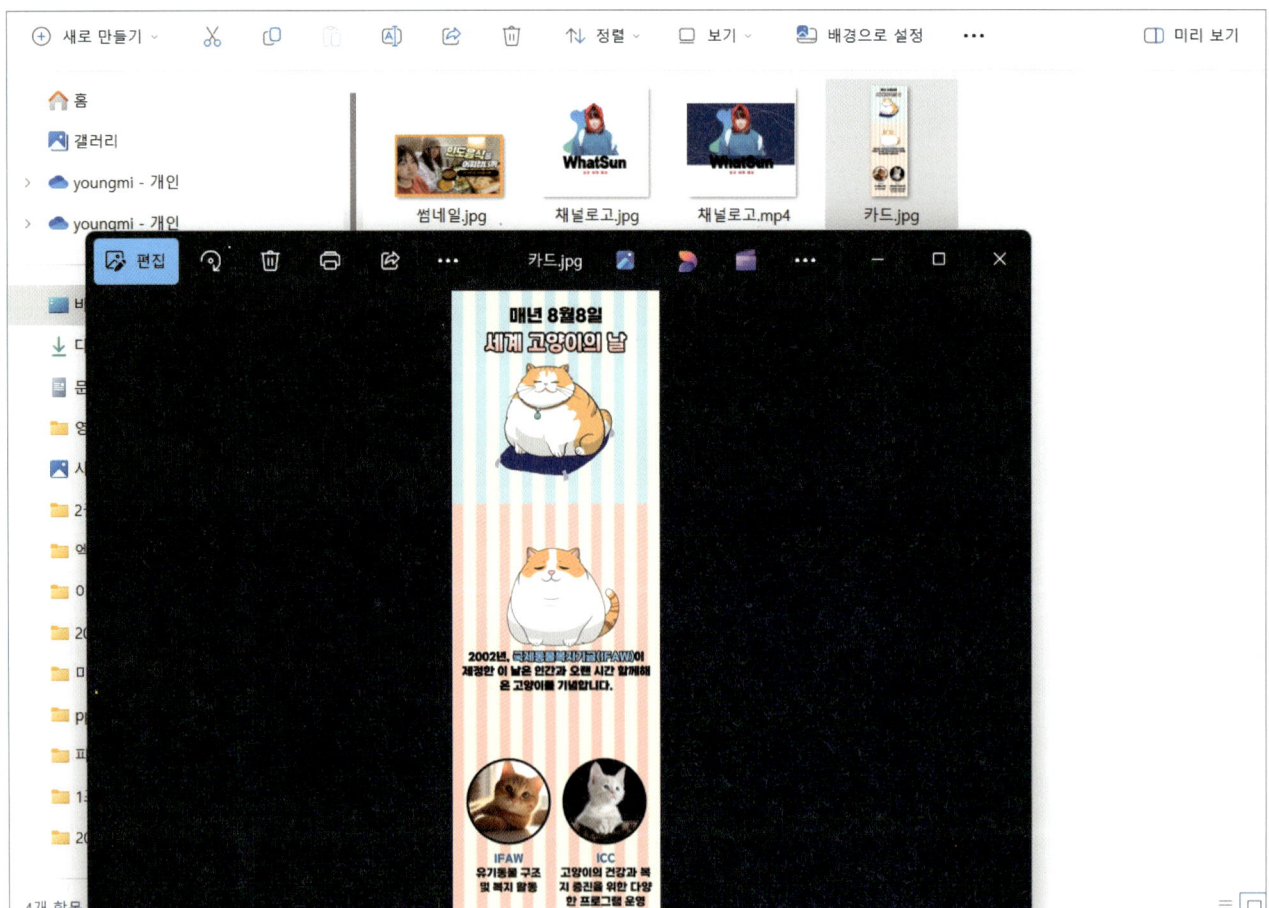

▌여기서 배워요!

카드 뉴스 만들기 / 저장하기

STEP 01 카드 뉴스 만들기

01 워크스페이스에서 [새 디자인 만들기] 버튼을 클릭한 후 [카드뉴스]를 클릭합니다.

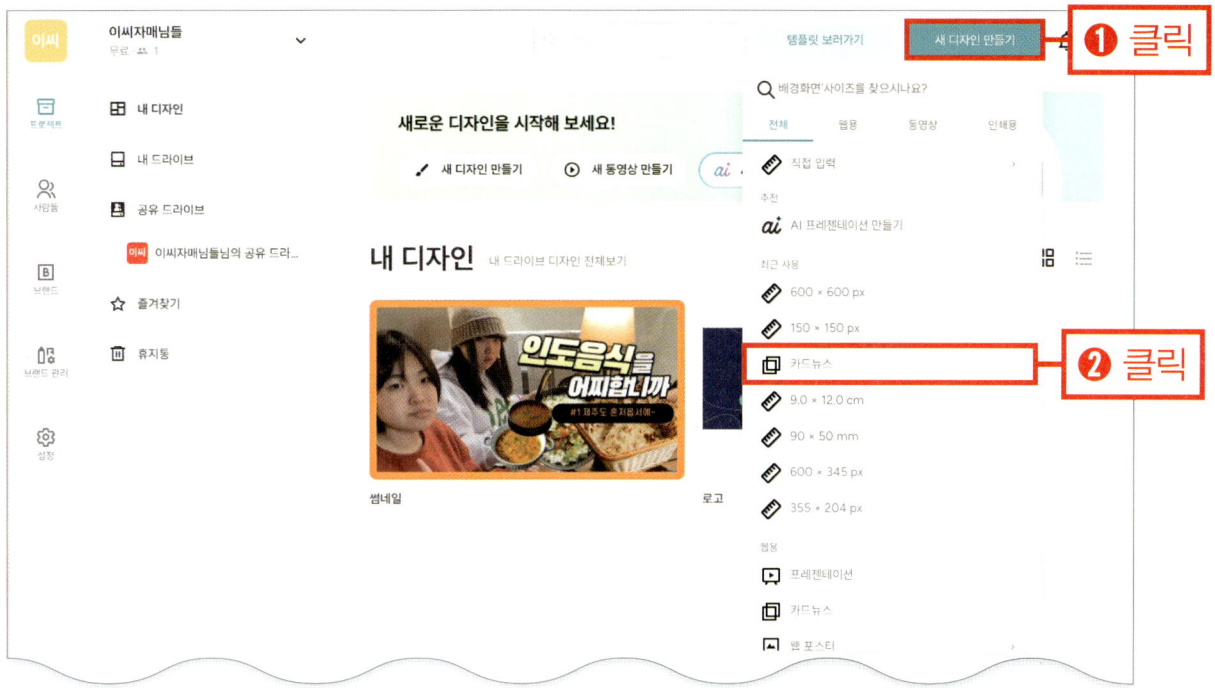

02 '도구 목록'에서 [배경]을 클릭한 다음 [패턴] 탭을 클릭합니다. '줄무늬 패턴'에서 [더보기]를 클릭합니다.

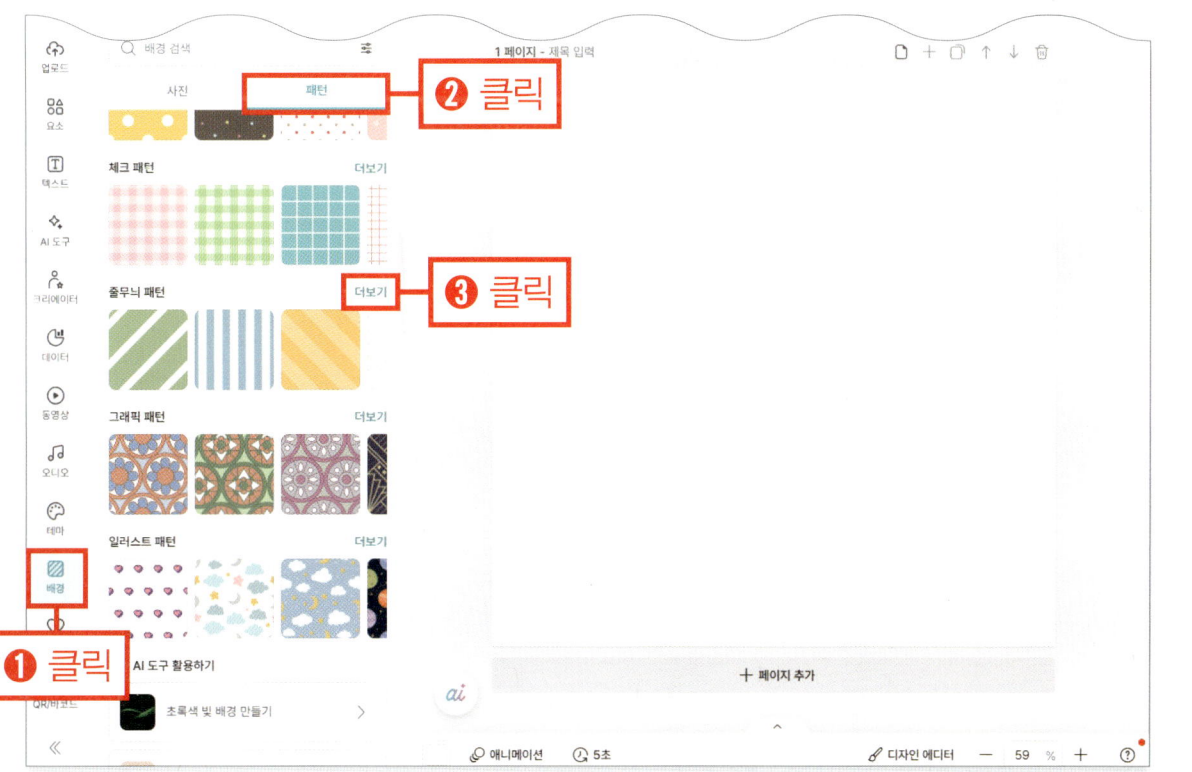

CHAPTER 14 카드 뉴스 만들기 | 107

03 원하는 줄무늬 패턴을 클릭합니다.

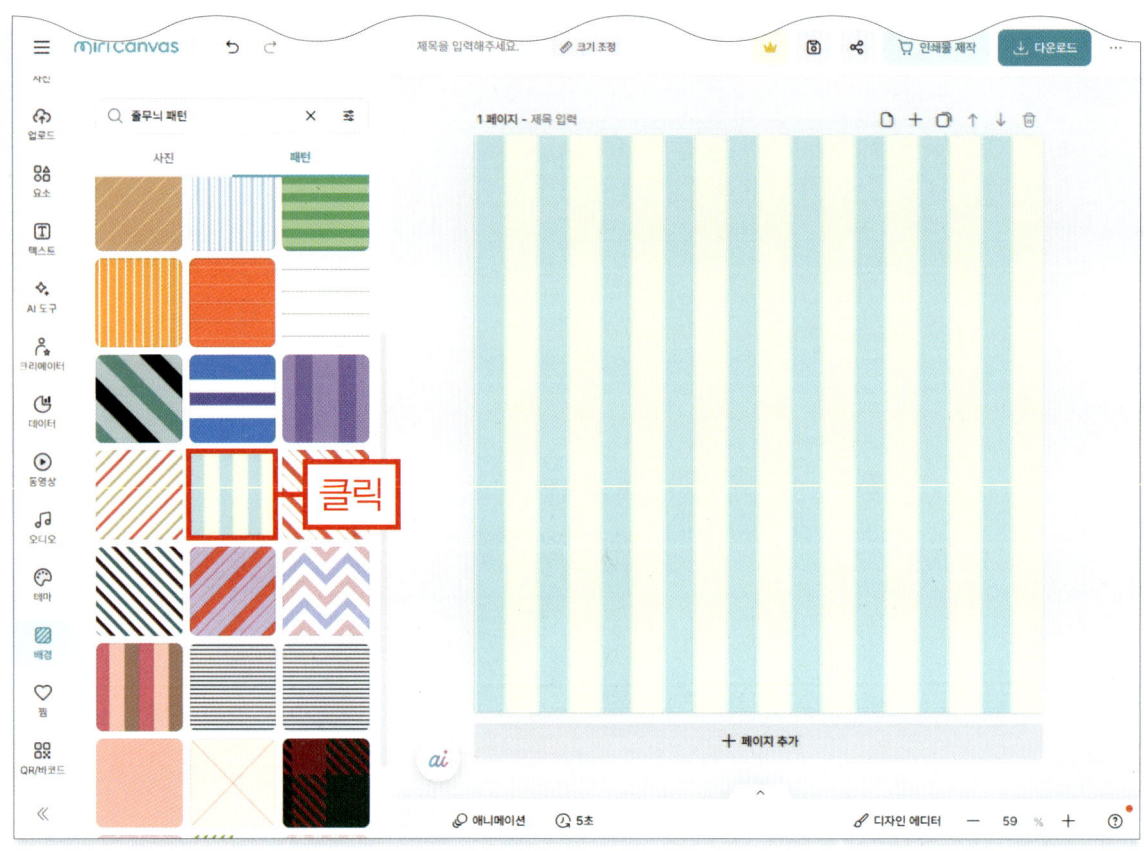

04 '도구 목록'에서 [요소]를 클릭합니다. 검색 창에서 '고양이'를 검색한 후 원하는 이미지를 클릭합니다.

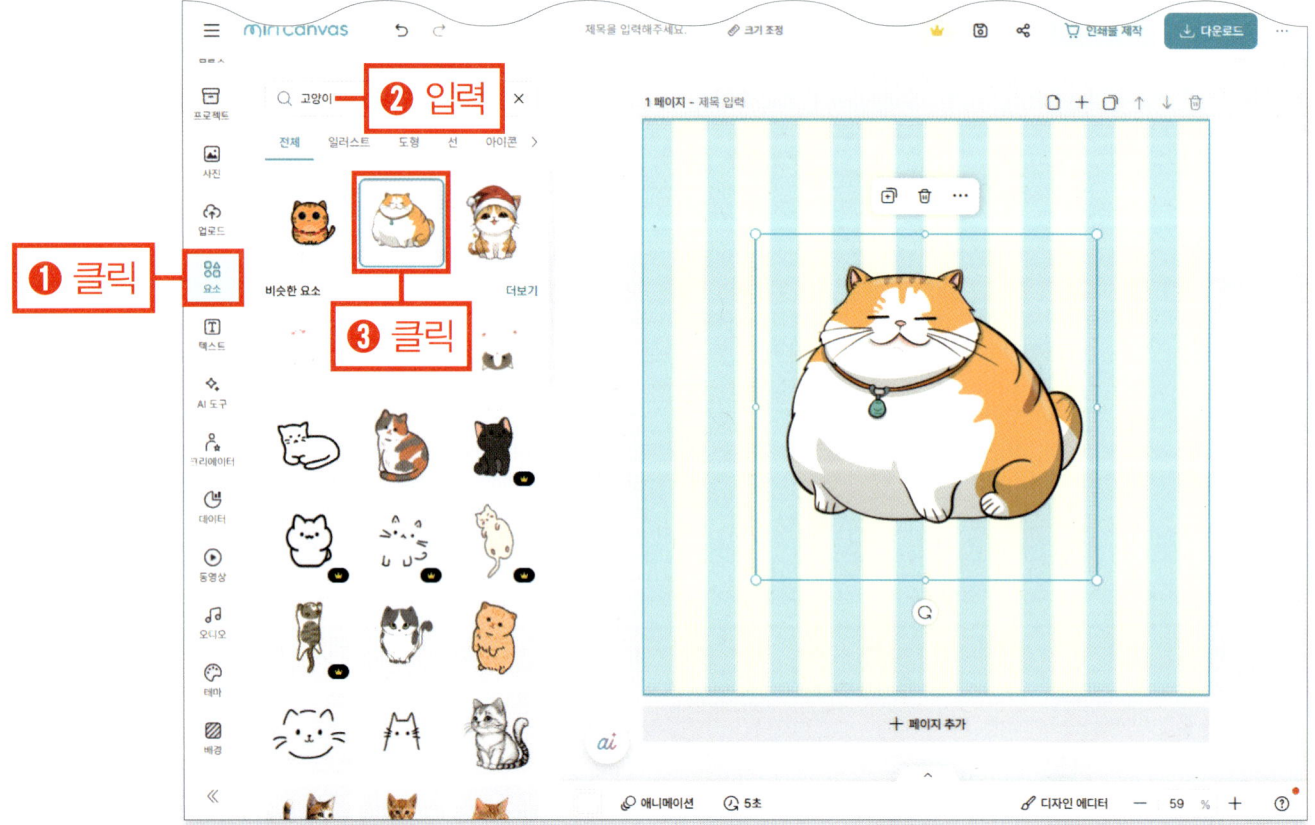

05 다시 검색 창에서 '쿠션'을 검색한 후 쿠션 이미지를 클릭합니다.

06 삽입한 쿠션 이미지를 클릭합니다. '속성' 탭에서 [순서]를 클릭한 후 [맨 뒤로]를 클릭합니다.

07 '도구 목록'에서 [텍스트]를 클릭합니다. '기본 스타일'의 [제목 텍스트 추가]를 클릭합니다.

08 아래와 같이 '매년 8월8일'을 입력한 후 '글자체'를 [강원교육튼튼]으로 선택합니다. [복제](🗐) 버튼을 클릭합니다.

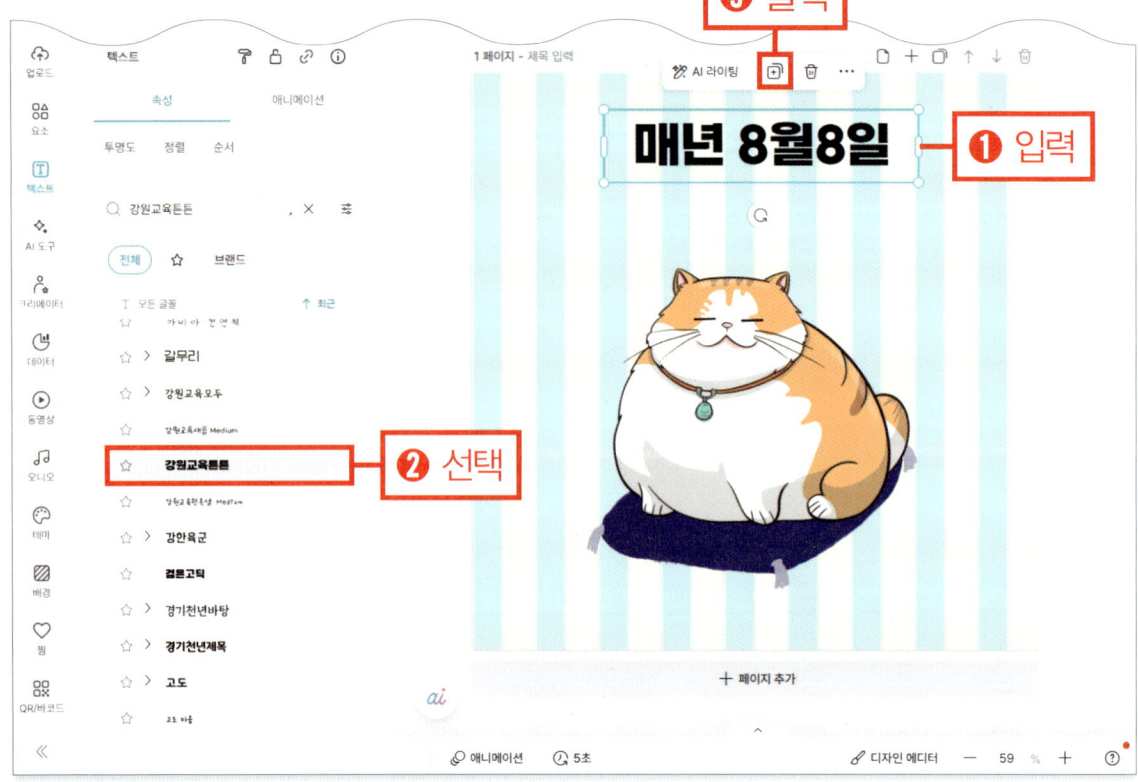

09 '세계 고양이의 날'로 수정한 후 글자체를 [레코체]로 선택합니다.

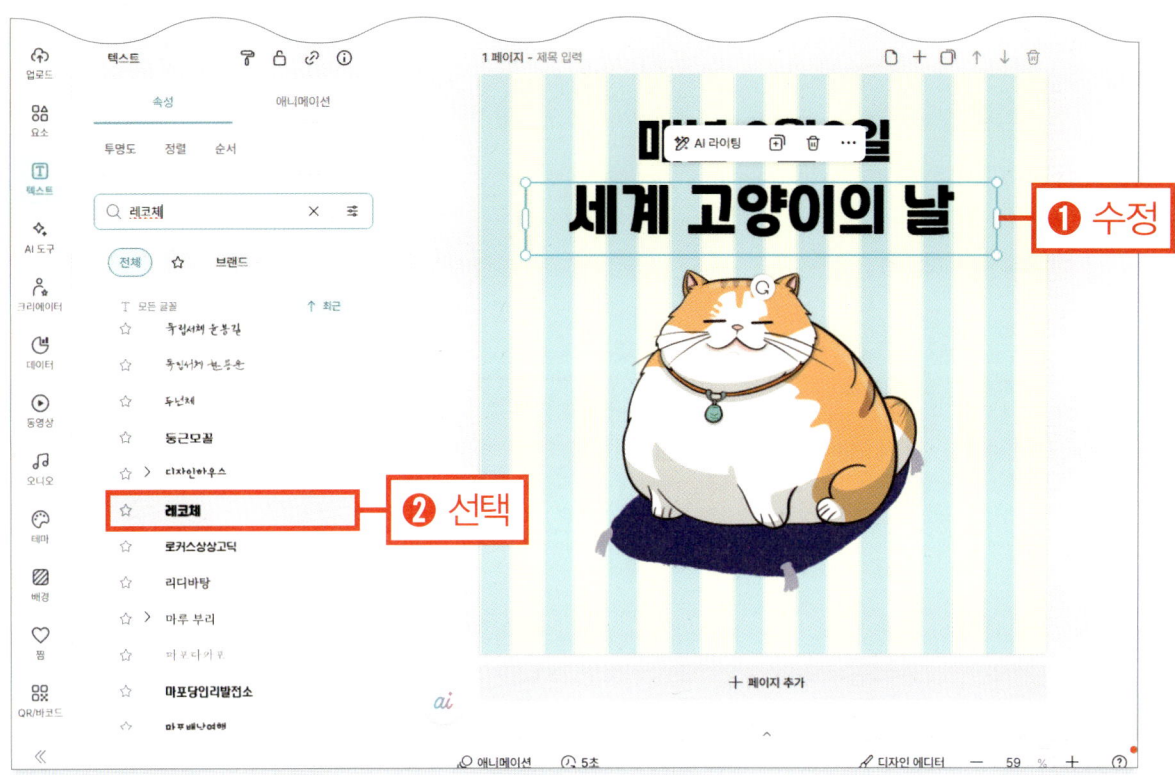

10 [글자색]을 클릭한 다음 [그라데이션] 탭을 클릭합니다. 아래와 같이 색을 지정합니다.

11 [외곽선]을 클릭한 후 '두께'를 [30]으로 지정합니다. 상단의 [페이지 복제] (⬚) 버튼을 클릭합니다.

12 페이지가 복제되어 삽입되면 아래와 같이 상단의 제목과 쿠션 이미지를 삭제합니다. 텍스트를 입력한 후 서식을 아래와 같이 지정합니다.

- 전체 글꼴 : 강원교육튼튼
- 부분 글자색 : 파란색 계열, 외곽선 : 검은색, 굵기 : 30

13 패턴의 배경색을 변경하기 위해 배경을 클릭한 후 [배경 편집]을 클릭합니다. 원하는 색을 선택하여 변경합니다.

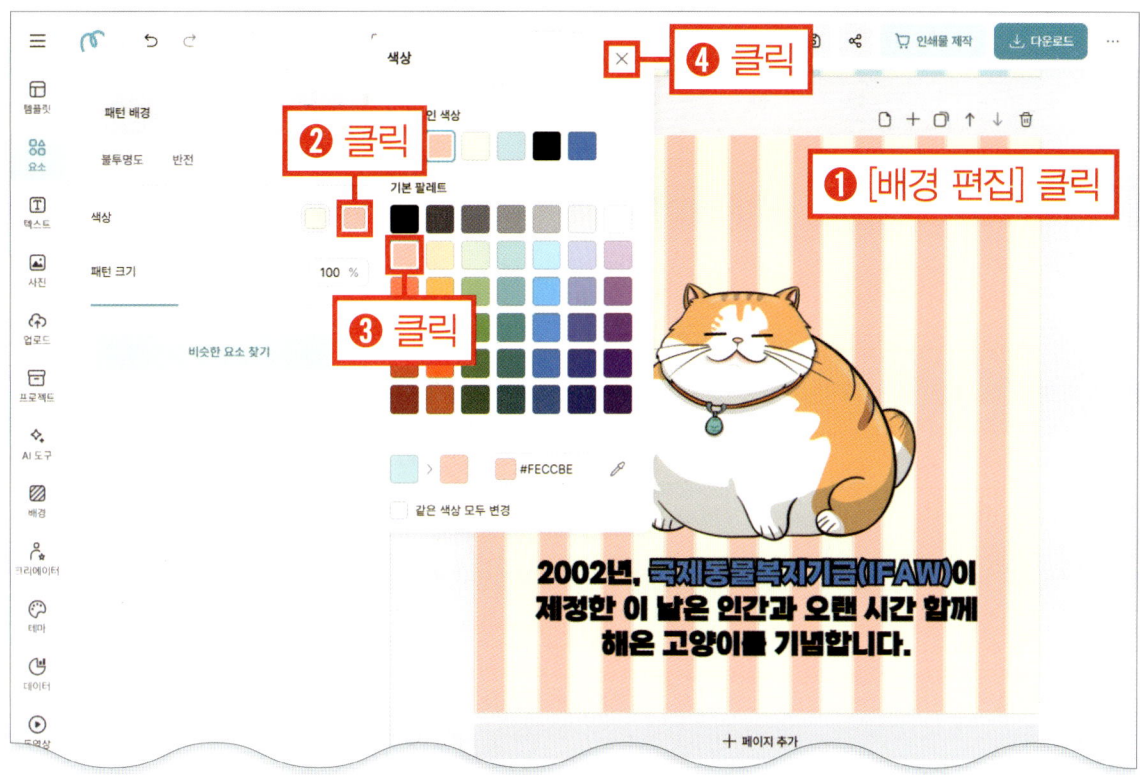

14 고양이 이미지를 비슷한 이미지로 변경하기 위해 이미지를 클릭한 다음 왼쪽 하단의 '비슷한 요소'에서 [더보기]를 클릭합니다.

15 비슷한 고양이 이미지를 찾아 이미 삽입된 고양이 이미지 위로 드래그합니다.

16 이미지가 삽입되면 위치를 알맞게 이동시킨 후 [페이지 복제](◻) 버튼을 클릭합니다.

17 복사된 페이지의 이미지를 삭제하도록 합니다. 검색 창에서 검색 명을 삭제한 다음 [프레임] 탭을 클릭합니다. '외곽선 프레임'에서 보기와 같이 원형을 클릭합니다.

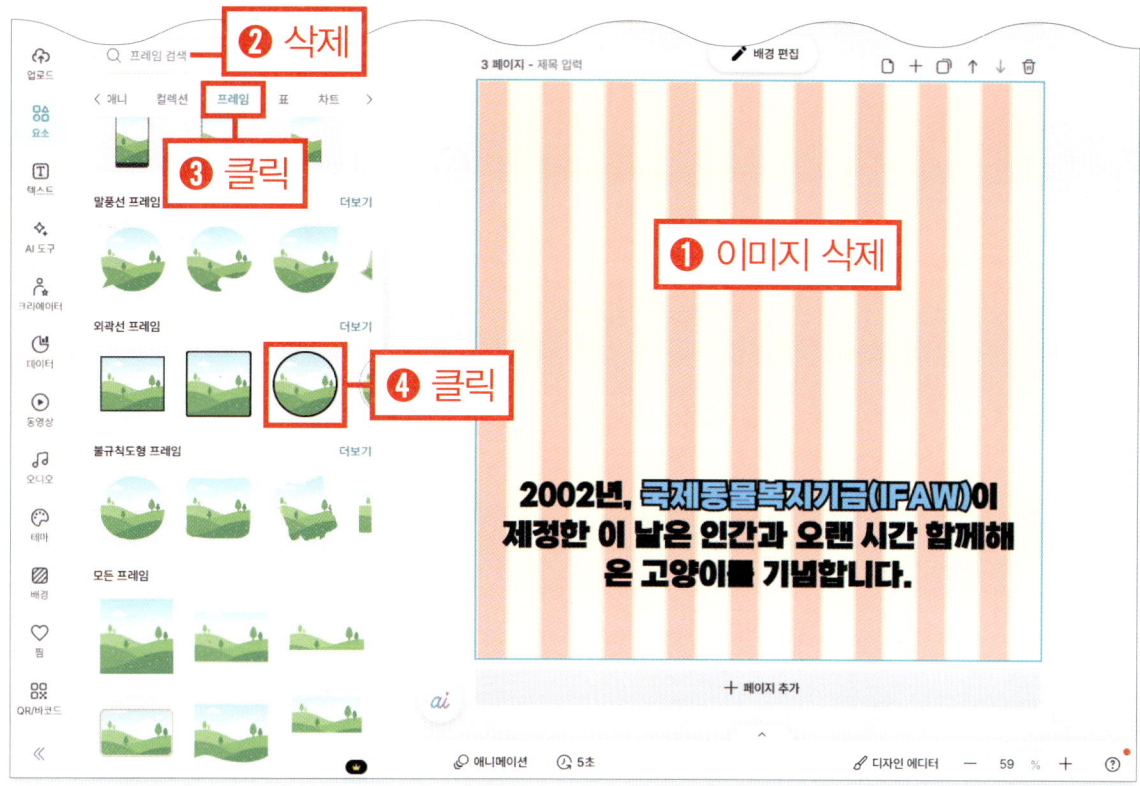

18 [복제](🗐) 버튼을 클릭하여 하나 더 만들어 줍니다.

19 '도구 목록'에서 [사진]을 클릭합니다. 검색 창에서 '고양이'를 입력한 후 아래와 같은 이미지를 원형 안으로 드래그합니다. 나머지 이미지도 동일하게 두 번째 원형에 드래그한 다음 보기와 같이 글자를 수정합니다.

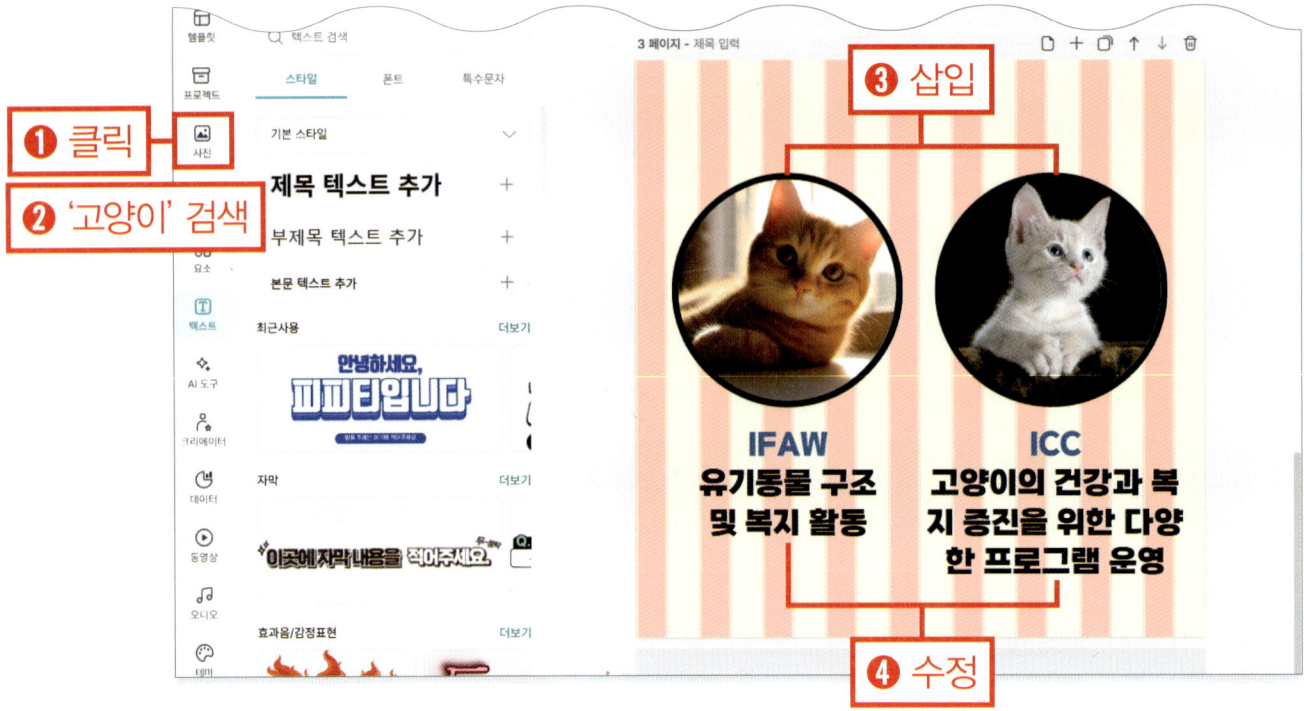

STEP 02 저장하기

01 상단의 제목을 '카드'로 입력하고 [다운로드] 버튼을 클릭합니다. 카드뉴스 이미지를 연결하여 저장하기 위해 [한 장의 이미지로 합치기]를 클릭하여 체크한 후 [고해상도 다운로드] 버튼을 눌러 [바탕화면]에 저장합니다.

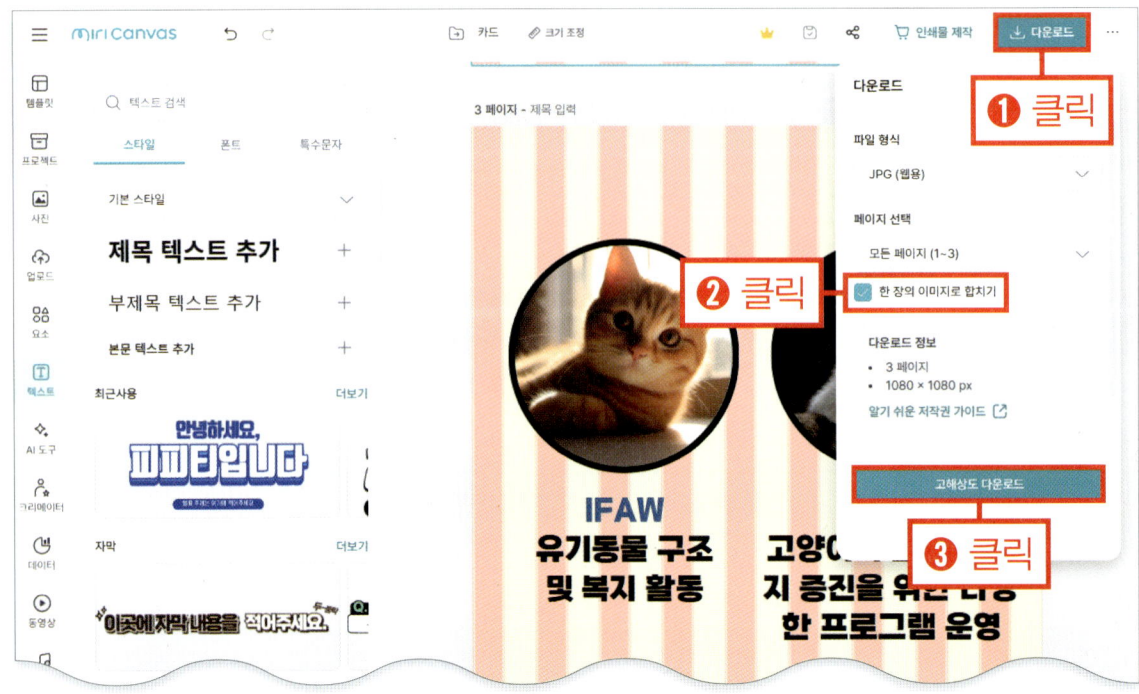

02 저장되었는지 확인하기 위해 바탕화면으로 이동한 후 [카드.jpg]를 더블 클릭하여 확인합니다.

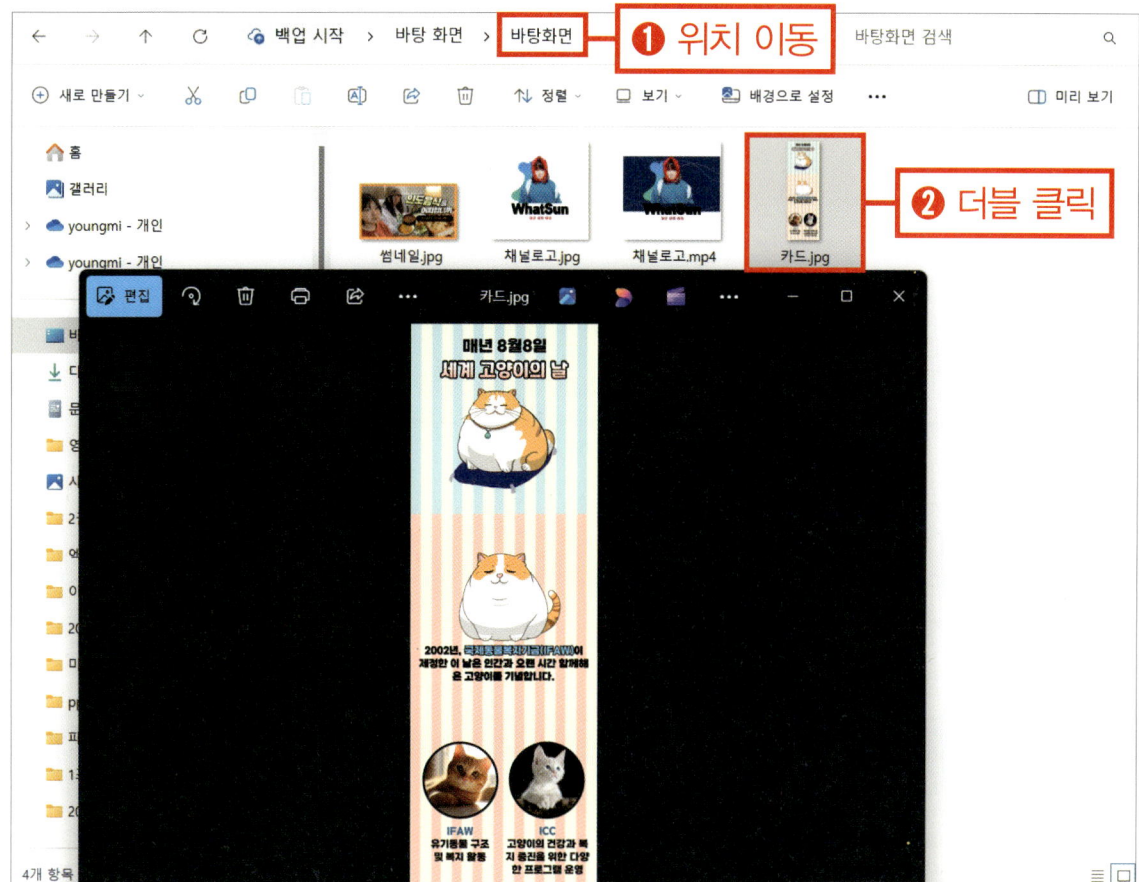

CHAPTER 15
네이버 스마트 스토어 상세페이지 만들기-1

> **POINT**

네이버 스마트스토어의 상세페이지는 소비자가 상품을 쉽게 이해하고 구매하도록 돕는 핵심 요소입니다. 상품명, 고품질 이미지, 상세 설명 등을 통해 상품의 특징과 장점을 명확히 전달하며 가격, 배송, 할인 정보로 구매를 유도합니다. 여기서는 두 챕터로 나눠 스마트 스토어의 상세페이지 만드는 방법을 알아봅니다.

▍완성 화면 미리 보기

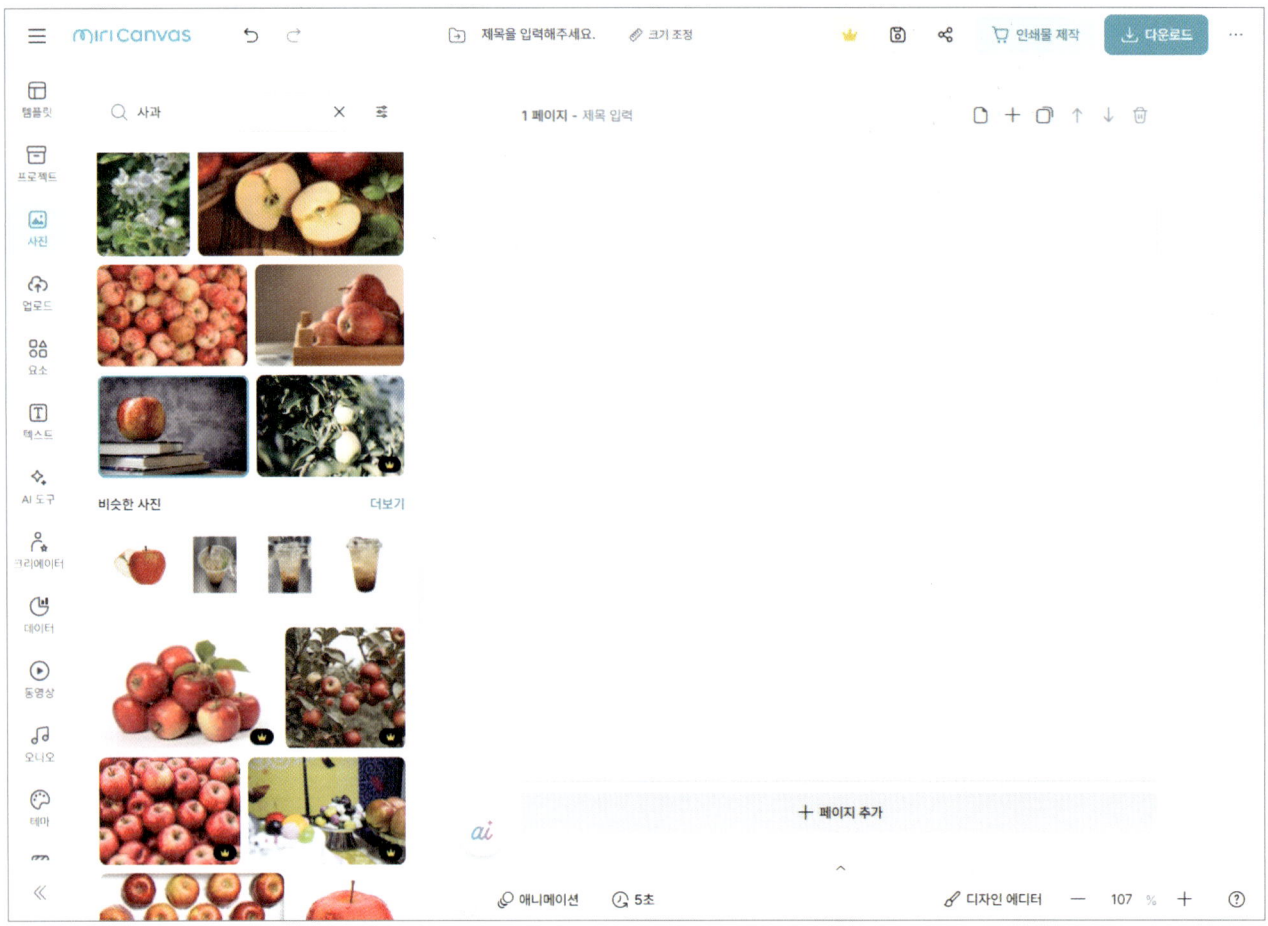

▍여기서 배워요!

파일 업로드하기 / 타이틀 만들기

STEP 01 파일 업로드하기

01 워크스페이스에서 [새 디자인 만들기] 버튼을 클릭한 후 [상세페이지]를 클릭합니다.

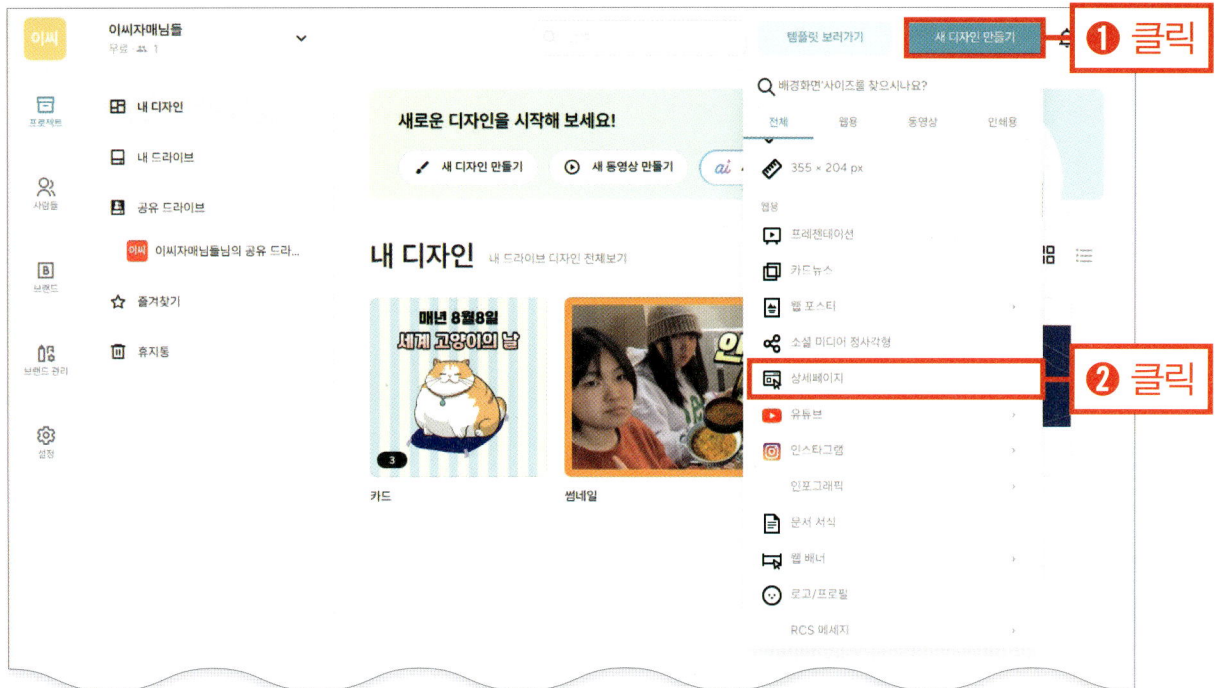

02 '도구 목록'에서 [업로드]를 클릭한 후 [업로드] 버튼을 클릭합니다.

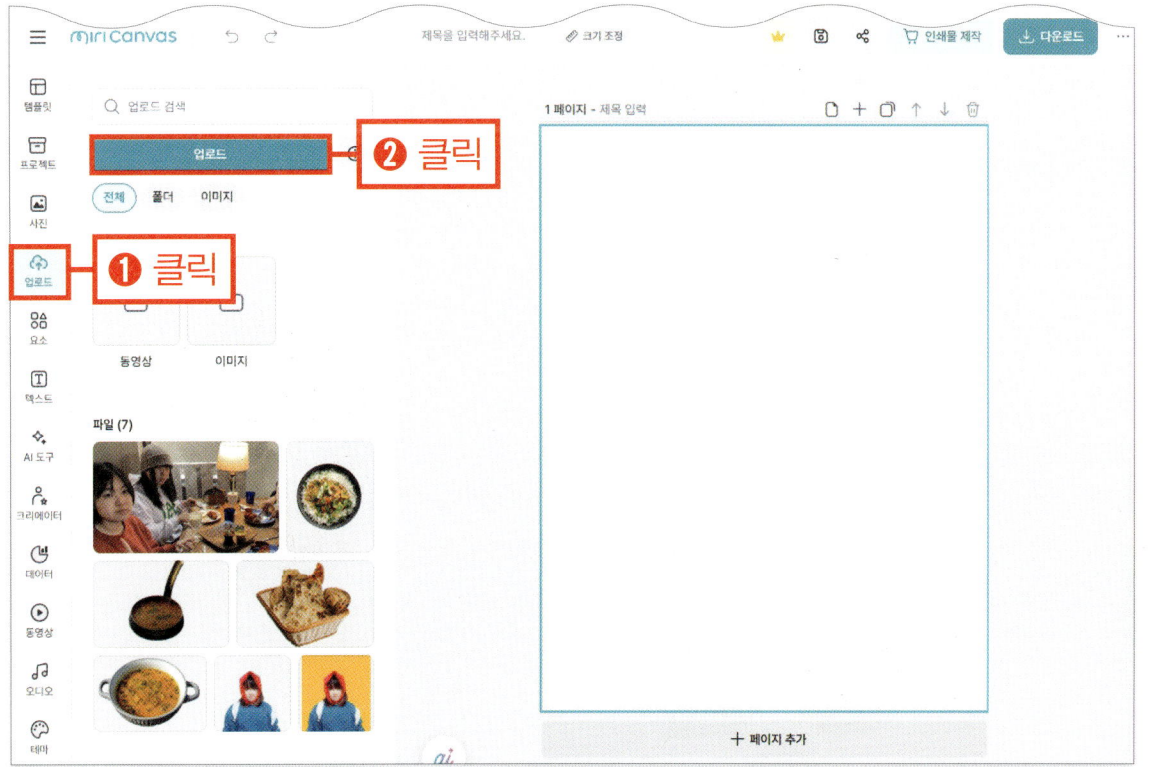

03 '열기' 대화상자가 나타나면 [미리캔버스]-[예제]-[15장]에서 [감자1.jpg]를 클릭한 후 Shift 를 누른 상태로 [감자3.jpg] 파일을 클릭한 다음 [열기] 버튼을 클릭합니다

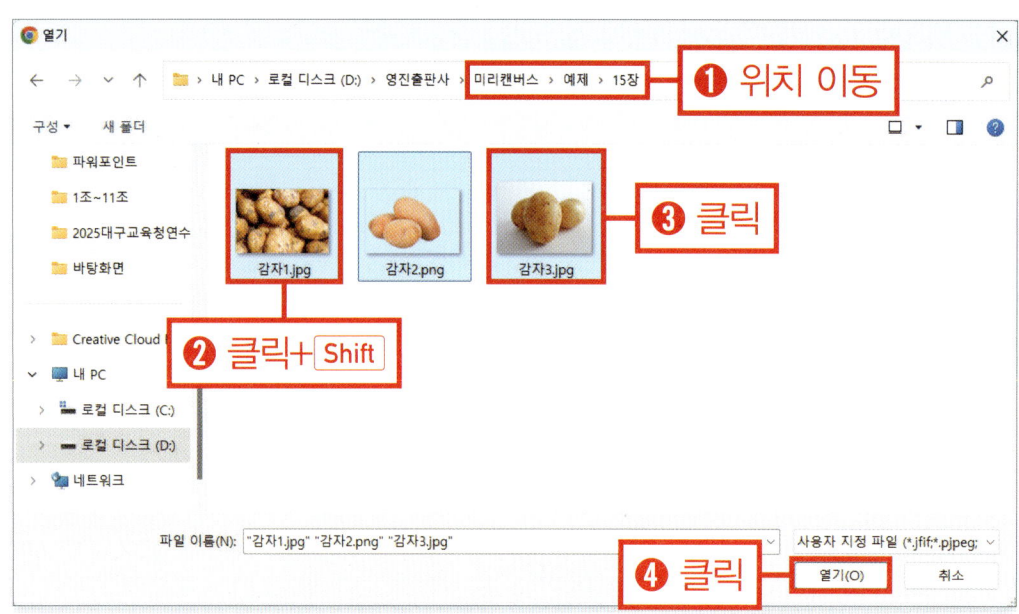

STEP 02 타이틀 만들기

01 '도구 목록'에서 [텍스트]를 클릭합니다. 검색 창에 'Sales'를 입력하고 Enter를 누릅니다. 아래와 같은 텍스트 이미지를 클릭합니다.

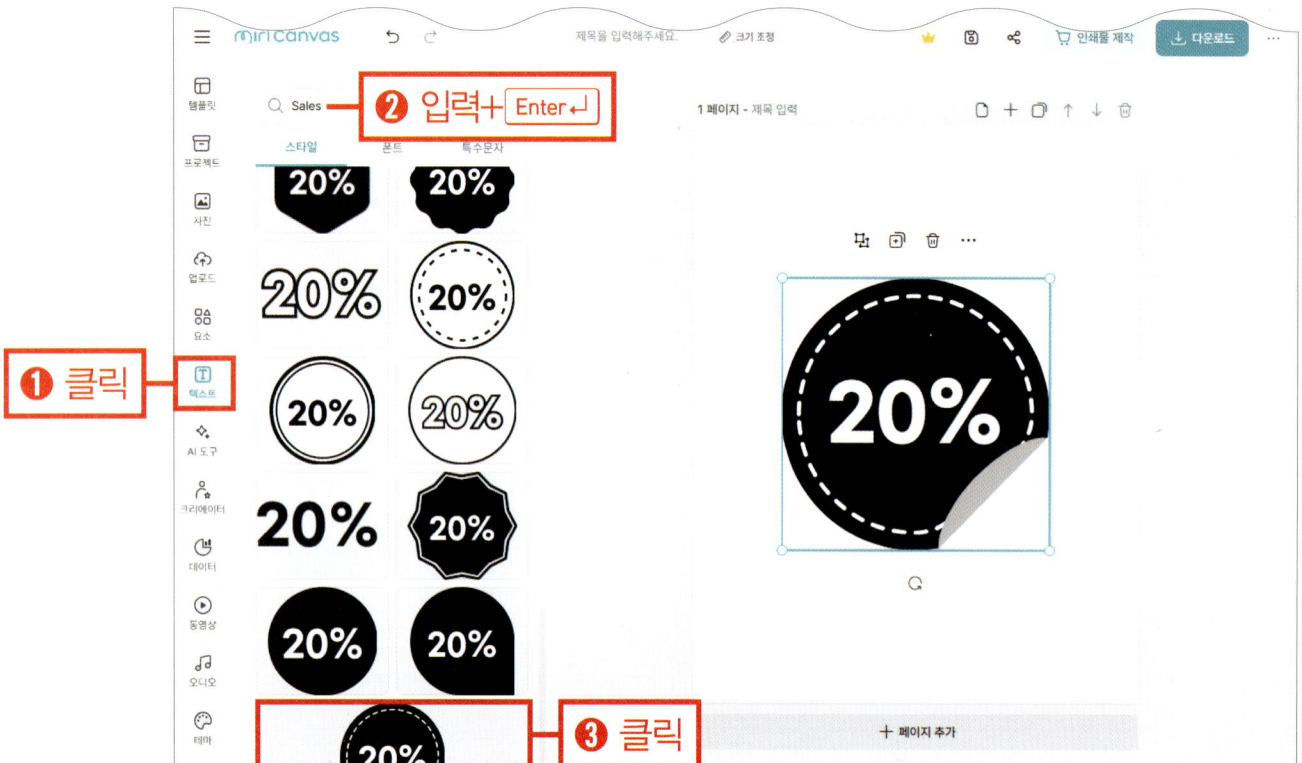

02 삽입한 텍스트의 내용과 크기를 아래와 같이 설정하고 배치합니다. '도구 목록'에서 [요소]를 클릭한 후 검색 창에서 '나뭇잎'을 검색하여 아래와 같은 그림을 클릭합니다.

03 삽입한 나뭇잎 사이즈를 변경한 후 아래와 같이 배치합니다. '도구 목록'에서 [텍스트]를 클릭합니다. [본문 텍스트 추가]를 클릭한 후 아래와 같이 '웰빙 간식'을 입력한 후 [검은고딕], [57pt]로 지정합니다. 같은 방법으로 '산지에서 자연이 선물한 흙감자'를 입력한 후 [검은고딕], [20pt], 색상은 녹색 계열로 지정합니다.

04 나뭇잎 이미지를 클릭한 후 [속성] 탭에서 [그림자]를 지정합니다.

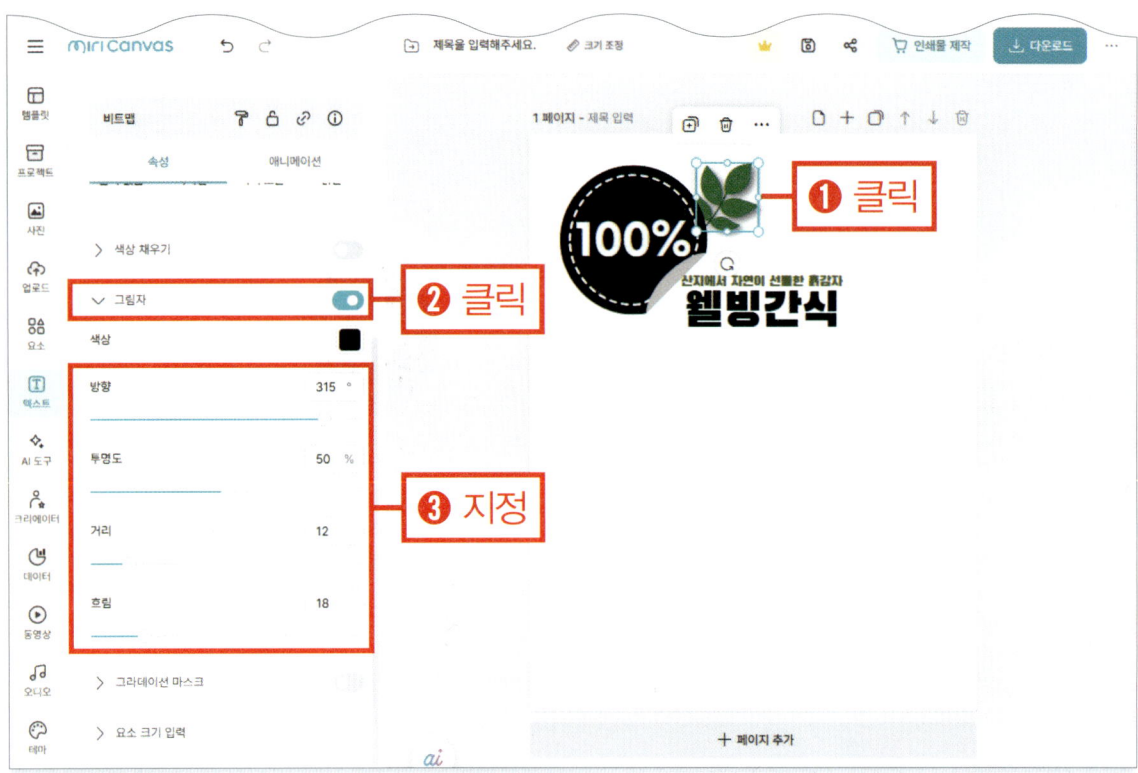

05 '도구 목록'에서 [텍스트]를 클릭합니다. '로고/타이틀'에서 [더보기]를 클릭한 후 아래와 같은 스타일을 클릭합니다.

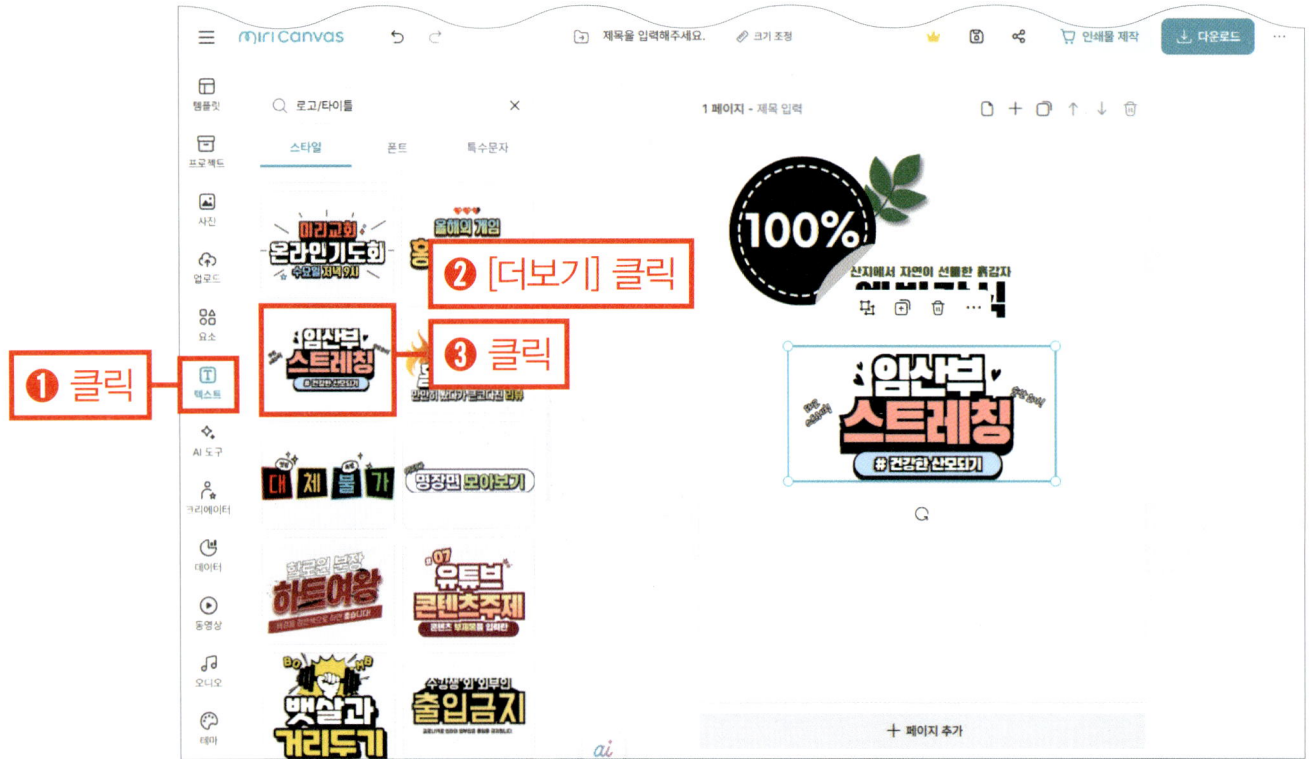

06 삽입한 스타일 위에 마우스 오른쪽 버튼을 누른 후 [그룹해제]를 클릭합니다.

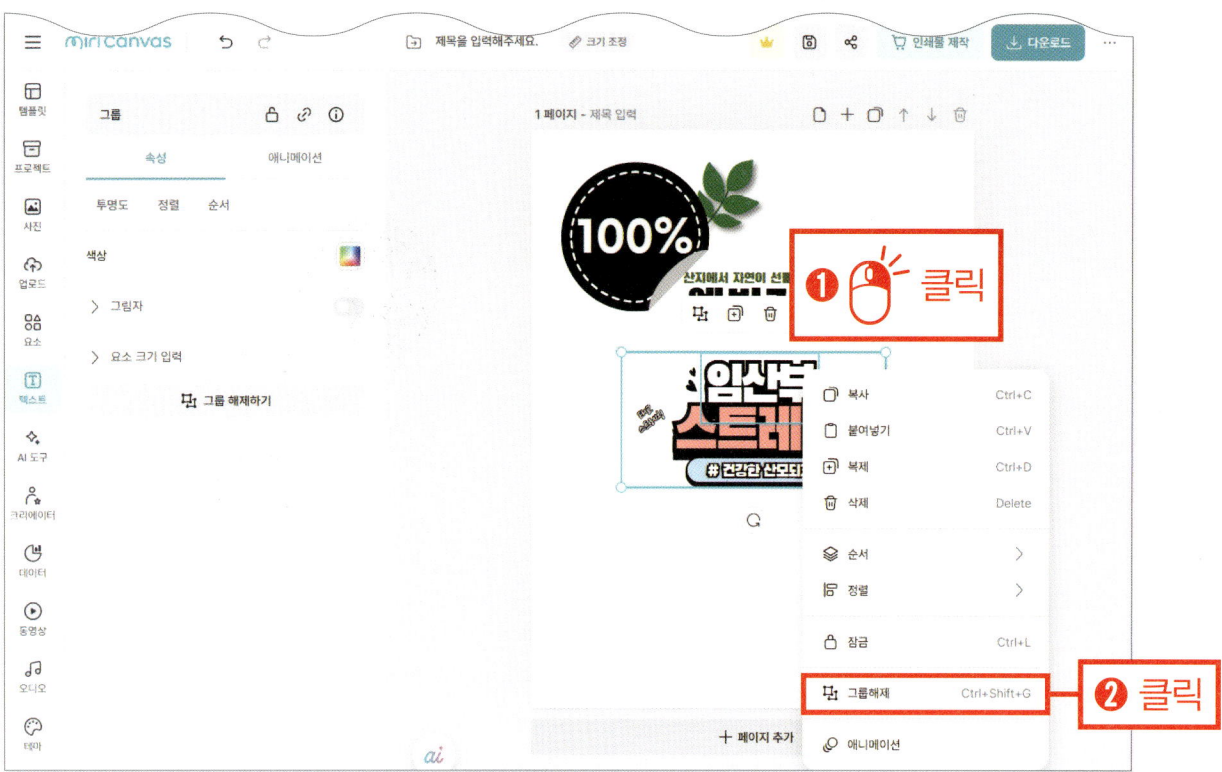

07 아래와 옆의 도형과 글자는 삭제합니다. 나머지 글자는 '웰빙', '흙감자'로 변경한 다음 '흙감자'는 글자색을 변경합니다.

CHAPTER 15 네이버 스마트 스토어 상세페이지 만들기 | **123**

08 전체 개체의 크기를 한 번에 조정하기 위해 전체를 드래그하여 선택한 후 마우스 오른쪽 버튼을 눌러 [그룹]을 클릭합니다.

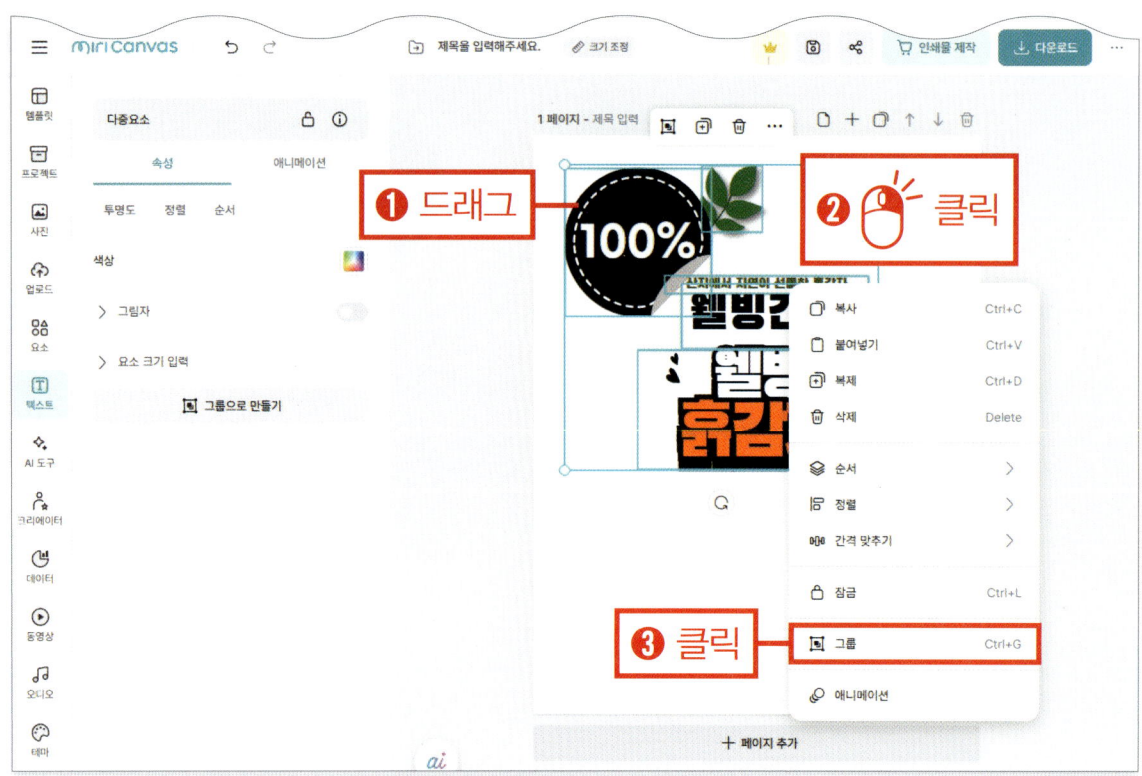

09 사이즈를 작게 변경한 후 다시 마우스 오른쪽 버튼을 눌러 [그룹해제]를 한 다음 아래와 같이 배치합니다.

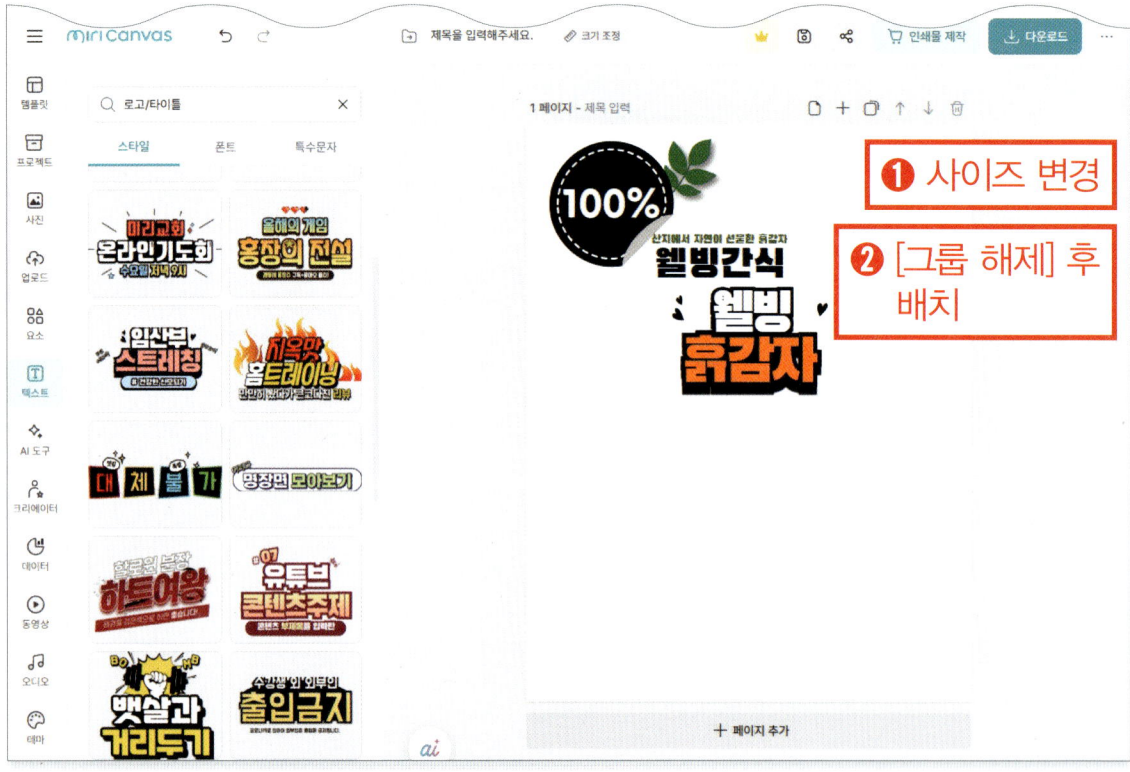

CHAPTER 16
네이버 스마트 스토어 상세페이지 만들기-II

POINT

여기서는 앞 챕터에 이어 상세페이지에서 이미지를 삽입하고 편집하는 방법과 완성하여 저장하는 방법을 알아봅니다.

▌ 완성 화면 미리 보기

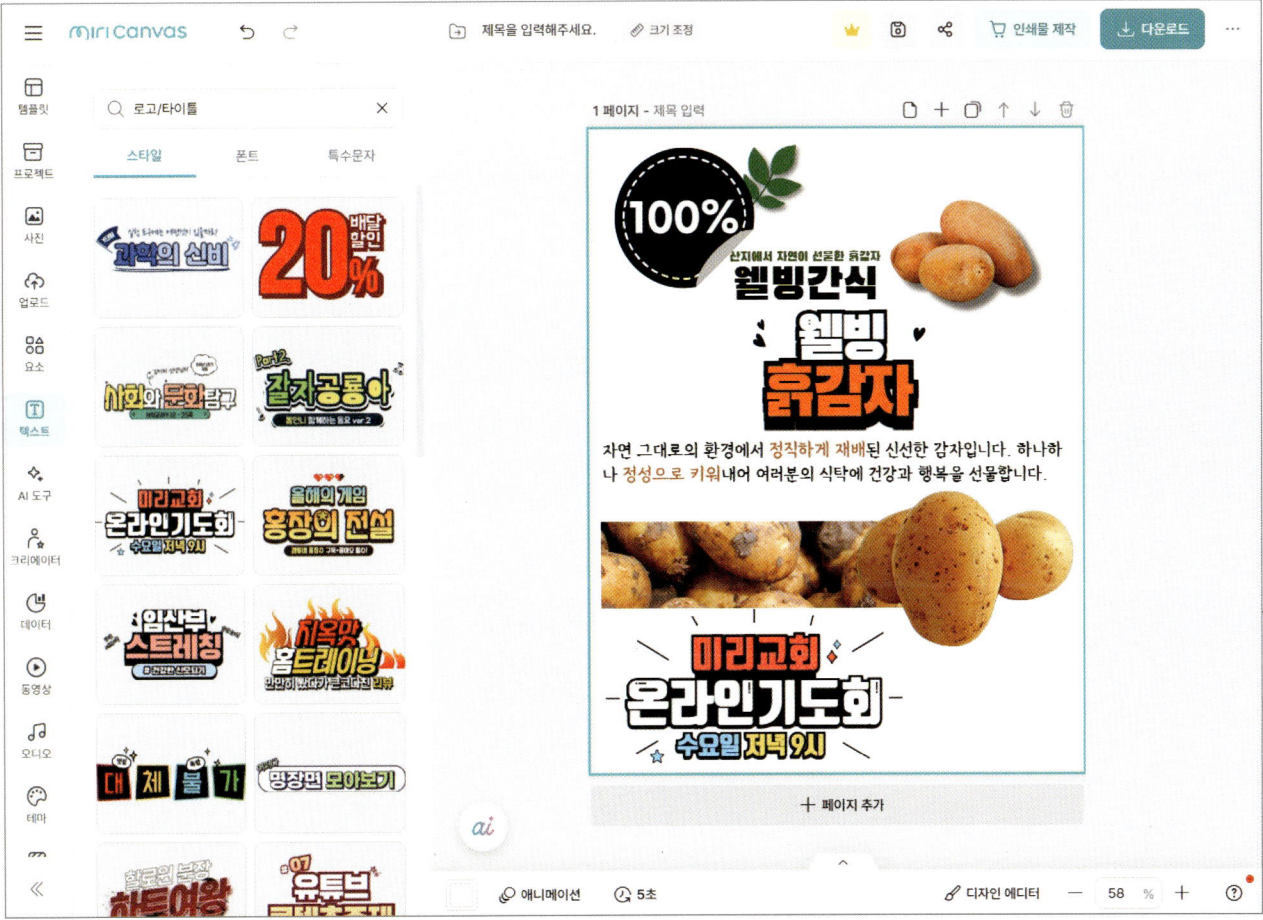

▌ 여기서 배워요!

이미지 설정하기 / 프레임 설정하기

STEP 01 이미지 설정하기

01 '도구 목록'에서 [업로드]를 클릭합니다. [감자2.png] 파일을 클릭합니다. 조절점을 이용하여 사이즈를 변경한 후 상단에 배치합니다.

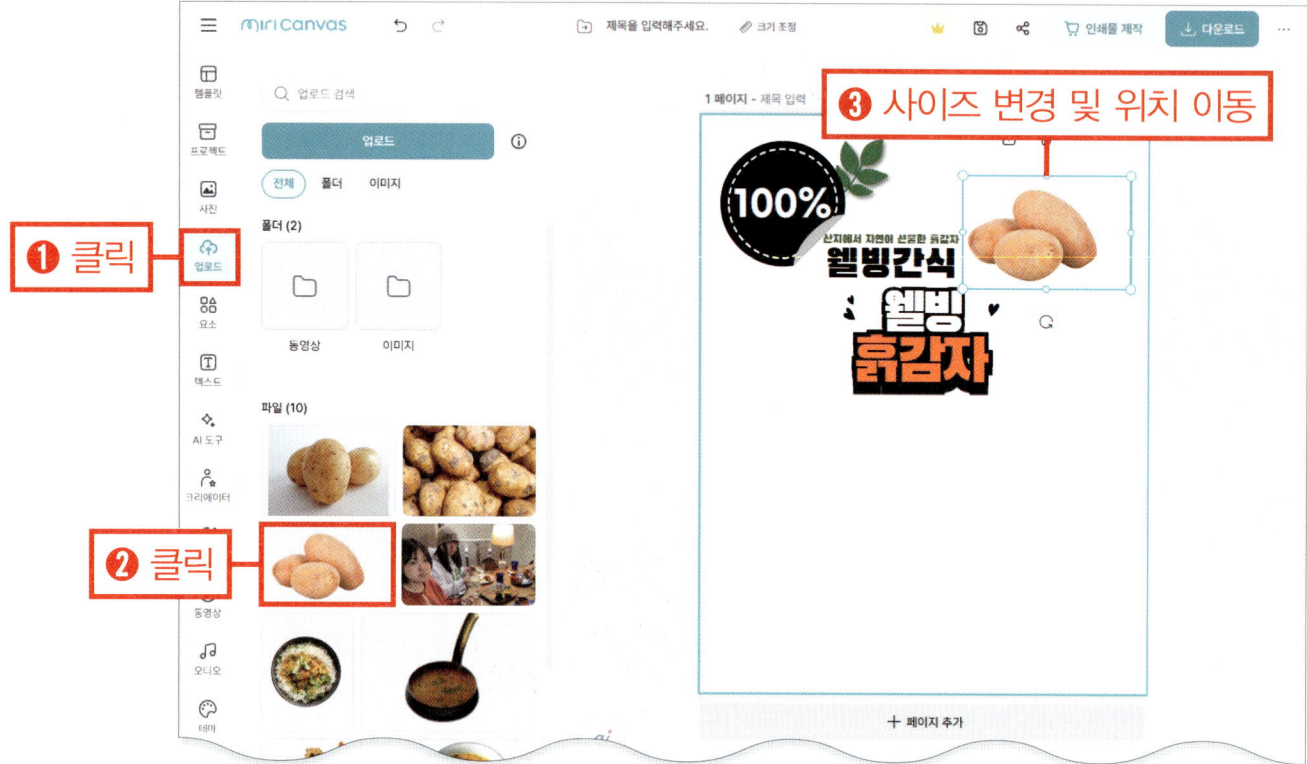

02 [속성] 탭의 '필터'에서 [더보기]를 클릭한 다음 [빈티지]를 클릭합니다.

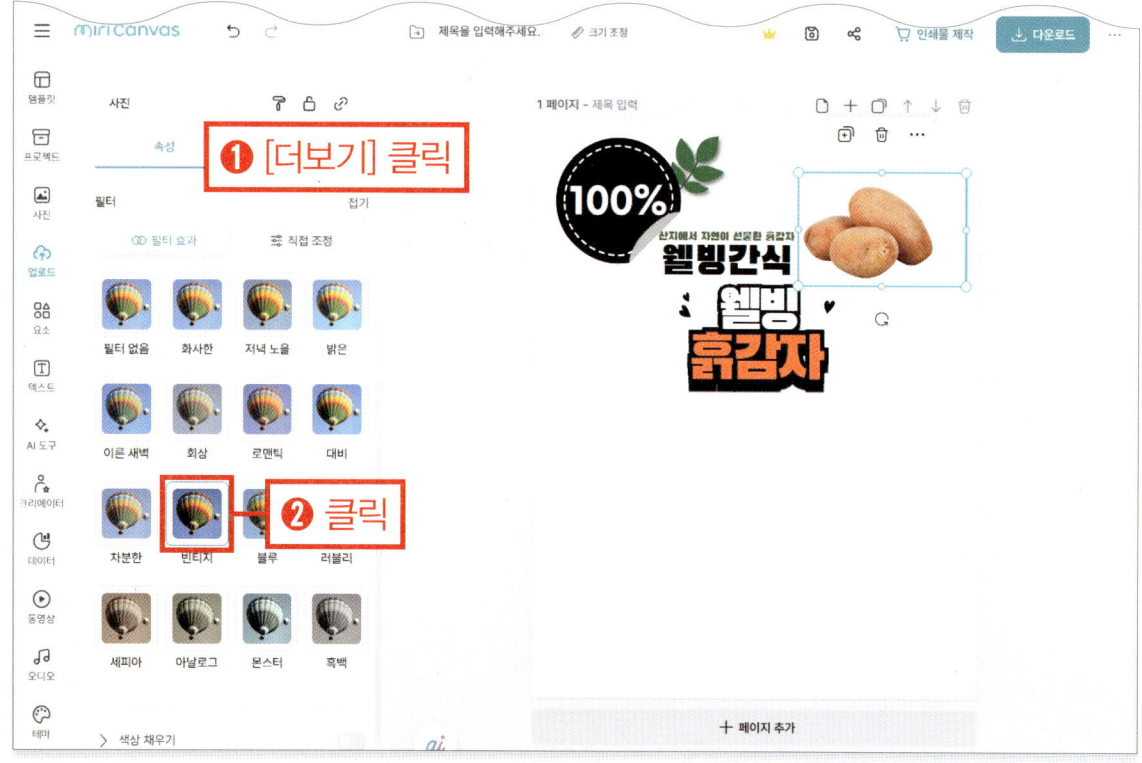

03 [그림자]를 클릭하여 기본 그림자를 지정합니다.

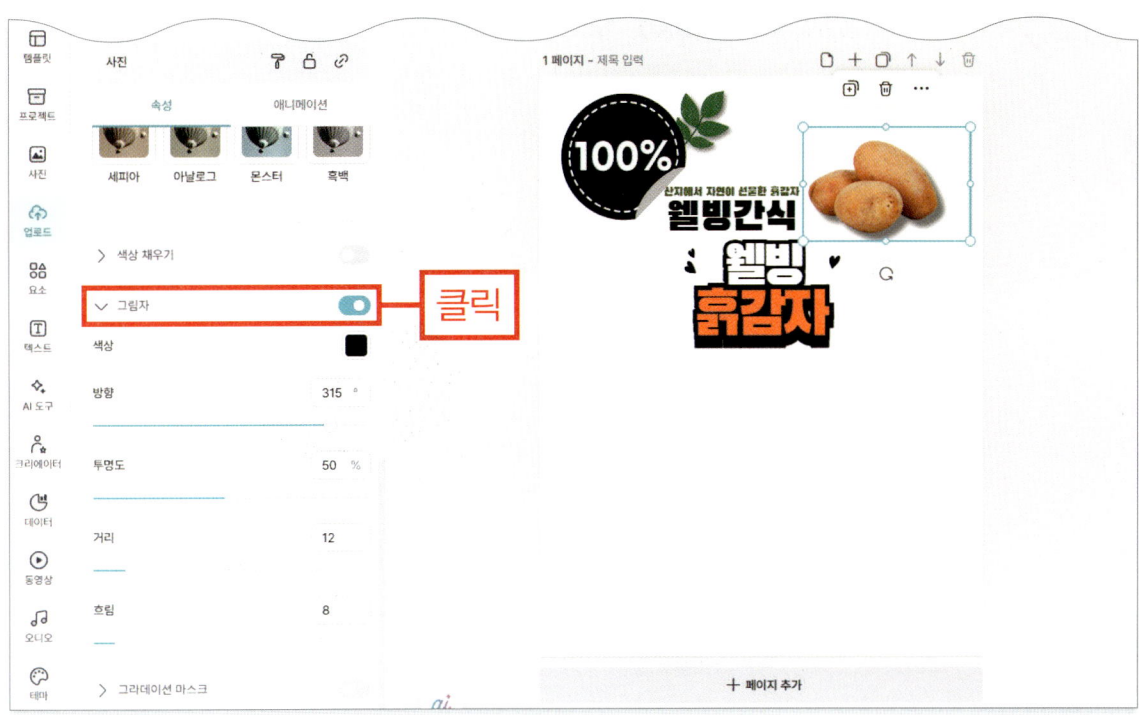

04 '도구 목록'에서 [텍스트]를 클릭합니다. [본문 텍스트 추가]를 클릭한 후 '자연 그대로의 환경에서 정직하게 재배된 신선한 감자입니다. 하나하나 정성으로 키워내어 여러분의 식탁에 건강과 행복을 선물합니다.'라고 입력합니다. '글자체'는 [강원교육모두 Bold], 크기는 [25pt]로 지정한 후 글자색을 아래와 같이 부분적으로 변경합니다.

STEP 02 프레임 설정하기

01 '도구 목록'에서 [요소]를 클릭합니다. [프레임]을 클릭한 후 '모든 프레임'에서 아래와 같은 프레임을 클릭합니다.

02 조절점을 이용하여 프레임의 크기를 조절합니다. '도구 목록'에서 [업로드]를 클릭한 다음 [감자1.jpg] 이미지를 프레임으로 드래그하여 삽입합니다.

03 이번에는 [감자3.jpg]를 클릭합니다.

04 이미지의 배경을 투명하게 하기 위해 [속성] 탭에서 [배경 제거]를 클릭합니다. 배경이 제거되면 보기와 같이 오른쪽에 배치합니다.

조금 더 배우기

이미지를 배치할 때 프레임에 겹치게 되면 배치할 이미지가 프레임에 삽입될 수 있으니 주의하세요.

05 '도구 목록'에서 [텍스트]를 클릭합니다. '로고/타이틀'에서 [더보기]를 클릭한 후 아래와 같은 스타일을 클릭합니다.

06 글자를 아래와 같이 '햇살뜰', '감자농장'으로 수정합니다. 오른쪽 상단의 [다운로드] 버튼을 클릭한 후 '파일 형식'을 [JPG(웹용)]으로 지정하고 [고해상도 다운로드]를 클릭합니다. '저장 위치'는 [바탕화면], '파일 이름'은 '상세페이지.jpg'라고 입력한 후 [저장] 버튼을 클릭합니다.

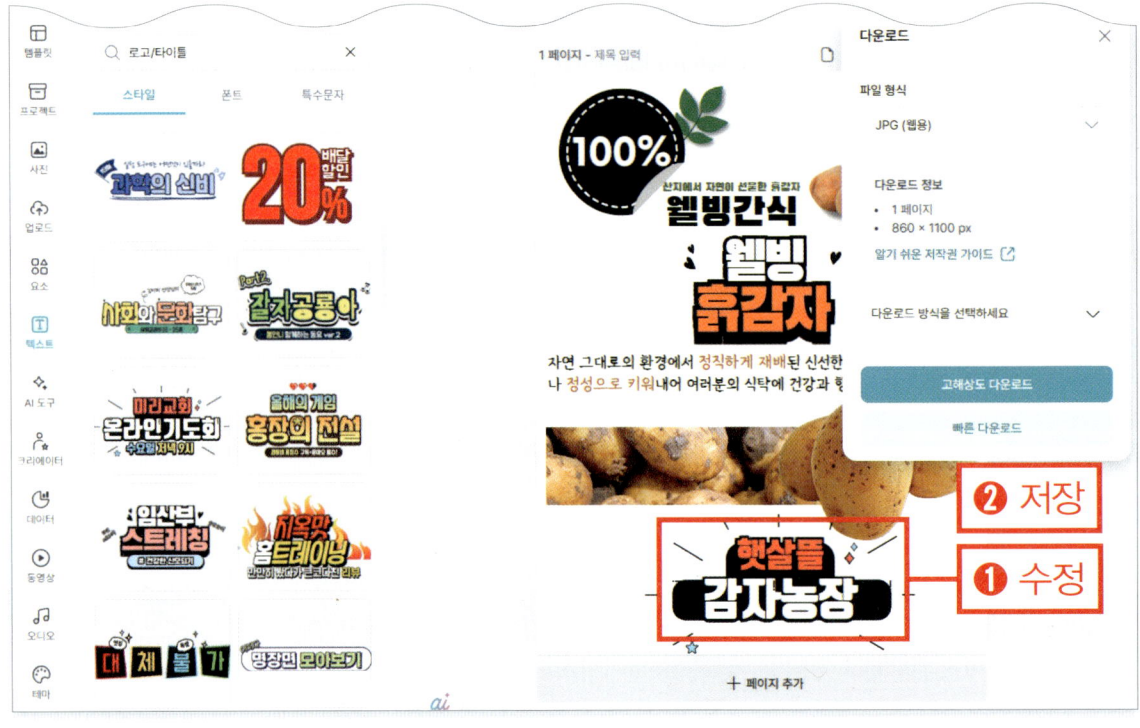

CHAPTER 17 프레젠테이션 만들기

POINT

미리캔버스로 프레젠테이션 파일을 만들 수 있습니다. 여기서는 무료로 제공하는 프레젠테이션 템플릿을 이용하여 프레젠테이션 파일을 만드는 방법을 알아봅니다.

완성 화면 미리 보기

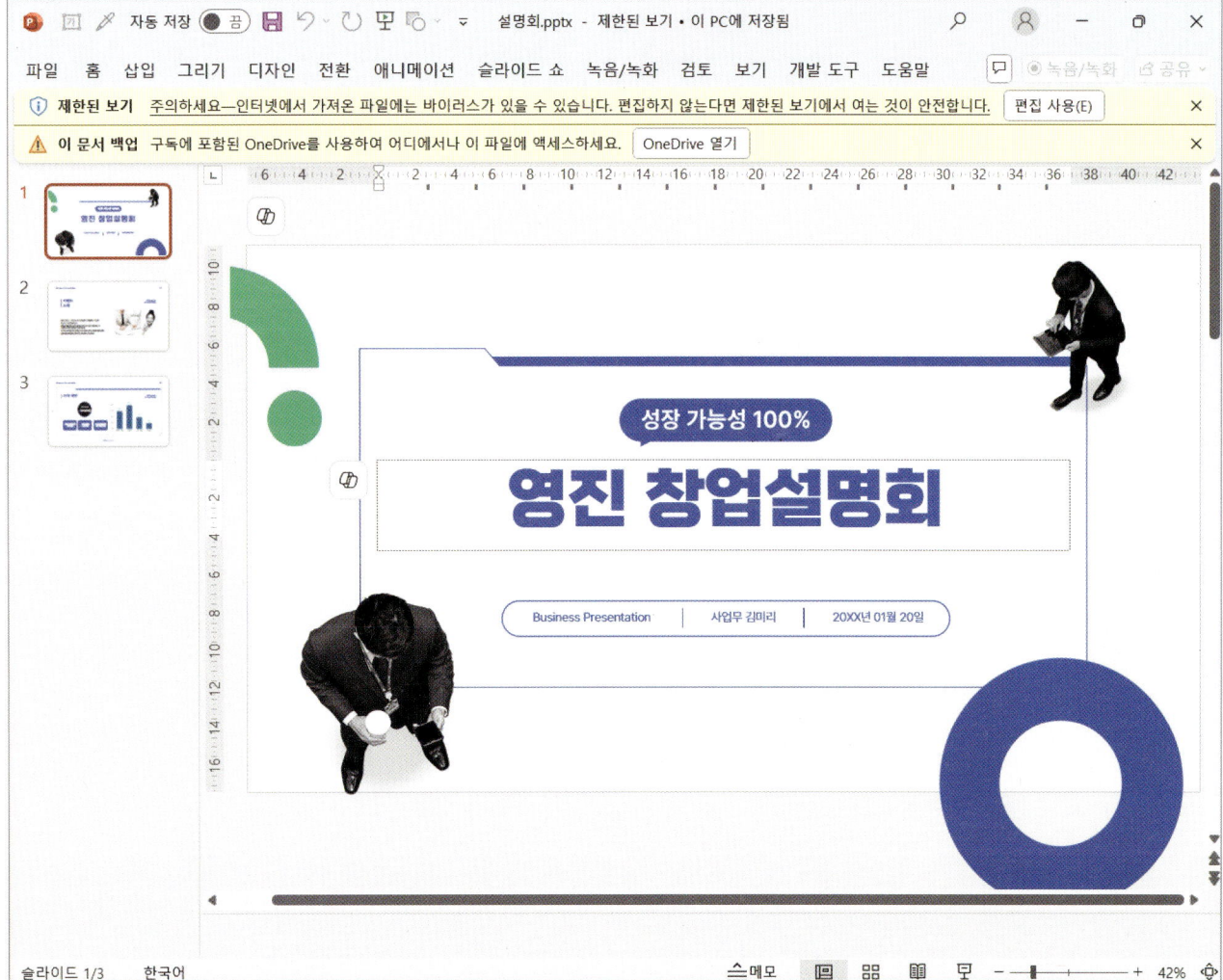

여기서 배워요!

프레젠테이션 만들기 / 차트 수정하기 / 저장하기

STEP 01　프레젠테이션 만들기

01　미리캔버스에 로그인합니다. 워크스페이스에서 [새 디자인 만들기] 버튼을 클릭한 후 [프레젠테이션]을 클릭합니다.

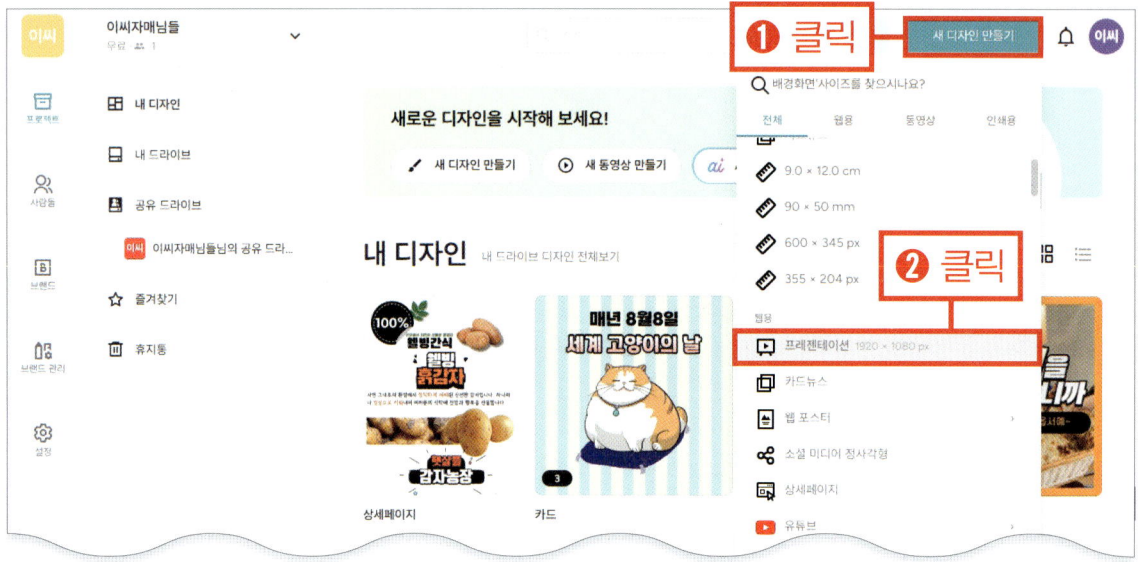

02　왼쪽에 템플릿이 나타나면 '모든 템플릿'에서 아래와 같은 템플릿을 클릭합니다. 또는 템플릿 검색 란에 '파랑색의 모던한 창업 설명회 기획안'을 검색합니다.

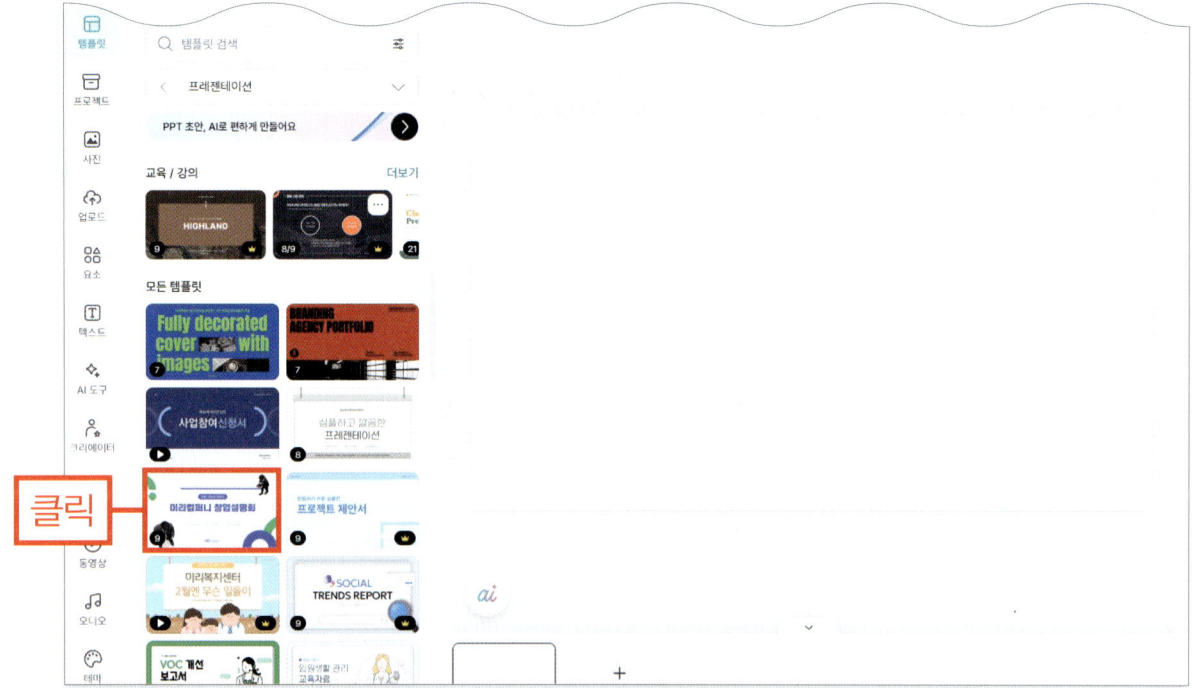

조금 더 배우기

왕관 모양()의 버튼이 붙어 있는 템플릿은 구매를 해야 합니다.

03 첫 번째 제목 슬라이드를 클릭합니다.

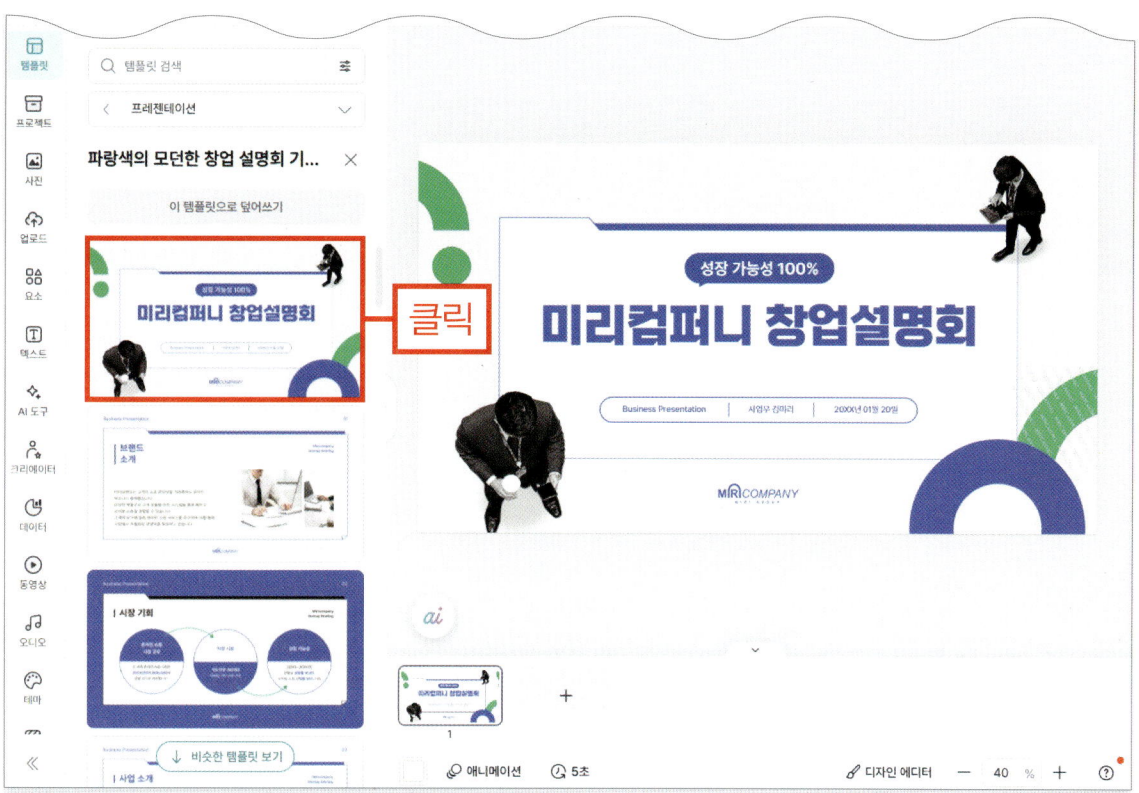

04 슬라이드가 삽입되면 글자를 변경합니다. 하단에 로고를 클릭한 후 [삭제] (🗑) 버튼을 클릭합니다.

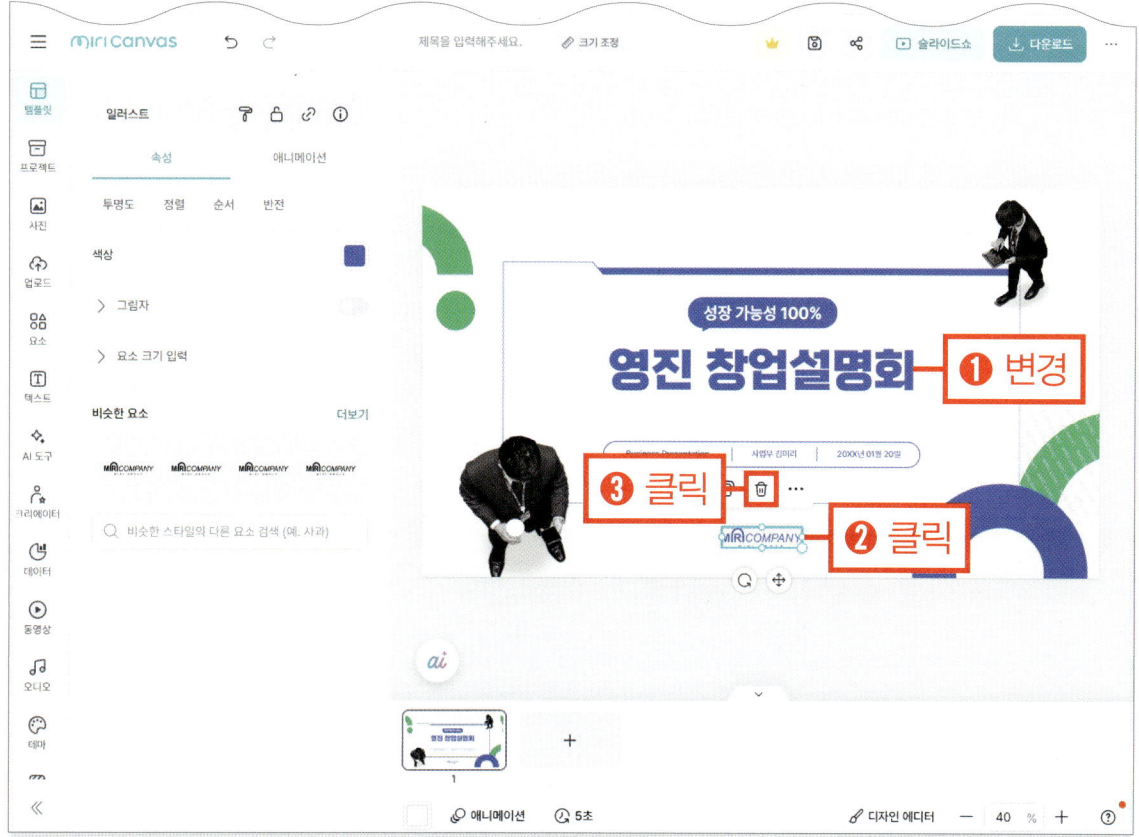

05 오른쪽에 워터마크가 있는 도형을 클릭한 후 [삭제](🗑) 버튼을 클릭합니다. 하단에 있는 [슬라이드 추가](+) 버튼을 클릭합니다.

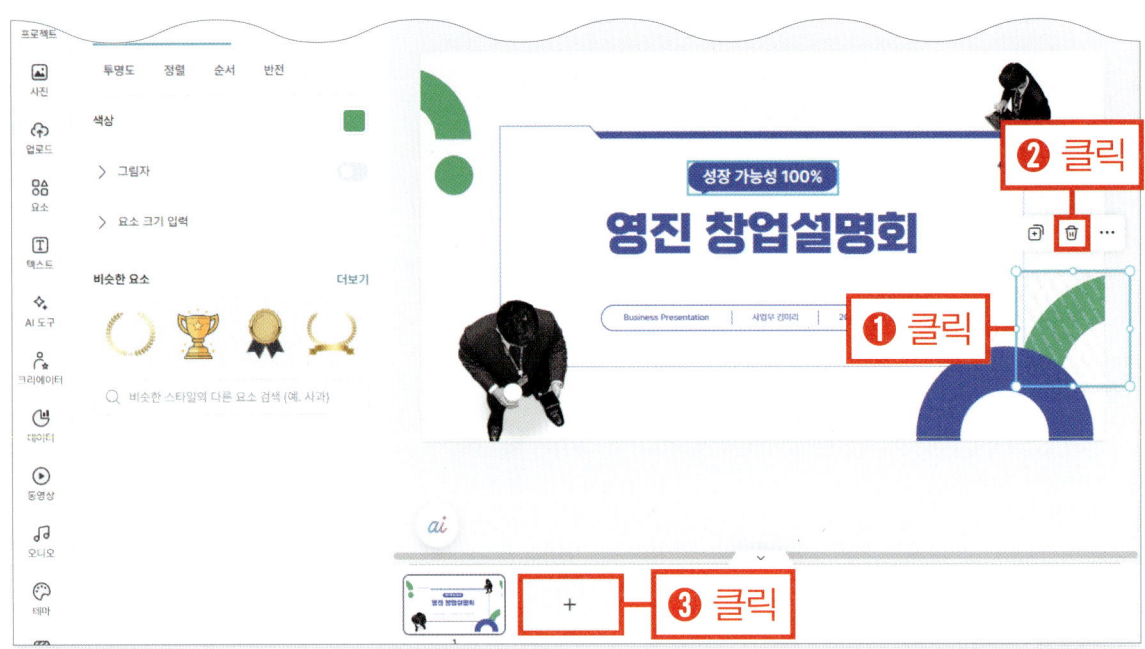

조금 더 배우기

워터마크가 있는 것은 구매해야 사용할 수 있습니다. 만약 구매하지 않고 사용하면 프레젠테이션 파일을 다운로드할 수 없습니다.

06 슬라이드가 추가되면 아래와 같이 [브랜드 소개] 슬라이드를 클릭합니다.

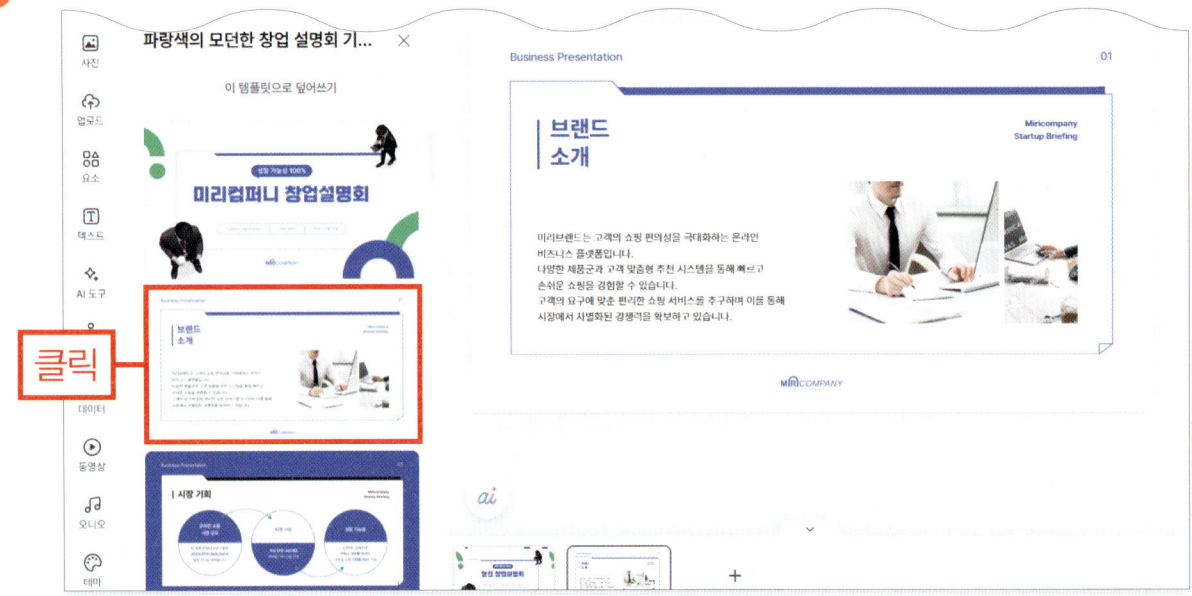

조금 더 배우기

슬라이드를 삽입하고 다시 추가를 하려면 삽입하고자 하는 슬라이드 템플릿의 상위로 이동이 됩니다. 그럴 땐 다시 슬라이드 템플릿을 클릭한 후 추가합니다.

07 워터마크가 있는 이미지를 변경하려면 이미지를 클릭한 후 [비슷한 이미지를 찾아보세요!](🖼️) 버튼을 클릭합니다. 왼쪽에 나타나는 이미지 중 무료 이미지를 드래그하여 겹쳐서 삽입합니다.

STEP 02 차트 수정하기

01 다시 하단의 [슬라이드 추가](+) 버튼을 클릭한 후 보기와 같이 도해와 그래프가 있는 슬라이드를 삽입합니다.

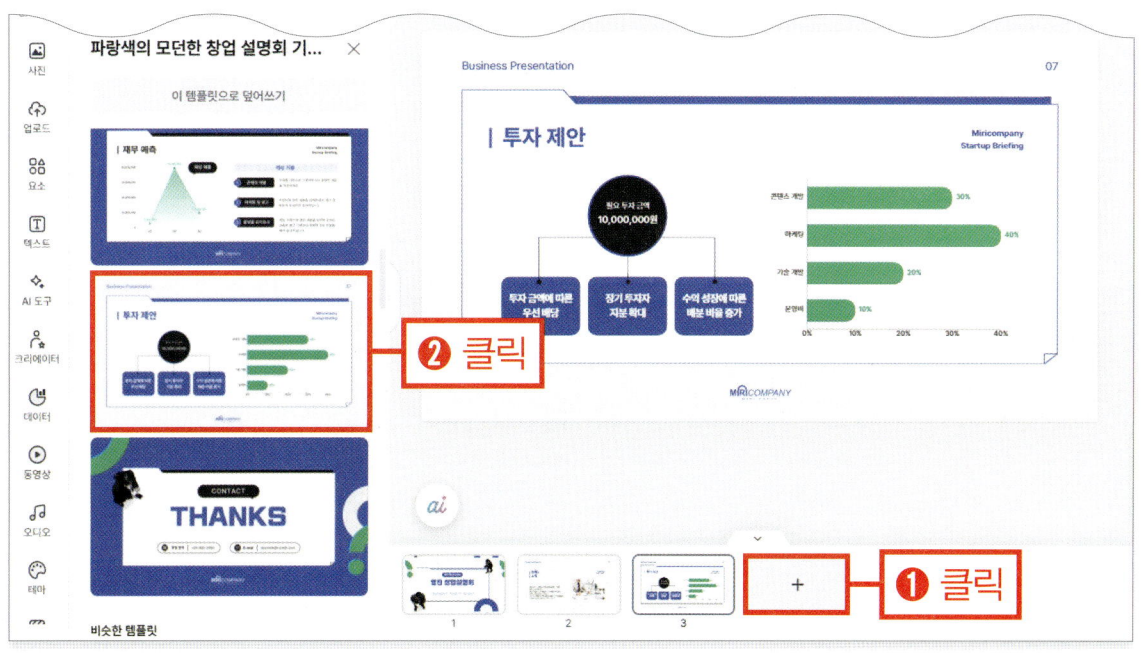

02 슬라이드 내용을 수정하기 위해 차트를 클릭합니다. 왼쪽 [속성] 탭에서 [세로 막대 차트]를 선택합니다.

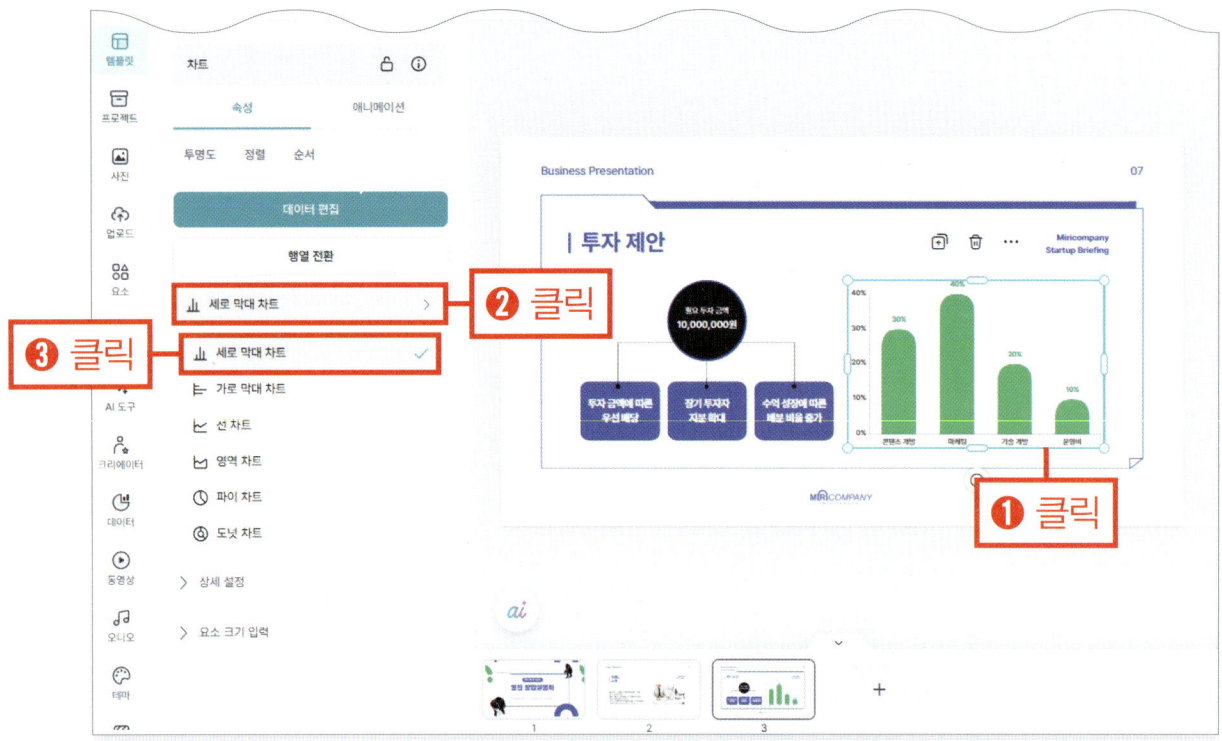

03 [막대 스타일]을 클릭하고 [색상]을 클릭한 후 [진한 파랑]을 클릭합니다.

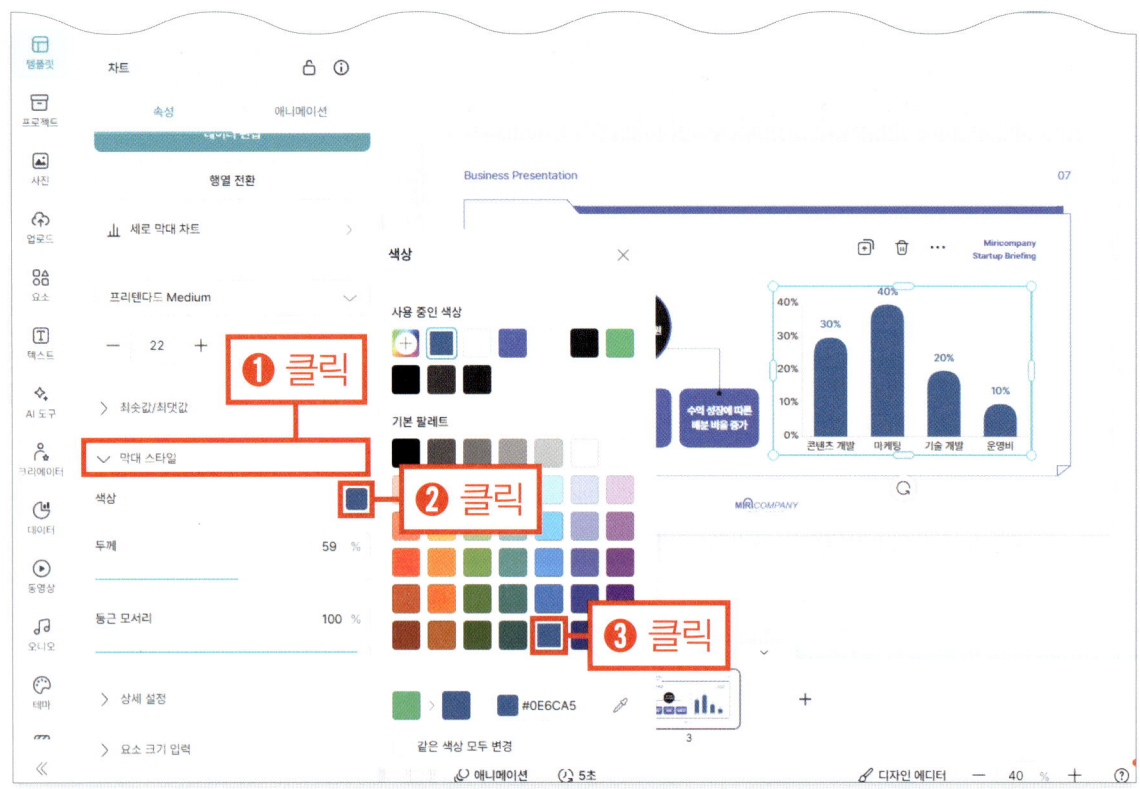

04 '글자 크기'는 [22pt], '둥근 모서리'는 [30%]로 지정합니다.

STEP 03 저장하기

01 오른쪽 상단의 [다운로드] 버튼을 클릭한 후 '파일 형식'을 [PPTX]로 선택합니다.

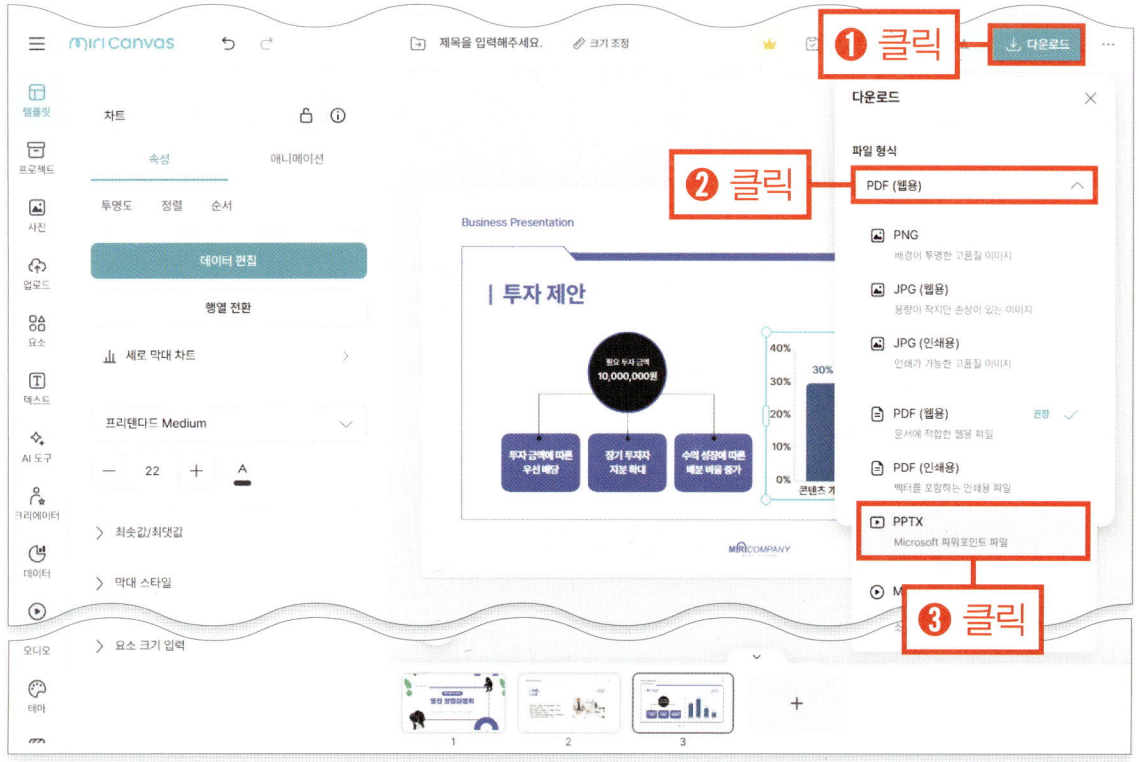

02 'PPT 옵션'을 [텍스트 편집 가능]으로 선택합니다. '페이지 선택'을 [모든 페이지(1~3)]으로 선택한 다음 [선택 완료] 버튼을 클릭합니다. [다운로드] 버튼을 클릭합니다.

조금 더 배우기

'PPT 옵션'을 [텍스트 편집 가능]으로 지정하면 파워포인트에서 수정이 가능합니다.

03 '다른 이름으로 저장' 대화상자가 나타나면 '저장 위치'는 [바탕화면], '파일 이름'은 '설명회'라고 입력한 후 [저장] 버튼을 클릭합니다.

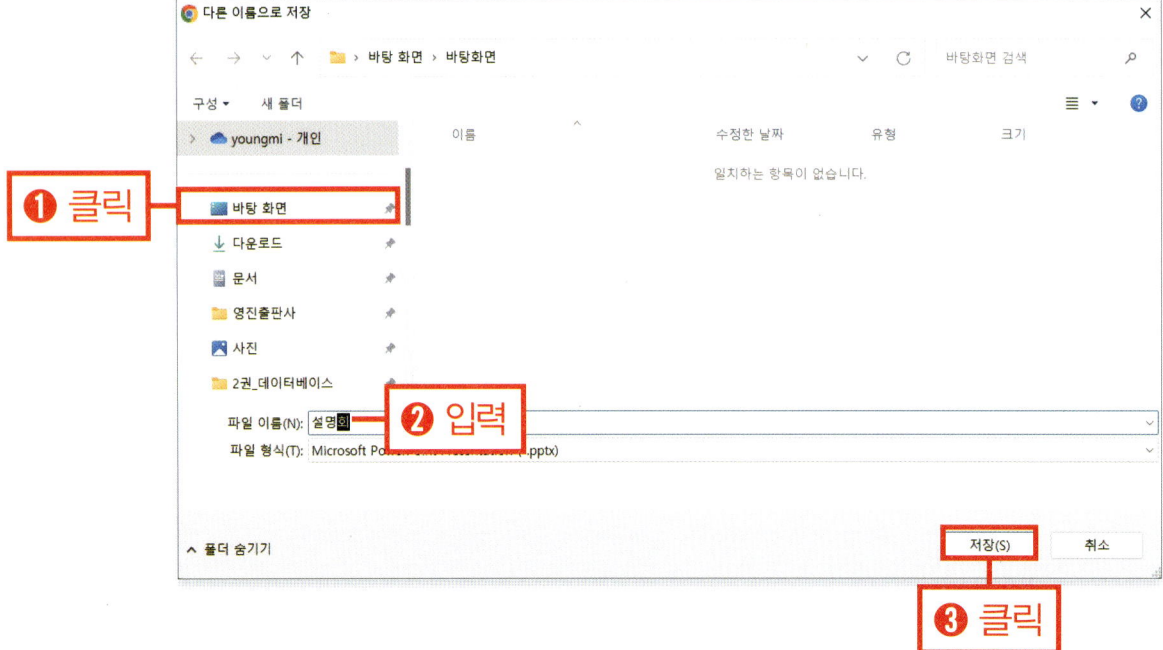

04 '바탕화면'에서 [설명회.pptx]를 더블 클릭하여 실행해 봅니다.

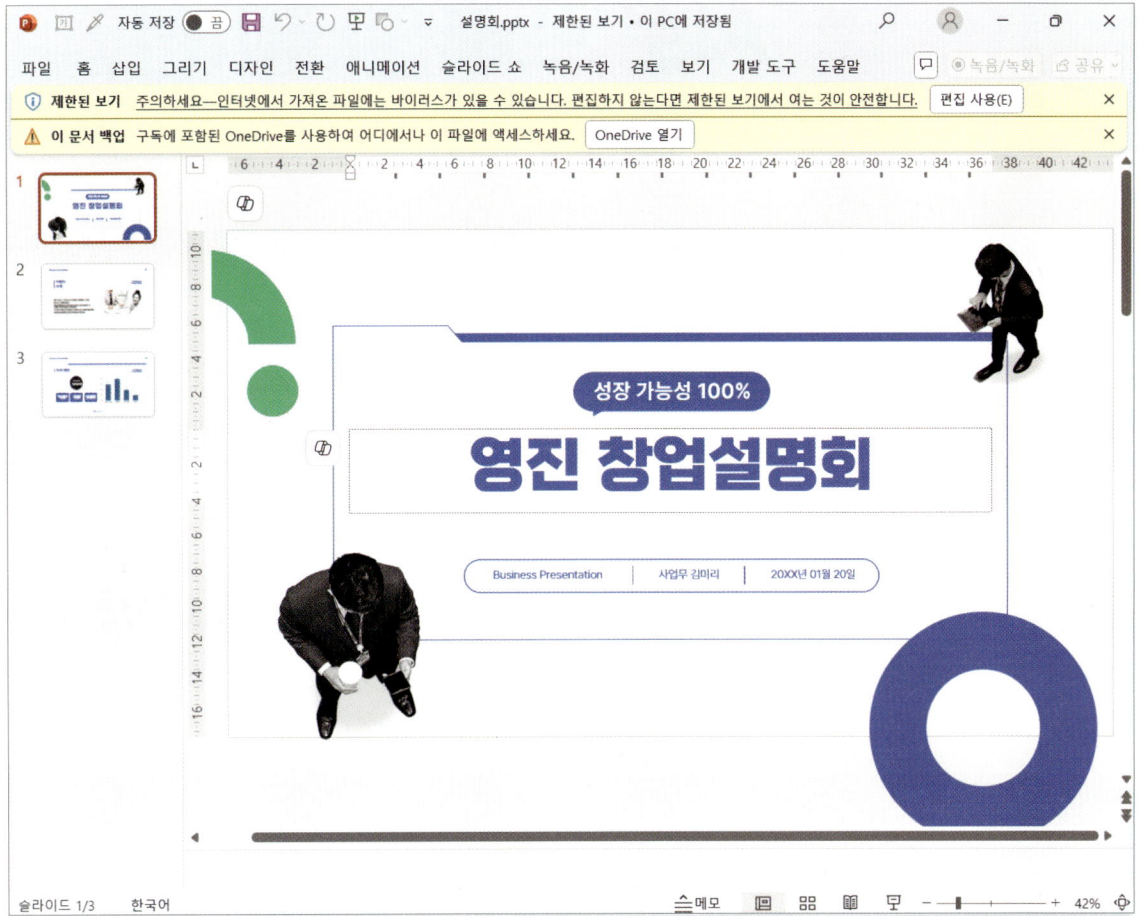

CHAPTER 18 AI로 프레젠테이션 만들기

POINT

미리캔버스에서도 AI로 디자인 파일을 만들 수 있습니다. 여기서는 AI를 이용하여 프레젠테이션을 만들어 봅니다.

완성 화면 미리 보기

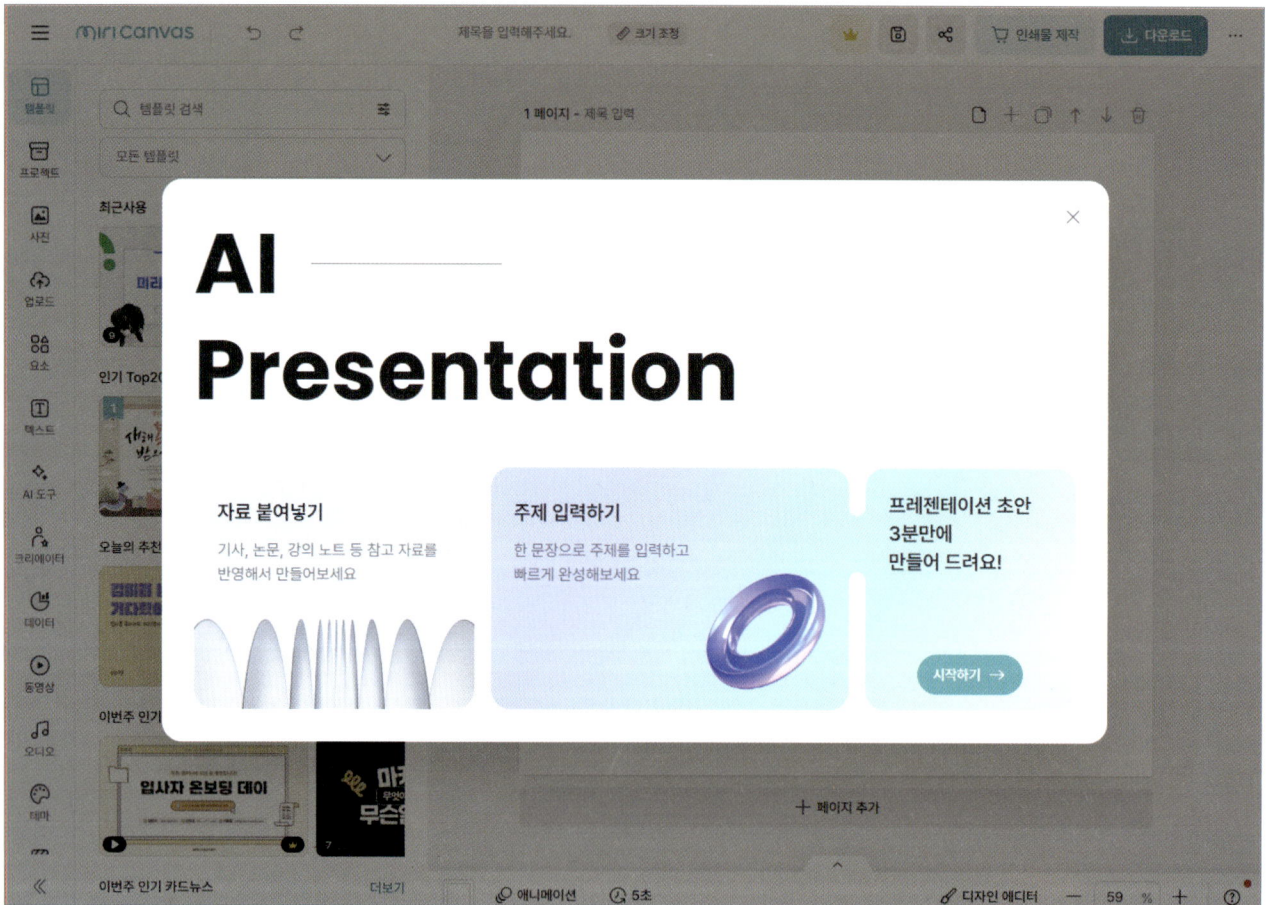

여기서 배워요!

AI로 프레젠테이션 만들기

STEP 01   AI로 프레젠테이션 만들기

01   미리캔버스에 로그인합니다. 워크스페이스에서 [새 디자인 만들기] 버튼을 클릭한 후 [AI 프레젠테이션 만들기]를 클릭합니다.

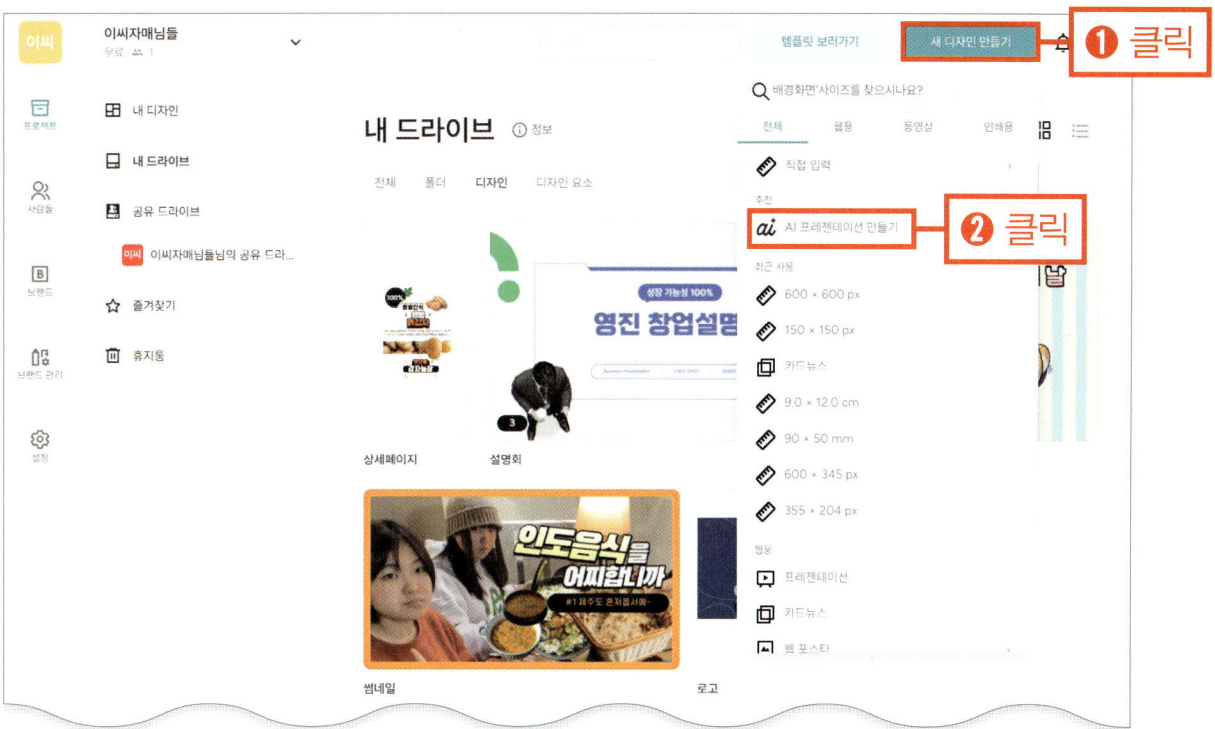

02   [주제 입력하기] 버튼을 클릭합니다.

03 주제 란에 '2025년 상반기 사업기획서'를 입력한 후 [개요 만들기] 버튼을 클릭합니다.

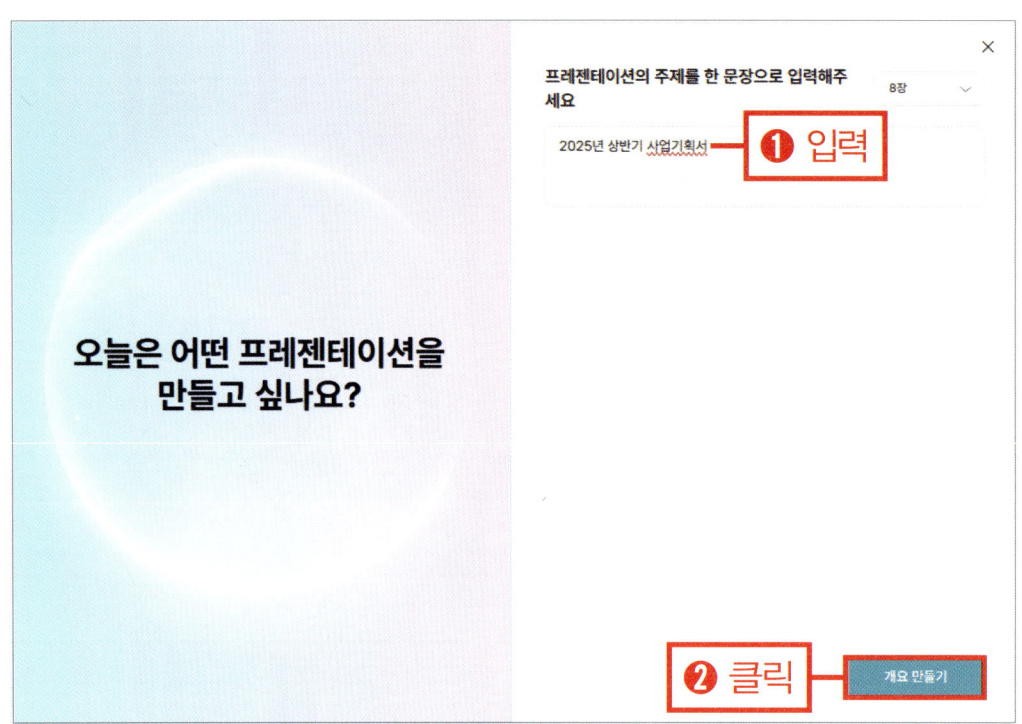

04 개요가 만들어지면 [템플릿 선택] 버튼을 클릭합니다.

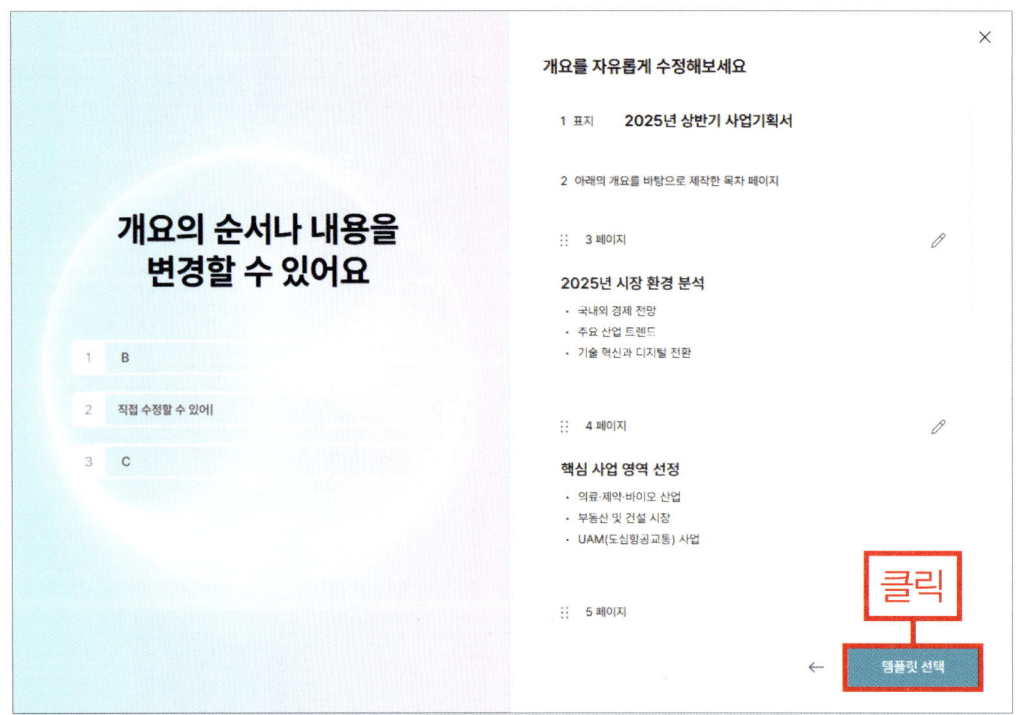

조금 더 배우기

개요는 [편집]( ) 버튼을 눌러 수정할 수 있습니다.

05 템플릿이 나타나면 마음에 드는 템플릿을 선택한 후 하단의 [생성하기] 버튼을 클릭합니다.

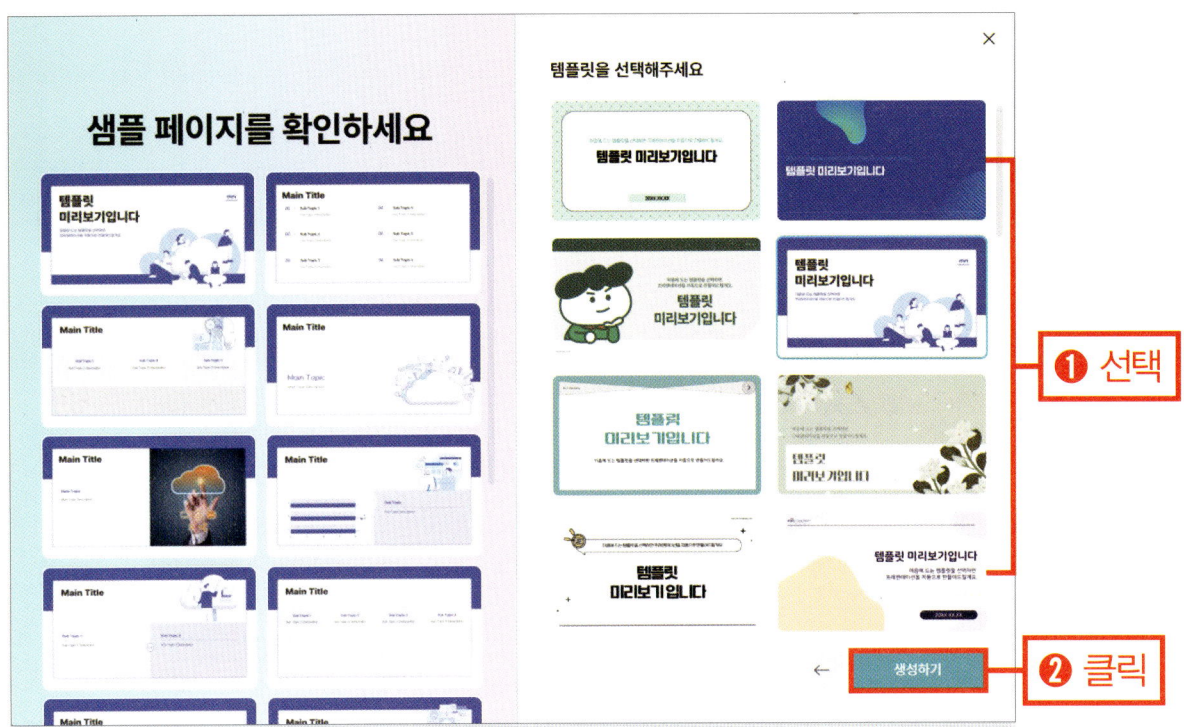

06 작성하고 있는 창이 나타나면 작성이 끝날 때까지 기다립니다.

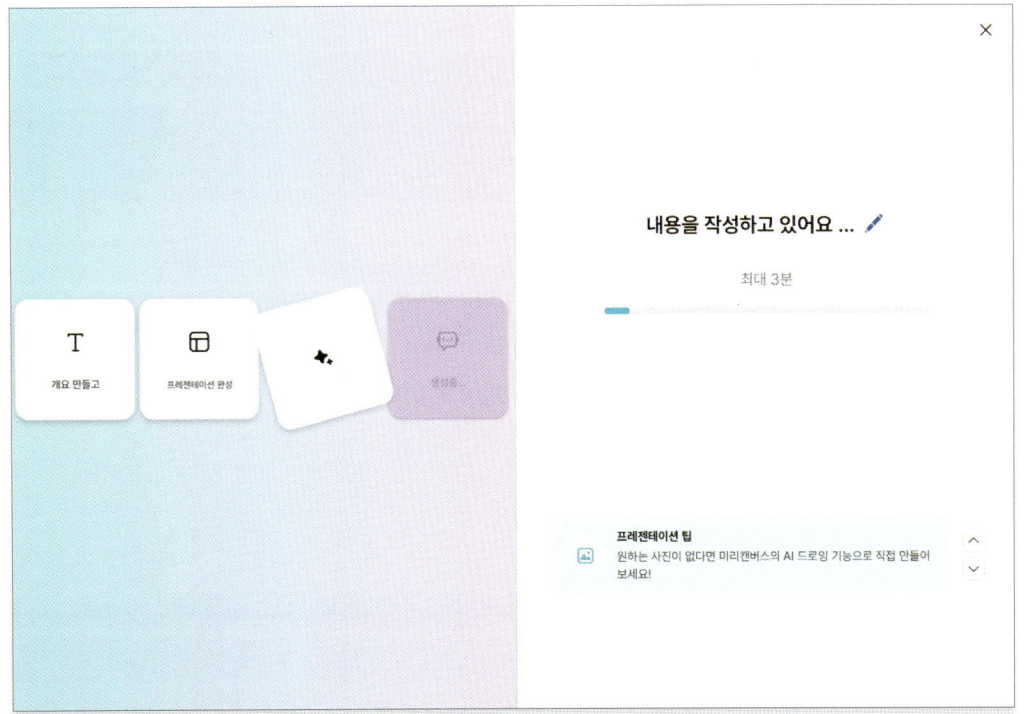

07 작성이 완료되면 데이터를 수정합니다.

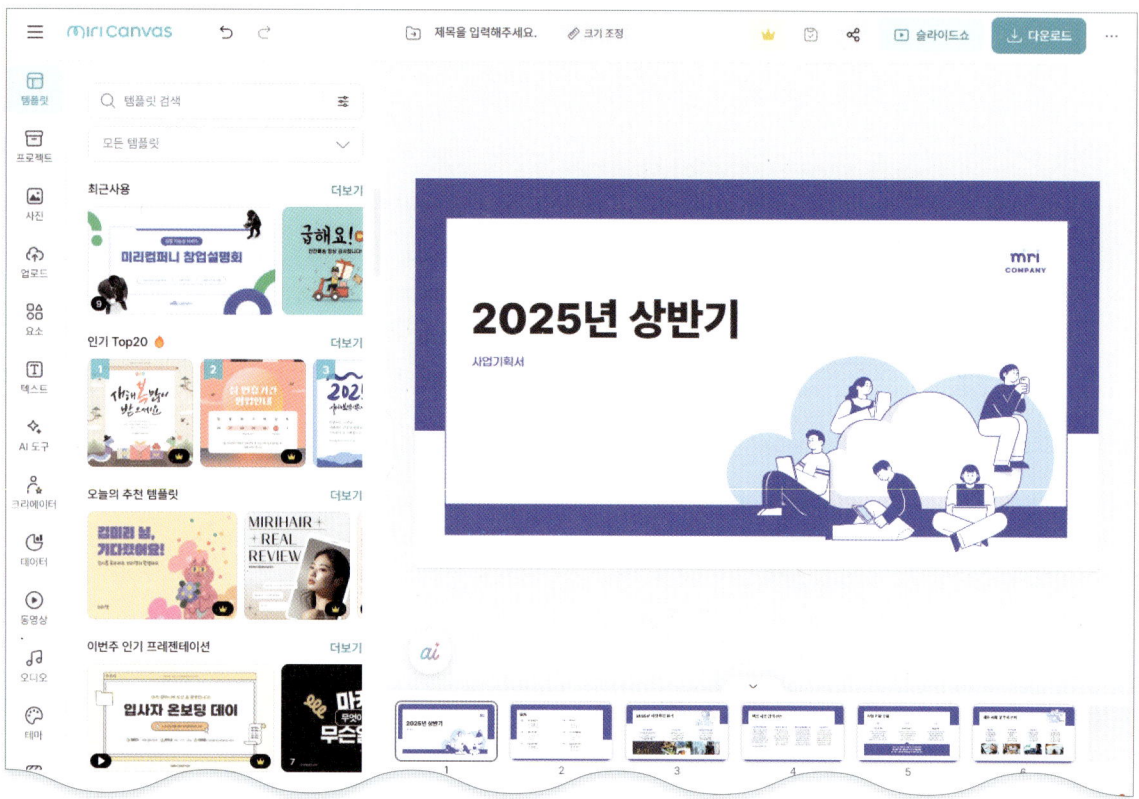

08 오른쪽 상단의 [다운로드] 버튼을 누릅니다. '파일 형식'은 [PPTX]를 선택한 후 [다운로드]를 합니다.

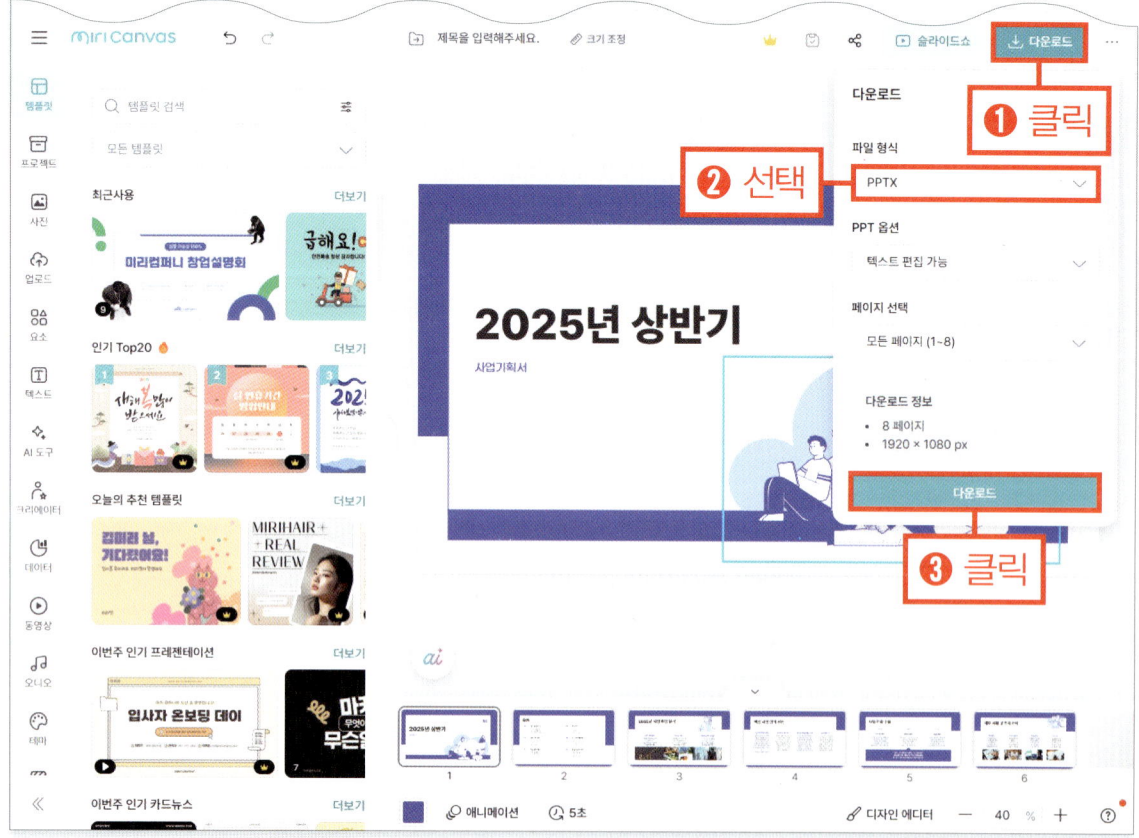

CHAPTER 19 공유하기

POINT

미리캔버스에서 만든 디자인을 SNS에 공유하는 방법에 대해 알아봅니다.

완성 화면 미리 보기

여기서 배워요!

디자인 공유하기

| STEP 01 | **디자인 공유하기**

01 미리캔버스에 로그인합니다. 워크스페이스에서 '14강'에서 제작한 [고양이 카드뉴스] 디자인을 클릭합니다.

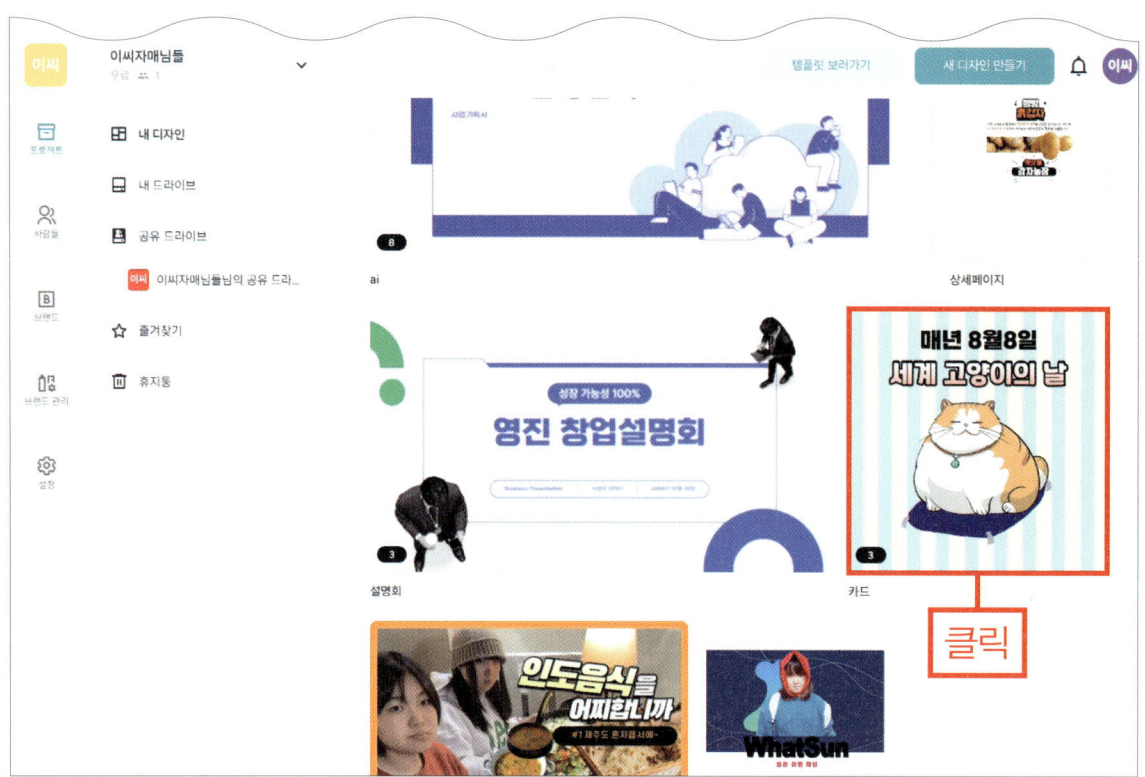

02 상단의 [공유](🔗) 버튼을 클릭합니다.

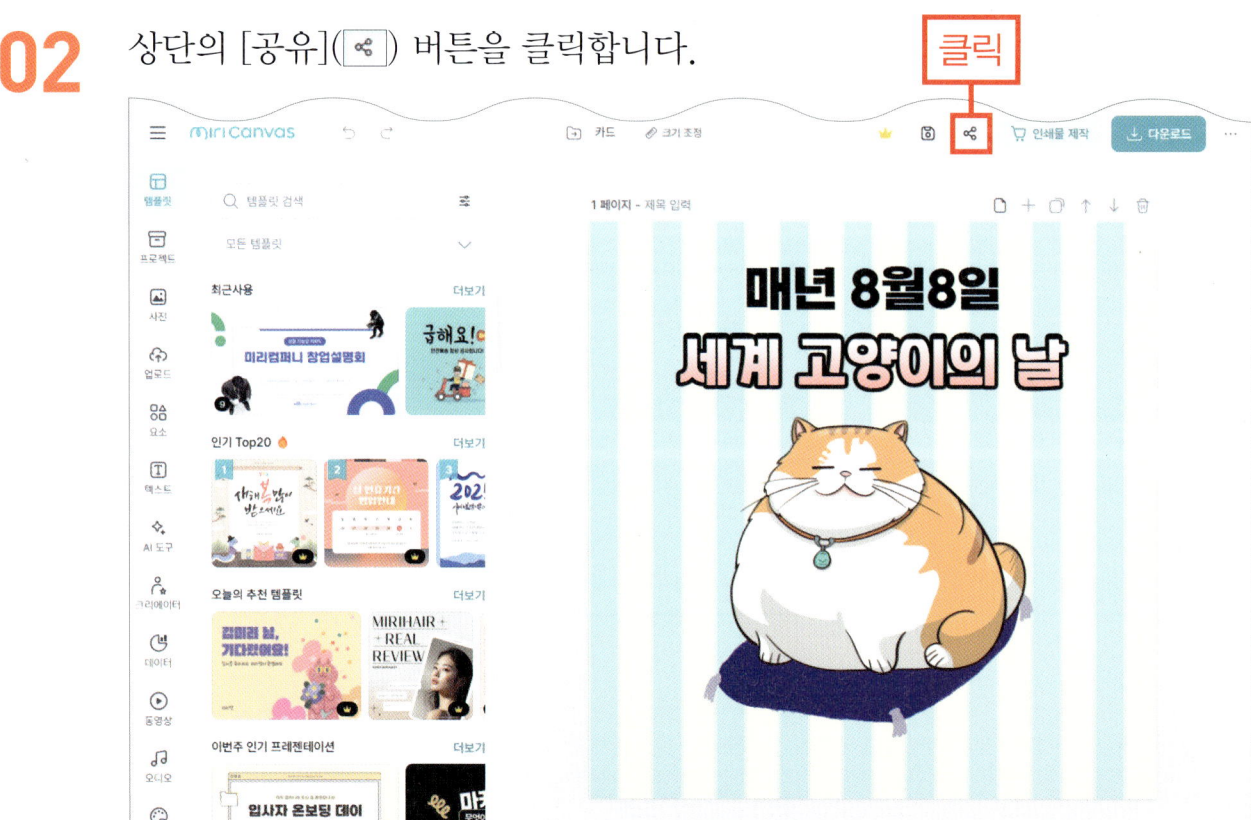

03 '웹 게시 및 공유' 대화상자가 나타나면 '페이지 스타일'을 [상하 스크롤]로 선택한 후 [템플릿 링크 공유] 버튼을 클릭합니다.

04 '링크 복사' 대화상자가 나타나면 [복사] 버튼을 눌러 링크를 복사한 후 내가 사용하고 있는 SNS 서비스에 [붙여넣기]하여 공유합니다.

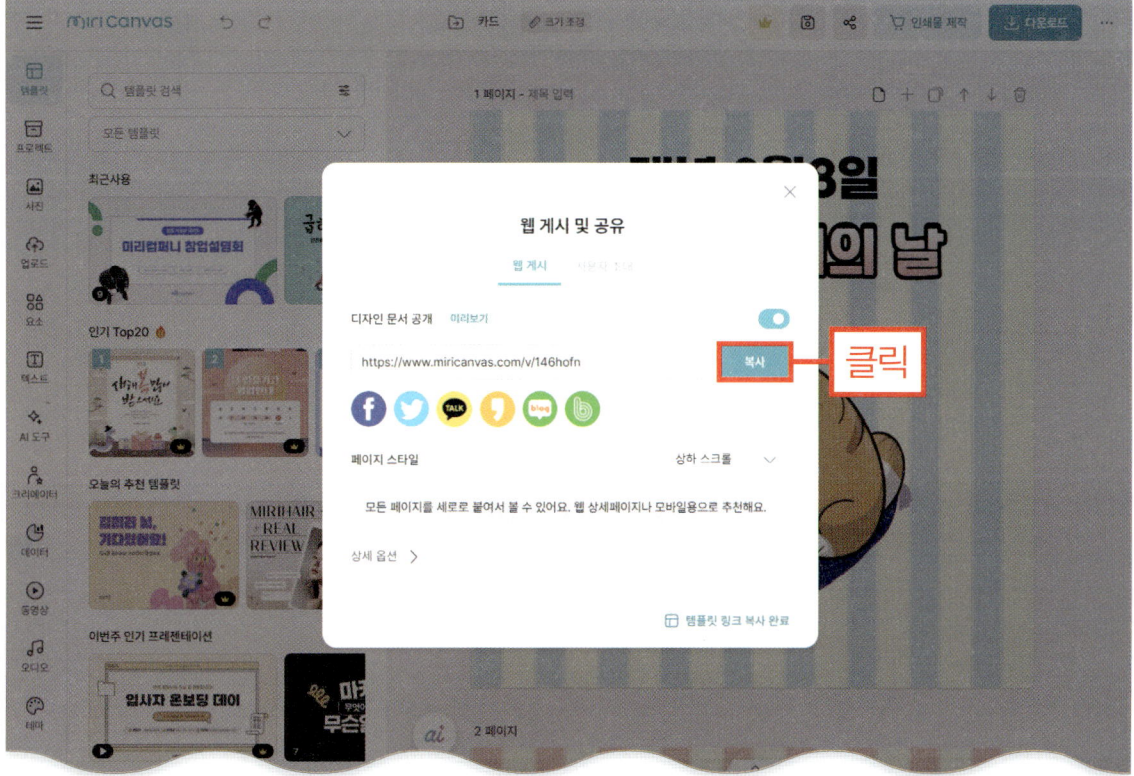

CHAPTER
20 인쇄물 만들기

POINT

미리캔버스는 내가 만든 디자인을 여러 종류의 인쇄물로 제작해줍니다. 이번에는 상세페이지를 인쇄물로 제작하는 방법을 알아봅니다.

▌완성 화면 미리 보기

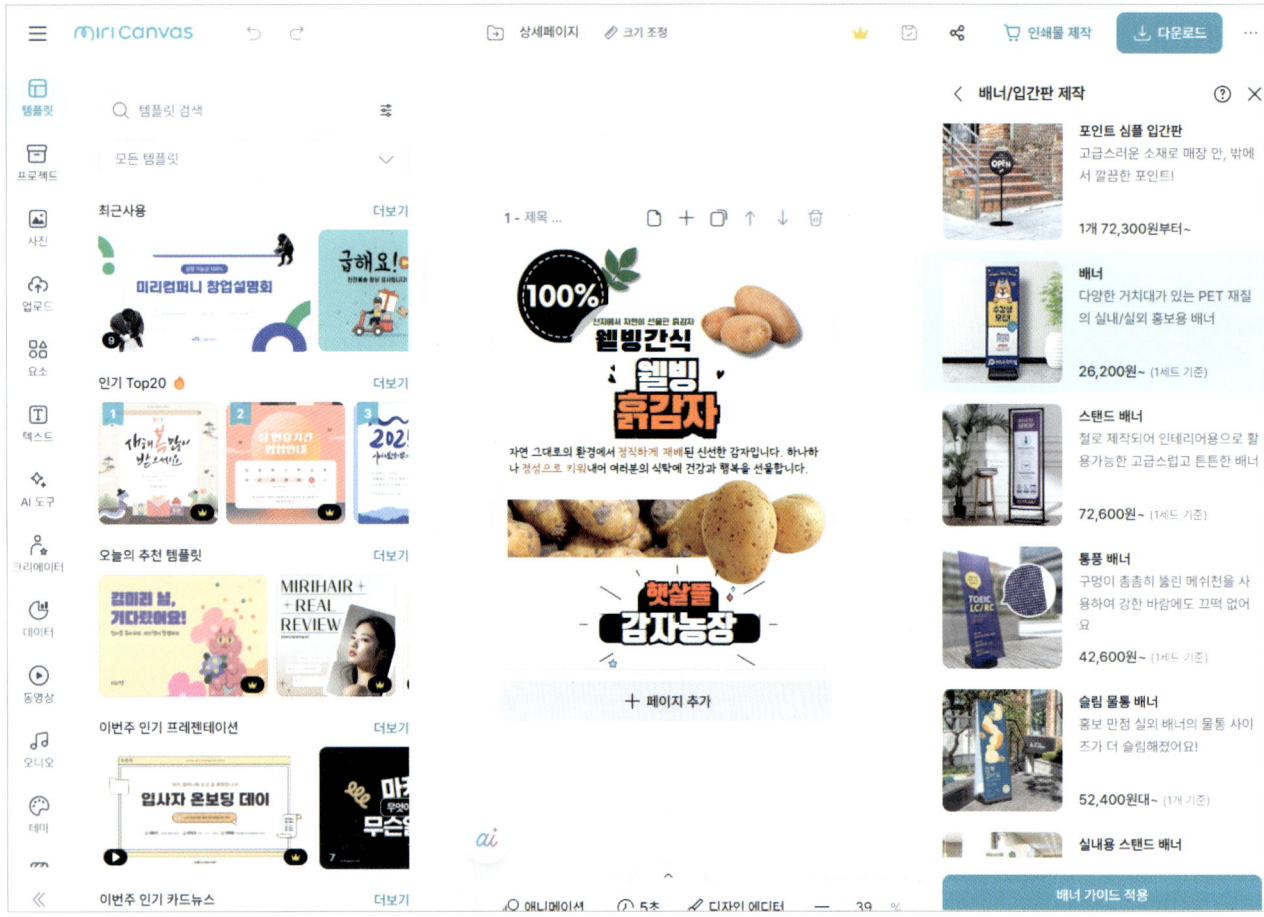

▌여기서 배워요!

인쇄물 만들기

STEP 01 인쇄물 만들기

01 미리캔버스에 로그인합니다. 워크스페이스 공간에서 [상세페이지] 디자인을 클릭합니다.

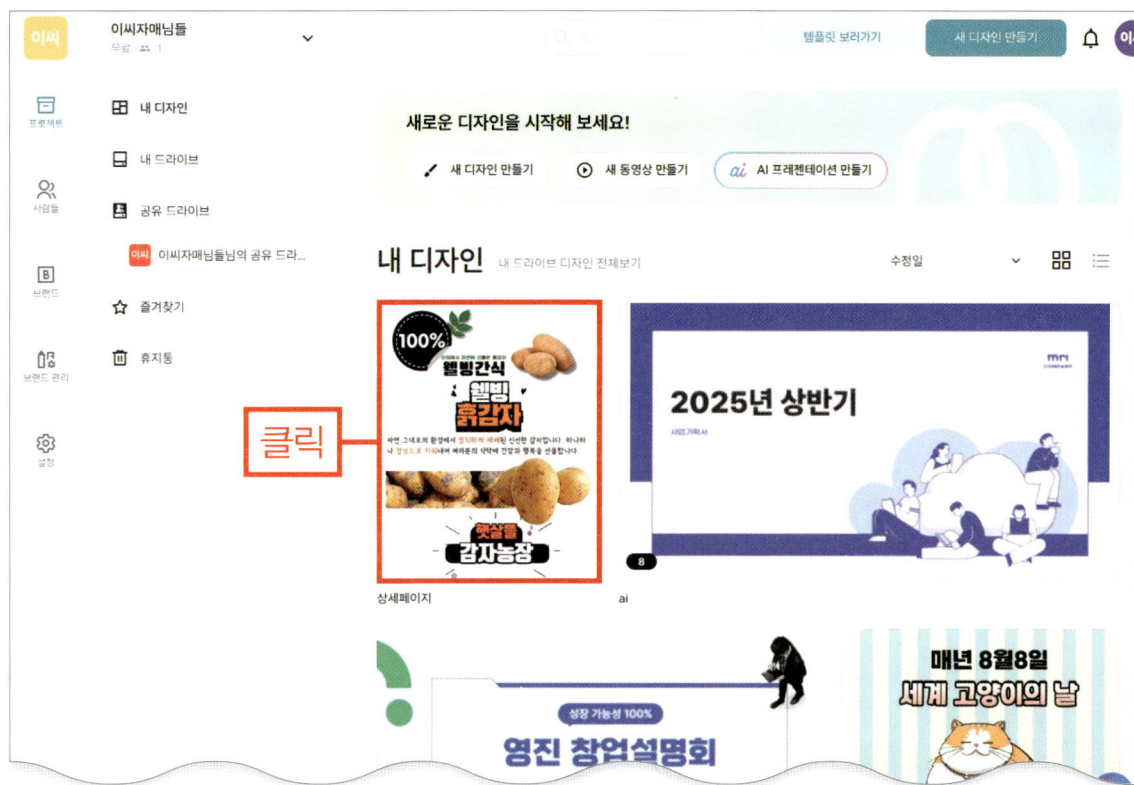

02 상단의 [인쇄물/상품 제작] 버튼을 클릭한 후 [배너/입간판]을 클릭합니다.

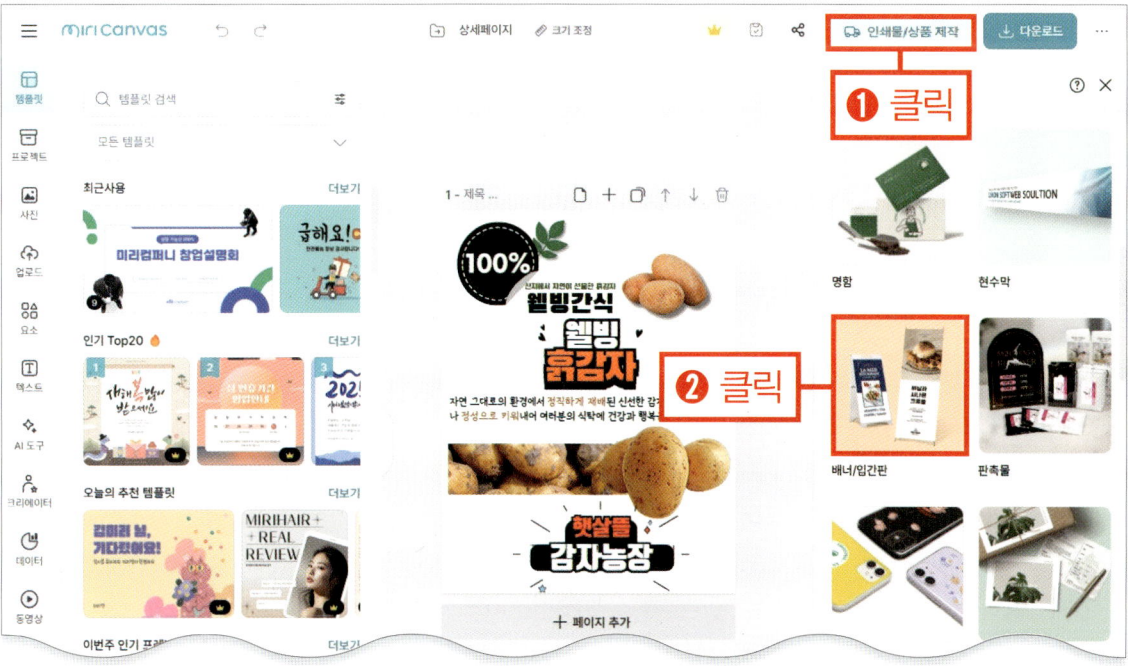

03 [배너]를 클릭한 후 [배너 가이드 적용] 버튼을 클릭합니다.

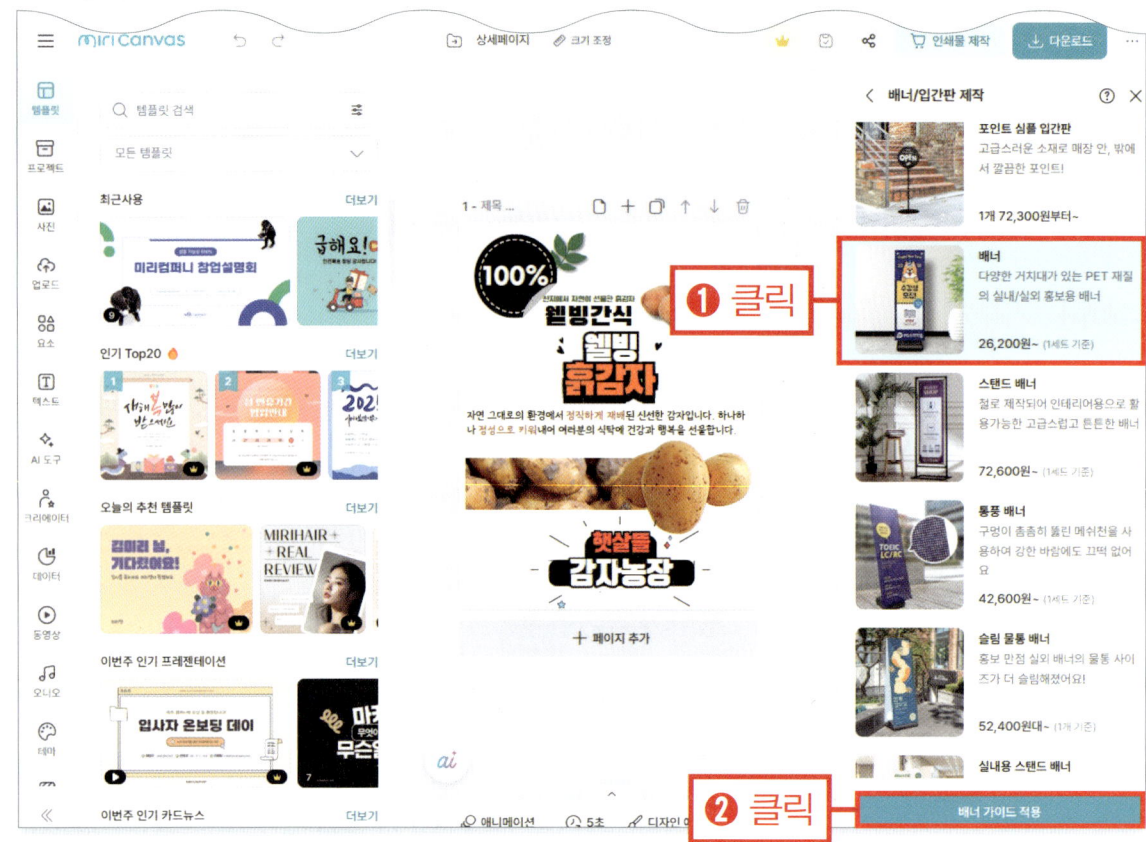

04 옵션과 비용을 확인합니다. 제작하기 위해 [이 옵션으로 제작 할래요]를 클릭합니다.

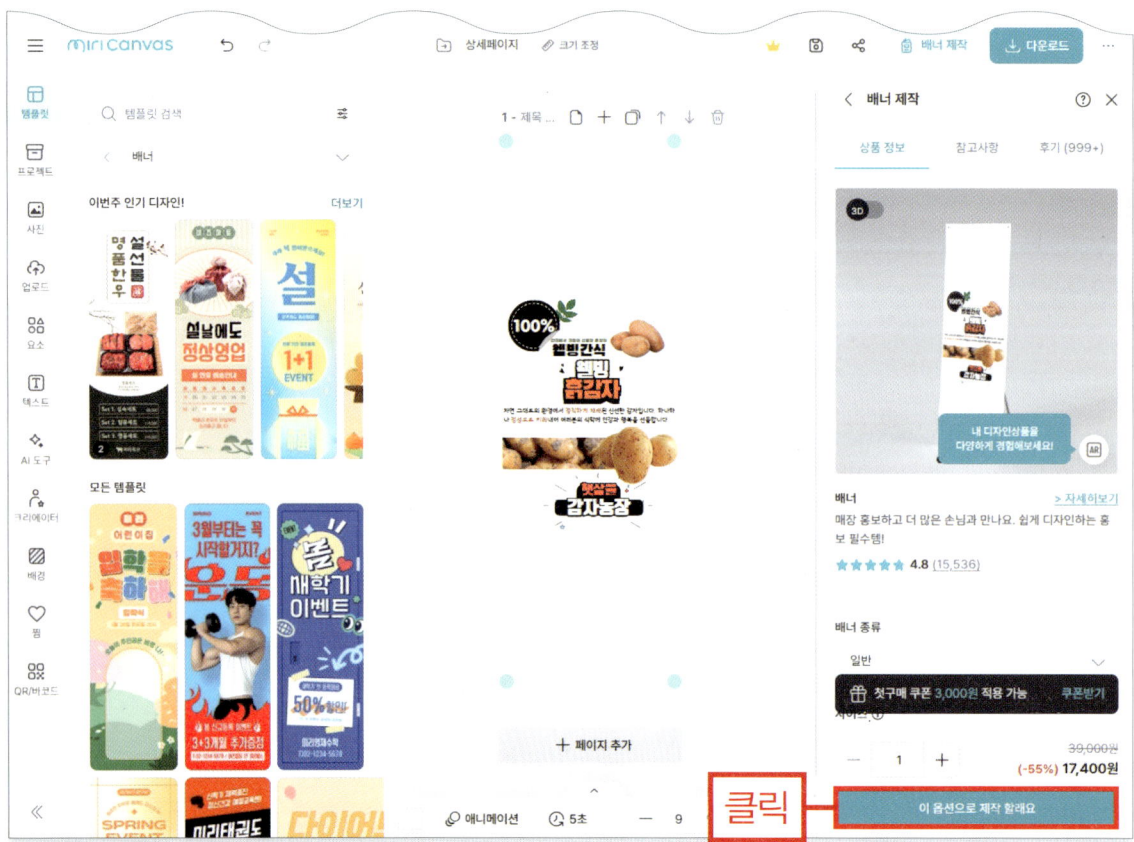

1판 1쇄 발행 2025년 8월 28일

저　　자 | 김영미
발 행 인 | 김길수
발 행 처 | ㈜영진닷컴
주　　소 | (08512) 서울특별시 금천구 디지털로9길 32
　　　　　갑을그레이트밸리 B동 10F
등　　록 | 2007. 4. 27. 제16-4189호

Ⓒ2025. ㈜영진닷컴

ISBN 978-89-314-8067-2

이 책에 실린 내용의 무단 전재 및 무단 복제를 금합니다.
파본이나 잘못된 도서는 구입하신 곳에서 교환해 드립니다.